后系列

赵皇后

末世轻舞

王桂林 宫长为 著

辽宁人民出版社

图书在版编目（CIP）数据

末世轻舞：赵皇后 / 王桂林，宫长为著. -- 沈阳：辽宁人民出版社，2025.4. --（历代名后系列 / 赵毅主编）. -- ISBN 978-7-205-11397-1

Ⅰ. K827=341

中国国家版本馆 CIP 数据核字第 2024UT5336 号

出版发行：辽宁人民出版社
　　　　　地址：沈阳市和平区十一纬路 25 号　邮编：110003
　　　　　电话：024-23284191（发行部）　024-23284304（办公室）
　　　　　http://www.lnpph.com.cn
印　　　刷：嘉业印刷（天津）有限公司
幅面尺寸：165mm×235mm
印　　张：19
字　　数：298 千字
出版时间：2025 年 4 月第 1 版
印刷时间：2025 年 4 月第 1 次印刷
责任编辑：贾妙笙
封面设计：乐　翁
版式设计：一诺设计
责任校对：冯　莹
书　　号：ISBN 978-7-205-11397-1
定　　价：58.00 元

"历代名后系列" 序

　　"历代名后系列"是一套上起先秦下迄晚清,包含12位王后、皇后(包含皇太后、太皇太后)的传记史学作品,分别是:夏桀王后妹喜,商纣王后妲己,周幽王王后褒姒,汉高祖皇后、汉惠帝皇太后吕雉,汉成帝皇后、汉哀帝皇太后赵飞燕,晋惠帝皇后贾南风,北魏文成帝皇后、献文帝皇太后、孝文帝太皇太后冯氏,北魏孝明帝皇太后胡氏,唐中宗皇后韦氏,辽景宗皇后、辽圣宗皇太后萧绰,清世祖皇太后、清圣祖太皇太后博尔济吉特氏(即孝庄文皇后),清穆宗、清德宗皇太后叶赫那拉氏(即慈禧太后),编为9册。这是一套史学专家撰写的通俗性历史读物。

　　夏商周三代尚无皇帝尊称,是分藩裂土的王政时代,因此,妹喜、妲己、褒姒被称为王后。秦汉以降才是帝制的开端,最高统治者称皇帝,其配偶称才人、女御、嫔妃、贵人、贵妃、皇后等,等级分明,地位天壤,皇后执掌中宫,是内廷宫闱的高层级支配者。皇后原则上只册封一人,但在帝制时代,两后并立亦不鲜见。当朝皇帝的正妻或其最喜欢的妃嫔往往被册封为皇后。当朝皇帝驾崩,子侄辈即位为新皇帝时,皇后往往被尊为皇太后,待孙辈登基为新皇帝时,皇太后则被尊为太皇太后。没有皇后履历的皇帝妃嫔,母以子贵,在其子加冕称帝时，被追尊为皇太后是常例。

严格说来，社会只由两种人构成，即男人和女人。历史本应由这两种人不分伯仲共同创造与书写，然而，实际的情形并非如此。

自先秦至晚清数千年间，朝代更替频繁发生，占据历史舞台中心的帝王将相、达官显贵、英雄豪杰，几乎清一色是男子，女人仅是男人的附庸，全无展示自己的平台，无法成就轰轰烈烈的伟业。通观中国古代历史，唯有武曌一位女皇，对其评价尚褒贬不一，罕见女性有位极人臣、出将入相者。中国古代的正史——"二十五史"、历朝政书的书写者均为博学多识的男性官僚学者，除班昭参与了《后汉书》的部分编纂工作外，再无任何女性参与正史、政书书写。历史的书写者基本为男人。书入正史的帝王将相、达官显贵占去了史书绝大部分篇幅，而约占人口总数50%的女性，仅占有《后妃传》《列女传》等少得可怜的篇幅。

中国古代是男人的社会，中国古代正史由男人书写，中国古代，尤其两汉以后，儒家思想成为社会主流意识形态，宋代以后理学存天理、灭人欲的礼教观念广行流布，女子无才便是德、男主外女主内、节烈贞洁等种种礼教戒律严重束缚女性，在政坛上叱咤风云的女性更难得一见。

本书的12位传主，夏后、商后、周后、吕太后、赵皇后、贾皇后、韦皇后等7人系汉族女性（夏后、商后、周后可视作华夏族），而胡太后、萧太后、孝庄文皇后、慈禧太后等4人为少数民族女性，冯太后为少数民族化的汉族女性。为什么少数民族女性所占比例如此之高呢？这与少数民族对女性礼教戒律束缚较少、少数民族女性的社会地位相对较高密切相关。尽管在古代中国历史上出现很多炙手可热的名后，有的在政坛上翻云覆雨，甚至临朝称制，掀起巨澜，但实质上她们仍是男性的附属。

古代社会，从太学、国子学到府州县学，各级官学不录取女性学员，妇女受教育的权利被剥夺；古代社会，从乡举、里选、征辟、察举、九品中正到科举取士，各种官吏选拔均不把女性划入考查范围，妇女参与国家政治的权利又被剥夺。只因皇帝有一套严格而完整的后妃制度，服务于皇权，才有了这样一个皇后、皇妃群体。首先，皇后必须由皇帝册封，皇后的名分是从皇帝那取得的；其次，皇后在家庭中必须服从夫君——皇帝的权威，皇后的权力是皇权的外延，是皇帝给予的。在帝制时代，专制皇权不断强化，为防止后妃干政、外戚坐大，形成后党，在政治设计上约束限制后妃、外戚权力膨胀的规则日益严密，个别朝代甚至推出并实行册封皇太子后处死皇太子生母的冷酷政策。

这套"历代名后系列"的12位传主，生活在不同朝代，政治履历、知识素养、性情禀赋、胆识谋略及最终结局各不相同。作者对她们生平际遇、历史功罪等诸多方面，在尊重史实、参酌同行研究的前提下，做了尽可能详细的陈述与评说，不仅为了再现她们多姿多彩的人生，更是想让读者透视她们生活年代变幻莫测的政治风云。汉高祖皇后吕雉，辅佐刘邦成就霸业，与萧何谋划除掉韩信，巩固统治。高祖病逝后，惠帝软弱，由吕后实际掌权，她继续无为而治的黄老政治，使汉朝国力不断增强。她又擢拔吕氏族人，形成诸吕集团，操控朝政，最终陈平、周勃铲除诸吕，迎立汉文帝，酿成汉初一场政治大震荡。夏桀王后妹喜、商纣王后妲己、周幽王王后褒姒、汉成帝皇后赵飞燕，皆为倾城倾国的绝代美人，以姿色取悦君王，虽行止乖张，恣肆任情，颇受后人非议，但把夏、商、西周败亡，汉朝衰败的历史责任加到她们头上恐未必公允。北魏献文帝冯太后，有度量有胆识，激赏汉文化和中原王朝成熟的典章制度，促成孝文帝实行改革，接受中原文化，推动了鲜卑族社会发展进步和与汉族的民族融合。辽圣宗皇太后萧绰，是有影响有担当有作为的政治家，她能在朝堂上决断大政，亦能统率百万大军攻城略地，与敌人对垒。在辽宋对战势均力敌的情势下，审时度势，促成"澶渊之盟"，使辽宋之间实现数十年之和平。孝庄文皇后博尔济吉特氏是位聪明睿智的女人，她的成功在于在清初复杂的皇位争夺中施展手段，辅保年幼的儿子福临、孙子玄烨登上皇帝宝座，摆平满洲贵族各派政治势力。即或有下嫁摄政王多尔衮之韵事，也毫不影响其历史地位。晋惠帝皇后贾南风、北魏孝明帝皇太后胡氏、唐中宗皇后韦氏3位传主有许多共性，凶悍、妒忌、残忍而又野心极大，是史上公认的"女祸"。贾皇后的丈夫惠帝司马衷是低智商，不能亲理朝政，贾皇后操控大权，在朝臣和宗王间拉帮结派，拨弄是非，引发司马氏自相残杀的"八王之乱"，使晋朝走向衰亡，贾皇后也在乱世中被杀。北魏胡太后，心狠手辣，两度临朝称制十余载，挟持皇帝、势压宫妃，威福自专，天怒人怨，最终被尔朱荣沉于黄河。唐中宗皇后韦氏是位心机颇深、手段高妙、野心勃勃的女人。在武周和中宗时期，她巧妙周旋，地位虽有浮沉，但终究保住了权位，膨胀了势力，与上官婉儿等结成势力集团，顺昌逆亡，甚至密谋政变，弑君自立，效法则天武后。在唐前期朝政大变局关键时刻，睿宗之子李隆基果断发动兵变，杀死韦皇后，化解了一场政治危机。慈禧太后是清文宗之懿贵人，没有皇后名分，文宗死，穆宗立，径封皇太后，历同治、光绪两朝四十余年，垂帘听政，独断朝纲，地位从未动摇。她思想保守、观念陈腐，在西学东渐，世界格局大变演中，无能应对，锁国闭关，为保住其独尊地位，血腥镇压维新人士；在对西方列强的斗争中，屈膝投降，签订了一系列割地赔款、丧权辱国的条约，使偌大中华沦为半殖民地社会；她个人生活厚自奉养、奢侈挥霍，为庆六十大寿，竟公然连续数年挪用海军经费近200万两，这也是导致甲午战争中北洋水师全军覆没的一个重要原因。

这套名后传记史学读本，成于众人之手，风格不同，学识也有差异，相信读者慧眼识珠能够发现其精到和舛误。此套书曾刊行于20年前，此次应邀修订，主要是打磨文字，订正史实错误。限于作者水平，肯定还有其他问题没能发现更改，欢迎读者教正。

辽宁师范大学　赵毅

2023年5月15日

目 录

第一章

结珠胎姐妹花生
公主府成帝遇燕

<h1 style="text-align:center">一</h1>

距今两千多年前的西汉末年发生的两件大事，被当时百姓传扬。一是王莽篡位，使从汉高祖到汉平帝的 214 年汉室江山付诸东流；二是孝成赵皇后淫乱后宫，诛杀皇子。赵皇后就是赵飞燕，她与唐朝的杨贵妃一瘦一胖，是中国后妃史上最漂亮的两大美人。

赵飞燕的母亲姑苏郡主，有皇家血统。

据史书记载，姑苏郡主为江都王刘非的孙女。汉景帝时，吴王刘濞联合六国反叛朝廷，景帝发兵灭吴，吴更名为江都。孝景皇帝有十四个儿子，其一子刘非，为程姬所生。刘非年轻气盛，勇猛善战，因击吴有功，被封为江都易王。

刘非为江都王，恣意耗财，大兴土木，治宫建殿，三妻四妾，乐海无边，骄奢日甚。

刘非死后，由其子刘建继位为王。刘建就是姑苏郡主之父。

刘建行为无束，放荡不羁，真可谓青出于蓝胜于蓝。

刘建为太子时，有一天，邯郸有人欲将女儿献其父王刘非。刘建闻此女貌美无比，口涎流得尺长。随后，害来者，夺其女，与父王争妻。

父王死后，尸首未葬，刘建就奸淫了父王所爱的美人淖姬等数十人，嫁出的妹妹来为父王吊丧，也被奸淫。

刘建作歹日甚一日。为王后的一天，他在宫中游乐，想找事开开心，就令四女子乘小船漂流湖边，然后重重地踏上一脚，小船翻于水中，四女皆落水溺死。看见落水者一会儿沉入湖底，一会儿漂上水面，他手舞足蹈，哈哈大笑。平日里，宫人稍有过失，动辄吊在树上，剥其衣，或日晒而死，或饥饿而死，或因棒打致死，死伤无数。

多行不义必自毙。刘建知道自己罪孽深重，恐朝廷惩治，于是乎，来个先发制人，他私刻皇帝玉玺，偷制兵器，联络诸侯谋反，不成，自杀身亡。后刘建弟弟的儿子被立为王。

江都王的家史，令姑苏郡主的身世荣辱参半。

姑苏郡主生在王宫里，小小年纪，出落得花儿一样艳丽。她身材婀娜，臀满腰细，走起路，似风摆柳枝，飘飘欲仙。她的步态常常使人神魂颠倒，萦回脑际。她在前面走，后面必定有人跟着扭来扭去地效仿、学步。结果不是伤了脚踝，就是扭疼了腰，好不嫉妒，索性跟在后面，指着背影，偷偷地骂。

姑娘大了总是要嫁人的。姑苏郡主要嫁的人可不是普普通通的老百姓。老百姓是草，风吹日晒，兵马践踏，穷困潦倒，生死无息，世世代代没好日子过。姑苏郡主要嫁的人是江都中尉，姓赵名曼。朝廷里也有中尉官衔，掌管朝廷的很多大事。江都中尉，虽赶不上朝廷里的中尉，但也算风光。

赵曼长得鼻直口方，眉重眼大，冷眼看，有股猛劲儿，浑身上下，透着男人的阳刚之气。这正是男人的魅力所在，女人喜欢的也正是这股子虎劲儿。姑苏郡主见赵曼，掩面无言，自是心满意足。

干田久不逢雨，少女怀春难耐。姑苏郡主忍住心跳，等待着，等待着那一时刻的到来。

没想到，洞房花烛夜，赵曼竟不能人道。姑苏郡主满心欢喜却落得个空荡荡茫茫然，心灰意冷。

花失色，鸟失鸣。赵曼宅邸一片灰暗肃然。

姑苏郡主失意，赵曼不语。

且说江都王宫，虽比不上皇宫三宫六院七十二妃，气派十足，但也少不了为王取乐的人。史书载："冯大力，善理乐器事，江都王协律舍人。"冯大力各种琴艺样样皆通，小有名气。冯大力之子冯万金，聪明伶俐，父教子琴艺，以传家业。冯万金并非平庸之辈，他以自己的聪明才智，成为一名出色的艺术家。他擅长音乐，能鼓琴瑟、吹洞箫，还熟谙音律，会自己作曲、谱新声，常以音乐自娱，家备有鼙鼓，有时兴致来了，弄琴击鼓，缓急轻重，很是入耳，令闻者心动。

　　冯万金和赵曼常一起出入王宫，相识后成为一对好朋友，关系十分密切。赵曼觉得有万金在，饭菜香，吃得饱，否则毫无食欲。因此两个人形影不离，在一起吃，在一起唠嗑，谈天说地，冯万金自然成了赵曼家的常客。

　　赵曼虽属废人，但还算有能耐，把名义上的夫妻关系处理得和和美美，外人看不出来这对夫妻有难言之苦。说苦，无非是姑苏郡主的苦，年纪轻轻守活寡，水灵灵的一朵鲜花不知为谁开，整天愁眉难展，苦不堪言。

　　维持这种夫妻关系，赵曼也不轻松。他自知对不起夫人，就急得抓耳挠腮，变着法儿取悦夫人，忽而学学鸟叫，逗逗乐；忽而折朵花插在夫人头上；忽而猴子似的翻筋斗，学鬼脸，弄得姑苏郡主哭也不是，笑也不是，喜忧各半。但不管赵曼有多大本事，只要那一样不行，就不是好丈夫。

　　姑苏郡主自小生在王宫，没缺过吃，没少过穿。那些年，年年有灾，不是河堤决，就是海水溢出，良田成汪洋，草木皆死。关东百姓吃树皮草根，草根树皮吃光了，就再也没吃的了，老百姓多被饿死。活下来的人就吃死人，死人吃没了吃活人。

　　有一个瘦瘦的男人，出家门撒尿的工夫，被饥民抓去，正要吃他的时候，他放声大哭。

　　饥民说："你怕死？"

　　他回答："我不怕死，早死晚死都是死，只是我骨瘦如柴，没有多少肉，请你们发发善心，留下我的一条腿，送给我的老父老母吃。"

　　饥民心想，要死的人，还惦记着自己的老父老母，这份孝心实在感人，于是把他给放了。瘦男人回到家里对老父老母说："吃了我吧，总比外人吃了好。"最后瘦男人终于尽了一片孝心，让父母吃了自己。

　　外面人是死是活，不影响王宫里的事，宫里人照吃照喝不误。姑苏郡主出自大家闺秀，没受过挨饿的苦，皮肤白净净，既有风度，又十分美貌，尤其走起路来，身姿摇曳，魅力无穷。

　　冯万金与赵曼是朋友，来来往往似亲兄弟。可赵曼这个假男人，自己在生理上有缺陷，在男女的事上也不多想，把冯万金视为知心朋友，却没有视为情敌。冯万金是正常的男人，有七情，有六欲，明着与赵曼来来往往，暗地却对赵夫人怀有渴慕之心。

冯万金不是孬种，一表人才，高个儿，体态匀称，话语间透着灵气，聪颖过人。冯万金来赵家，姑苏郡主眉开眼笑，甚是喜欢。日久天长，男女之情渐生，姑苏郡主对冯万金眉来眼去，秋波暗送。冯万金是聪明人，看阵势心里明白了一大半，赵夫人看上他了。

冯万金不是女人，不会暗送秋波，不会把对赵夫人的一片痴情传递给对方。其实干这种事，男女之间用不着说得过于明白，自是心领神会。姑苏郡主就是这样的人，未待冯万金有所表示，就已经察觉到冯万金对她渴慕已久了。

两人不言，心里自明。可怜的赵曼，就要戴上绿帽子了，还被深深地蒙在鼓里。

冯万金和姑苏郡主待机行事。正在这时，赵曼突然接到赴京的命令，喜得姑苏郡主辗转反侧，夜不能寐，觉得真是上天有眼，天赐良机。再说赵曼，知道赴京路途遥远，一去月余，便把家事托给冯万金照看。千载难逢的机会，冯万金不能推辞，自然是一百个应允了。

赵曼出发当天晚上，姑苏郡主便叫来贴身侍女香儿，命香儿去请冯万金。

姑苏郡主涂唇描眉，好一番打扮。待冯万金来时，她熄灭烛火，藏于暗处，万金呼之不出。

"万金，我在这儿！"

暗处传来姑苏郡主娇滴滴的声音。

这一声"万金"叫得冯万金心里痒痒的，只觉得一股暖流涌上胸口，骨酥肉软。

两人在暗处紧紧地抱在一起。

这一夜，月明星疏，气爽宜人。

姑苏郡主与万金一番云雨，快活得要命。

姑苏郡主结婚几年了，才第一次尝到做女人的滋味，按理说她该心满意足了。然而男女之间的事就是这样，有了第一次，就有第二次、第三次，最后一发不可收拾。姑苏郡主要求冯万金住在这里，夜夜夫妻。

二人夜里缠绵在一起，白日形影相随，一起嬉戏，一起追蜂捉蝶。姑苏郡主这几天似乎变得越来越漂亮了，惹得冯万金白天也要亲几口。

好日子嫌短，苦日子怕长。一晃几个月过去了，赵曼从京城回来了。

姑苏郡主心想，要是赵曼不回来多好，可是想归想，不能在面子上让赵曼过不去。

夫妻还是和和美美，亲亲热热，而缺少的仍是甜甜蜜蜜。

要说赵曼这个人，在男女的事上没有心计。回来后，竟没有发现自己的夫人有何异常，别人更不会多嘴多舌。因为姑苏郡主已经把香儿和几个丫头贿赂好了，她们谁也不会对赵曼说出实情。

纸包不住火，这是人之常情，而姑苏郡主这张纸，在赵曼的眼皮子底下却包住了火。

不久，姑苏郡主的肚子大了。她怕赵曼看出来，就谎说自己有病，身体不舒服，要回娘家的王宫里疗养。

善良的赵曼对夫人百依百顺，听夫人说要回去治病，满口答应。他哪里知道夫人怀孕的底细呀。

在王宫里，姑苏郡主生下一对双胞胎女婴。

孩子顺利地生下来了，姑苏郡主却愁上眉梢。私通毕竟不是光彩的事，一旦走漏风声，怎么有脸见人啊？可是又怎么能不走漏风声呢？两个活生生的孩子，不能藏不能掖，早晚要露馅的。

姑苏郡主唤来香儿，想讨个办法，可是香儿更是没主意，吞吞吐吐地说："给人吧！"

可是这紧要关头，把孩子送给谁？给人不是更露马脚了吗？姑苏郡主咬咬牙，狠狠心，让香儿秘密地唤来家奴，对他说："把这一对姐妹秘密地扔到野外，希望有好心人捡去喂养，长大成人。"

说罢，姑苏郡主掩面呜呜地哭了起来。

生下的一对双胞胎姐妹，当夜就被丢在了野外。

姑苏郡主一直想着孩子。她在心里诅咒自己，骂自己对不起孩子，做了一件缺德的事，如果有一天因此得到上天的惩罚，也是应得的。

她突然想到，孩子会不会被狼吃掉?

狼吃人的事时有发生，别说孩子，就是大人也不敢一个人走路。狼灾、水灾、旱灾成了老百姓的大灾害，因此百姓上报官府，要求灭狼，保护老百姓的生命安全。得到的回答是："民不得一人走路，必得二人以上同行。"

且说姑苏郡主实在割舍不下两个可怜的女儿，一连哭了两天，第三天她按捺不住自己了。她唤来家奴到野外探视，想不到，这对小姐妹福大命大，居然三日不死，也未被狼吃，只是哭得奄奄一息。

孩子取回之后，姑苏郡主想到孩子的父亲冯万金。于是，把孩子送到万金家喂养。

冯家也顾面子，不敢说这一对姐妹是万金的女儿，慌称为亲戚义养。起名时，二女皆冒姓赵，长女为宜主，次女为合德。

赵宜主从小聪明好学，悟性极高，学什么像什么。有一天，她把鹅展翅欲飞和鸭子走路的动作学得惟妙惟肖，逗得全家人都笑了。

赵合德也不比姐姐差，跟父学字，读诗词，摇头晃脑，一字一板，很有韵味。

姐妹俩在冯家学到很多知识，受祖父和父亲的影响，她们对音乐和舞蹈特别敏感。

汉成帝河平元年，天大旱，据《汉书》记载："河平元年三月，旱，伤麦，民食榆皮。"粮食颗粒无收，灾民把榆树皮、榆树叶全部吃光，然后大批大批告别田园，背井离乡，寻找生路。

偏偏这一年的十一月又出现了月食，方士说："月食填星，流民千里。"灾民惊恐万状，似乎大灾大难又将来临。

世间的事极不公平，大灾大难也偏找那些不幸的人。

一年后，冯万金死去，冯家败落。

冯万金的死，对两个孩子来说，确实是一场大灾难。这灾难使小姐妹失去了生活靠山，也捣毁了孩子童年的安乐窝。

小宜主和妹妹紧紧地抱在一起，哭得死去活来。

两个孩子被冯万金的张姓穷朋友领回家中，从此失去童年的欢乐，吃糠咽菜干农活，小小年纪就体验到了人间的酸甜苦辣。

张家在长安有一门亲戚，比张家富裕。长安地方大，人多，容易找到一条生路，比在乡下挨饿等死强得多。于是，好心的张家把两个孩子送去长安找亲戚。

二

且说赵氏姐妹辗转来到长安，投靠张家亲戚，不料张家亲戚却不知去向。偌大一个长安，茫茫人海，无依无靠，姐妹俩就像掉进了无边无际的大海，任凭风浪摆弄。

车到山前必有路。正当姐妹没主意时，被一个赵姓的路人看见了。这个人叫赵临，后来成为赵氏姐妹的义父。赵临心地善良，见街边两个女孩茫然四顾，知是有难处，于是上前问明底细。赵临这才知道姐妹俩也姓赵，赵姓同出一家，没什么说的。赵临把两个孩子领回家，吃顿饱饭，然后说："咱们都是一家人，好坏在我这待几天，等找到亲戚了再说。"

到这步田地，赵氏姐妹只有感谢这位好心人了。

赵临家不富裕，但房子不少，在隔壁还有一处空房。赵临把房子打扫一下，就让赵氏姐妹住下了。

夜里，不知是因害怕还是陌生，小姐儿俩翻来覆去地睡不着觉，不知不觉中，宜主和合德抱在一起哭了起来。从小没有母爱，又失去父爱，现在又无家可归，想来想去，只有哭，哭，是对姐妹俩唯一的安慰。好在遇上贵人相救，没有流浪街头。

"你冷吗？"宜主问妹妹。

合德抹抹眼泪对姐姐说："我好冷啊！"于是姐姐用身体靠紧妹妹，使妹妹能得到一些温暖。其实，姐妹俩从年龄上分不清大小。宜主既然先来到世上，做了姐姐，就尽了姐姐的一份义务，事事想在妹妹前头。合德甘当宜主的妹妹，处处都看着姐姐的眼色行事，把姐姐当作靠山。这样，姐妹心里都觉得安全，姐姐处处保护妹妹，妹妹处处依靠姐姐。

这对小姐妹脸上挂着泪珠睡着了。

长安的秋夜，冷风瑟瑟，一轮明月悬于空中，月光如水，洒向熟睡的人间。星星眨动不眠的眼睛，嘲笑着睡梦中的生灵。

突然，破窗户发出响声，惊醒了熟睡中的姐妹，合德吓得浑身瑟瑟发抖，姐姐也害怕了，高喊："是谁？"

"喵喵。"一声猫叫。听着猫叫姐妹放心了，原来不是贼人。

小猫的两眼在黑夜里发出幽幽的绿光，怪吓人的。宜主想轰走这只小猫，然而这只猫却跑到宜主的怀里，打着呼噜睡着了。

同病相怜，这只流浪街头的小猫，恐怕也是无家可归。宜主留下了这只瘦弱的猫崽。从此，这只猫崽再也没有走掉。每到夜里，姐儿俩就搂着猫崽睡觉，猫崽成了她们相依为命的伙伴。

"给猫崽起个名字吧。"宜主对妹妹说。

合德想了半天，也想不出一个好名字。她从姐姐怀里抢过猫崽抚摸着说："这只小猫太瘦了，要是长得胖胖的多好，对，就叫'胖胖'吧，希望它改变自己，长得壮壮的、胖胖的。"

宜主觉得这名不好听，但一时也想不出好名字，也就只好先依了妹妹，称猫崽为"胖胖"。

别小瞧胖胖，又瘦又小却连抓几只老鼠，吃得肚子胀鼓鼓的。最后抓到的老鼠就不吃了，放在地上玩。它放走老鼠，等老鼠跑远了，再跳起来追过去，抓回来放在地上，然后再放走老鼠，再抓回来，弄得老鼠每次都当猫是真的放了它，结果还是没能逃走。

胖胖的动作又憨又逗，常常逗得姐妹嘿嘿地笑起来。姐儿俩自从来到长安，还是第一次这样开心。

宜主与合德不能总是待在家里，白白地吃着人家的。于是，她们对赵临说出自己的想法。赵临对两个孩子有点不放心，然而又一想，到市面闯闯也好，最后还是答应了姐妹的要求。她们置办一些小手工到街市上叫卖，然后买回米菜，自己做自己吃。

长安的街市做什么买卖的都有，也算热闹。街市上有一个专卖猎物的小伙子，浓眉大眼，很是可爱。他每天卖完自己的猎物，就到宜主这里买些小东西带回去，一来二去，与宜主混得很熟，还常把自己猎到的野物送给宜主姐妹。

汉朝伶玄所著的《飞燕外传》中，把这个年轻的猎人称为"射鸟者"。

射鸟者家境贫寒，靠猎取野物维持生活。宜主和合德生活最困难的时候，帮助她们最大的是赵临，其次是射鸟者，宜主把射鸟者当成可靠的心上人。

赵临见姐妹俩孤苦伶仃，实在可怜，便同情心大发，收她们为义女。"居临家，为临女"，姐妹俩总算有个家了。

赵临同情宜主姐妹也有另一层意思。原来赵临有个长女，在一个王府里干活，后来因病死去。赵临很喜欢自己的女儿，十分怀念她，收养宜主姐妹做义女也是对自己内心的慰藉。

射鸟者打鸟吃鸟也爱鸟，家里叽叽喳喳，养了几十种。有一天，射鸟者带着宜主、合德去打鸟，在一片密密的草丛里发现一窝小鸟。小鸟羽翼未丰，见有人来，齐刷刷地伸长脖子张开嘴，以为是鸟妈妈喂食来了。

射鸟者说，这一窝鸟长大了，可要生出很多好吃的肉啊，留着它们在这里好好长大吧。

宜主摸了摸，喜欢得不得了，还要带回一只养起来。合德看看说："长大了，生肉了，有什么用，我们也吃不到，说不定被什么人得去呢，我看呀，不如弄死它们。"

合德说完就真的弄死了这些小鸟，宜主很是生气，但见妹妹从来没有如此开心过，也就依了她。

射鸟者喜欢宜主，宜主也喜欢射鸟者，这事赵临和街坊邻居都知道，妹妹合德也常逗姐姐说："射鸟者，姐夫也！"气得宜主一个劲儿追打她。

两个孩子一天比一天大，赵临很着急，总想给她们找点事做。

赵临在阳阿公主家做事，是阳阿公主府中的家臣。

这阳阿公主是宣帝的女儿，元帝的姐姐，因食邑在阳阿而得名"阳阿公主"。

西汉时，皇帝为稳定自己的政权，让江山千秋万代永不变，就把自己的子女，再加上皇亲国戚，分封到各个领地，大小都是地方官。所以，各地有权有势的大户人家，多是皇亲。

阳阿公主也不例外，有自己的府邸，有自己的家臣，有自己随心所欲使唤的丫头。

再说这赵临想给姐妹俩找点事做，想来想去也想不出来一个好地方。要说好地方，方圆百里也就是公主府了。在公主府干好了没亏吃，要是干不好也有赔上小命的。

还有一点，就是到公主府干活，一定要长相好，尤其是女孩子。赵氏姐妹貌美秀气，又聪明伶俐，适合在府里做事。于是，赵临打定了主意，就把赵氏姐妹送到阳阿公主府中。

赵氏姐妹刚到阳阿公主府中时，负责侍奉公主和干些府里的其他活计。

伶玄著的《飞燕外传》中载："飞燕女弟，事阳阿主家，为舍直。"指的就是在府里干活。

赵氏姐妹来到公主府中，就像刘姥姥进了大观园，觉得什么都新鲜，什么都看不够，什么都想摸摸。贫民家的孩子，哪见过这样富丽堂皇的府宅呀？

如果公主府中的新鲜劲永远保留在赵氏姐妹头脑中，那她们就不是她们了。很快，赵氏姐妹，尤其是妹妹赵合德，对公主府熟悉得就像自己的家一样，对那些从没见到过的新鲜东西，不但不惊讶了，反而在心里暗暗地指责什么什么地方还应该建什么什么东西，才更完美无缺。

她们姐妹过过苦日子，适应环境的能力极强。

世上有一种人，就是穷能俭朴，富能铺张，穷富都能对付的人。

赵氏姐妹似乎就是这样的人。

她们的个性，加上俊俏的模样和聪明伶俐的头脑，一进府就讨得公主的喜欢了。

赵临收养的两个义女，说起来真为赵临长脸，来到府里把个公主侍奉得舒舒服服，整日里眉开眼笑。公主直夸赵临有眼力、有福气，收养了两个这样乖的好闺女。

赵临听了夸奖，心里那个滋味就别提多好了。

阳阿公主家有个戏班子，府里隔三差五就歌舞升平。这样做有两个目的：一是娱乐；二是练习歌舞，为皇帝的突然驾到做准备。

赵氏姐妹干完府里的活后，就偷偷地跟着学舞，舞姿恰到好处。她们的模仿能力非常惊人，不光能记住舞蹈的动作，还把伴舞的歌词、曲调记得滚瓜烂熟，尤其是赵宜主。

她们偷学歌舞如醉如痴，有时连饭都顾不上吃。

有史料记载说："飞燕姐妹在公主府中，常仿效歌舞，积思精切，听至终日，不得食。"

赵氏姐妹天资聪颖，加之能刻苦学习，一有机会，她们的天赋就得到了充分的展示。

有一天，赵宜主偷学歌舞，被人告发了。公主知道后不但没有发火，反而说："好哇，叫她来跳跳。"

公主这句不轻不重的话，看似没什么却影响了赵氏姐妹的一生。

赵宜主被公主叫去跳舞了。她知道是坏了事，不务正业学跳舞，一定会受罚不轻。宜主想来想去豁出去了，爱怎么着就怎么着吧，管他呢，何不借机淋漓尽致舞一舞呢？

宜主这样一想，竟放开了手脚。她在众人面前壮起胆子，边歌边舞，舞姿出神入化，轻松舒展，挥洒自如，似飞燕点水。

宜主的舞姿吸引了公主和所有人的目光。舞毕，公主方才醒过神，忙说："美极了，身轻如燕啊！"

从此以后，赵宜主、赵合德放弃府中杂事，专习歌舞，成为公主的重点培养对象。

前面提到阳阿公主的戏班子有两个作用，一是为娱乐，二是为皇上的突然驾到准备节目。娱乐是真，准备给皇帝看也是真，然而，最最重要的目的却不在这里。

阳阿公主平时总是提起平阳公主，她一生最羡慕的人就是平阳公主，她常想，她的一生如能像平阳公主那样，做一件光彩的事，也就心满意足了。

平阳公主何许人？

阳阿公主为什么羡慕她呢？

原来这位平阳公主是汉武帝的姐姐，由于她嫁给了曹寿，曹寿又被封为平阳侯，世上便都以平阳公主称呼她。

平阳公主很会取悦皇帝。她知道武帝每年三月都去行祓除礼，回来必定路过她家。因了解这位皇弟酷爱美色，她便广选良家美女数十人，教习歌舞，以备皇帝来时玩乐。

所谓祓除礼，就是到水滨洗个澡，以清除不洁。这一年，武帝又来了，在平阳公主家饮酒作乐，听歌看舞，看中了一名歌女。平阳公主于是趁机讨好，把歌女送给皇帝。此女叫卫子夫，后来为武帝生了一男三女，被立为皇后。

这件事不但改变了卫子夫的命运，使其登上一人之下、万人之上的皇后宝座，也给平阳公主的后半生带来光彩。

阳阿公主也做着一个同样的美梦，因此特别注意那些年轻貌美、能歌善舞的女孩。

宜主的美貌和如燕的舞姿，使公主想入非非。她决心要把这一对姐妹当"拳头产品"重点培养。

府中的人因为赵宜主举止翩然，舞姿如燕，从此不再叫她赵宜主，而叫她赵飞燕了。

花开花落，花落花开，时间一年年过去了，赵飞燕姐妹长成一对大姑娘了。这时，人们才突然惊讶地发现赵临有两个如花似玉的闺女。

赵飞燕长得花容月貌，人见人爱，足可以使人销魂荡魄；而且身材苗条纤丽，步履轻盈，动作举止有如飞燕一般惹人喜爱。

妹妹赵合德比起姐姐来更为娇媚动人。她肌肤如雪，细嫩异常，如凤降世。

这一对姐妹，如鲜花盛开，光彩照人。

不能忽视的是这对姐妹不但长得漂亮，而且才智上也超人一等。她们的聪明遗传于她们的父母，姑苏郡主和冯万金便色智俱佳。

阳阿公主见赵飞燕姐妹艳丽多姿、歌舞过人，于是更加喜欢她们了。不过这种喜欢只是像到集市上买了一对可爱的小生灵，不管怎么喜欢，也没有把她们当人看。

赵飞燕姐妹再聪明也不知道阳阿公主在她们身上打什么主意。

赵飞燕姐妹天天歌舞，在檀板笙歌中愉快地消磨着美好的青春时光，没有任何奢望，没有吃星吞月的想法，或者说她们压根就不知道也不懂得这些。

三

汉成帝刘骜即位第十一年，也就是阳朔三年，这一年秋八月，大司马大将军王凤死。

王凤是成帝的亲舅舅，成帝即位，任大司马大将军，领尚书事，统管朝廷政务。

成帝为太子时，有一位同父异母兄弟刘康，就是后来的定陶共王，这位兄弟多才多艺，父皇汉元帝很是喜欢，常在宫里带他玩，"坐则侧席，行则同辇"。因此元帝有意废去太子，而立刘康为太子。当时王凤与成帝之母皇后王政君说服了皇上，才保住了成帝的太子位，所以成帝很尊敬这位舅舅。

成帝是皇帝，万人之上，说一不二。然而在成帝的心里，王凤才是皇帝，事事说了算。王凤一死，成帝就无拘无束了。王凤死去的第一年，即阳朔四年，成帝开始"为微行出游"。

什么是"微行"呢？

"微行"就是去其皇衣免其皇冠，带几个家奴，偷偷摸摸从皇宫的后门出去，不是大大方方、堂而皇之地走出门，而是偷偷地走后门，出去干一些不符合皇帝身份的事，这就被称为微行，多少有点下贱的意思。

皇帝私访，体察民情，无须责备，而成帝偷偷出去干些什么呢？他与富平侯张放、定陵侯淳于长等一帮贵族子弟，化装出宫，或到市区乡野看斗鸡走马，或到长安附近的地方猎艳游玩。成帝和他们一道，或带小奴，或坐车，或骑马，恣意游乐。成帝还常常自称是张放的家人。其实，成帝微行更重要的是因为对宫中的三千佳丽厌倦了，要到民间采撷含苞带露的美女。

那一年，长安城到处都沸沸扬扬传说皇帝微行，可是谁也没有见到皇帝是什么模样。

鸿嘉元年，就是王凤将军死后的第二年（约公元前20年），成帝带着十几个家奴，在外面转来转去，最后转到阳阿公主府。

且说阳阿公主天天等日日盼，就是盼着这一天的到来。阳阿公主呼喊着万岁万岁万万岁，把成帝迎驾到府内。

成帝即帝位十三年，年三十三岁，正值青壮年时期。阳阿公主了解成帝的过去，深知他爱色，是皇宫里的"花花公子"。成帝十几岁时，住在未央宫中的东宫，那时就开始拈花惹草，戏逗宫女，好淫好色的名声早在宫中暗暗传开了。

按理说，阳阿公主是成帝的姑母，用不着讨好他。可是，人总有不知足的时候，就像鸟儿时刻想着攀高枝一样，阳阿公主就这样，总想巴结皇帝，将与皇帝的关系搞得更密切一些。为迎接成帝的驾到，阳阿公主使出浑身解数，办宴会办舞会。

宴会上，成帝坐了上座，阳阿公主在下相陪。席间，阳阿公主与成帝亲亲热热，成帝问公主："姑母近日做何事？"

"臣苦心网得数十个舞女，教习歌舞，准备日后献给皇帝消愁解闷呀！"

阳阿公主满脸堆笑回奏皇侄。

成帝听了，放下筷子，哈哈大笑。

成帝是个极其好色的人，听姑母说网得数十个舞女，顿时来了兴致，说道："姑母想的正合朕意，何不让她们助朕酒兴，为朕献上一舞？"

阳阿公主见皇侄终于有了要见舞女的要求，大喜过望，急忙唤出一队舞女。

其实，成帝对姑母的舞女感兴趣，纯粹是装出来的，让姑母看了高兴，也不枉费姑母这一番好意。成帝心想，皇宫之大，有美女上千，总比得上这小小的公主府了。这个小地方能有什么好舞女，无非一群乌合之众，讨朕的欢心罢了。

成帝心里这样想着，就毫不在意地看了看。

阳阿公主是个聪明人，看出了皇侄的心思。于是，喊舞女们停舞退出。这一喊不要紧，成帝耐不住了，心想：这是为何？姑母不怕扫朕的兴？

是啊，要就要这个劲儿，阳阿公主见皇侄愣在那里，知是时候了。于是喊道："传赵飞燕，独歌独舞以娱皇上！"阳阿公主终于使出了她的秘密武器。

于是，赵飞燕出场。

赵飞燕袅袅娜娜走出来，却始终背对着皇上，皇上有些不高兴了。

只听到席下传出柔润清丽的歌声：

思怀高远春燕青空

何处觅郎踪

双鸳池沼水溶溶

南北小桥通

人定黄昏后

斜月帘栊

……

甜丝丝的歌声清丽动人,成帝越听越想听,越听越爱听,正在这时,赵飞燕舞到皇帝近前,来个"猛回头"。

成帝忙举目看去,见歌舞者是一位少有的美人,姿色出众,身材纤细修长,舞姿翩然,恍若飞燕。

成帝多大的场面没见过,竟被这且歌且舞的美人惊呆了,目光跟随舞姿移动,神醉情迷,忘掉了身边的一切,还自以为是在皇宫里呢。

舞毕,成帝方才醒转过来,对姑母热情地说:"想不到,在姑母府中遇此仙女。"

此刻,皇帝把先前的不愉快全都忘掉了。阳阿公主这番精心设计没有白费。

阳阿公主见皇侄这样感兴趣,知是十有八九了。

于是,阳阿公主告之,说此女子为赵飞燕。

其实,成帝根本没有细听姑母的回话,而是全神贯注地回想刚才的一幕歌舞。

没待酒宴结束,成帝就向姑母提出要将赵飞燕带回宫中。早就盼着能送个美人进宫,从而巴结上皇帝的阳阿公主焉有不允之理?

于是,阳阿公主把赵飞燕送给了皇上。

第二章

别情郎难舍难分
凤辇行心中忐忑

一

赵飞燕像一只小鸟，像一个乳臭未干的小狗或小猫，像一件秀美的物什或一件玲珑剔透的珍藏品，毫无自主权地被别人掌握在手里，随意地被主人赠送给什么人，而自己却可怜巴巴的，没有丝毫察觉，没有丝毫警悟。她的主人阳阿公主把她慷慨地送给了当今的皇帝——刘骜。

阳阿公主一手导演的这场戏，还没有完全结束，她就获得了前所未有的巨大成功。不，还不能说前所未有，在这之前，已经有了平阳公主，就是被阳阿公主崇拜、羡慕得五体投地的人，也是她一生之楷模。

当成帝向阳阿公主吐露真情，说他很喜欢赵飞燕，并想把她带进宫，专宠在身边时，阳阿公主的脸笑成一朵花，一朵不怎么好看的花，花瓣细碎，且失艳色，连最无能又老弱病残的蜜蜂，都不屑一顾。可怜的阳阿公主不知这些，她依然在笑。因为她实在控制不住自己，像一匹脱缰的马，在广阔的草原上疯跑，已经由不得自己了。她浑身的每个小小的细胞，都因她喜悦带来的震颤松动，稍不注意或者把握不好分寸，就有全部散落的可能。

阳阿公主一百个同意，一千个应承，巴不得皇帝像拿一件礼品那样，把赵飞燕装起来就走，留给她一个喜悦，一个满足，一个圆满而又毫无缺憾的人生。

赵飞燕像一只柔弱的羔羊，迷迷糊糊地任凭摆布，不知是祸是福，是吉祥是灾难。阳阿公主已经答应把她送给成帝，她仍蒙在鼓里，全然不知。

赵飞燕跳过舞之后，并没有过多地在意自己歌舞的好坏，是不是给当今的皇帝留下什么印象，她只知道已经完成了她的主人交给她的一项任务，满意或不满意的不应该是皇帝，而是阳阿公主。她想听听阳阿公主对她舞姿的评价，然后默记在心里，改正纠错，让自己的舞姿更完美，让公主更满意。

赵飞燕从来没想过要贴近皇帝，也从来没想到这一生还能见到皇帝，更没想到能给皇帝歌舞。这一切她已经满足了，或者说一生都满足了。她心想：一定把自己给皇帝表演歌舞的事，告诉义父赵临，还有她的心上人射鸟者，还有……还有妹妹，不，妹妹合德已经在这里了。她实在想不出第四个亲人了，尽管她使劲儿想。她无亲无故，着实令人同情，连这样喜悦的信息，都无法传递，无人与她同喜。

赵飞燕给皇帝歌舞时，自我感觉轻松自如，歌喉舞姿都恰到好处。她从皇帝的目光中，从姐妹们的赞扬声中，得到了充分的证实。

赵飞燕不知道，为什么在她出场歌舞时，阳阿公主不让她面对皇帝，并叮嘱她在适当的时机，突然转身面对皇帝。她真担心皇帝会因此大发脾气，治她死罪，那样，自己该多倒霉。除此之外，她没怕皇帝别的什么。她知道皇帝金口玉牙，说什么是什么，当然也包括杀人。不过，她心里有数，皇帝不会无缘无故杀害一个贫民家的女孩子，除非他是杀人不眨眼的魔鬼，是没有丝毫人性的恶魔。

完成主人交代的任务，赵飞燕没事了。余下的只是皇帝和阳阿公主对她的歌舞怎样评价了。其实，对赵飞燕来说，怎样评价都无所谓。一个舞女，一个默默无闻的女孩子，一生无所求，只求有一个能栖身有饭吃的热窝窝，安安稳稳地过一辈子，了此一生。

赵飞燕期待着阳阿公主叫她，把她叫到跟前，然后对她说："舞得不错，我很满意，以后就长期地留下来，留在我的身边，为我歌舞助兴，不会亏待你的。"然后再赏给她很多钱。

心满意足的她就此在阳阿公主的身边生活一辈子，歌舞一辈子。

不久，该发生的事情发生了，都是这个穷苦的赵飞燕想不到的事。

阳阿公主喜眉笑眼地对赵飞燕说："飞燕啊，你记不记得我看了你的舞姿之后，给你改名为飞燕的事？"

"记得，小女不敢忘记公主的恩惠。"赵飞燕很尊敬阳阿公主，所以才这样说。

"记得就好。从那一天起，我的全部希望就寄托在你身上了，希望你能以不寻常的舞姿和出色的容貌，为我府上争光、争气。今日，天赐良机，皇帝光临我府上，看了你的舞蹈之后，兴奋异常……"

"皇帝满意，公主自然也是满意，小女一颗悬着的心也就放下来了。"赵飞燕见公主说皇帝满意，自知任务完成得很漂亮，慌忙地打断公主的话。

"听我说，飞燕，不仅仅是这些，难得的是皇帝看中你了，你的美丽和身轻如燕的舞姿，使他痴迷、贪恋，舞毕即征求我的意见，想把你带进皇宫，不知你意如何？"

其实，阳阿公主早答应了皇帝，把赵飞燕送进宫。现在，她在赵飞燕面前假装征求意见，似乎很尊敬赵飞燕，任何事情她都不能一人擅自做主。但即使赵飞燕真的说不随皇帝进宫，她也不会顺着赵飞燕的想法去做的。

赵飞燕是个十六七岁的大姑娘了，苦难的生活锻炼了她的思考能力。她知道皇帝说的话是不能违背的，自己毫无身份，毫无地位，一个小小的贫家女，敢违背皇帝的意思，只有死路一条。天兵天将下来惩罚她，会让她尸骨不存，踩入泥土。就是有身份有地位的朝廷大臣也有被皇帝斩杀的，谁还能比大臣多三头六臂呢？

赵飞燕虽心已想好，但要说出口，也不是一件容易的事。这么大的事，这么一个威震天下的皇帝，要领她进入一个陌生的皇宫，虽然不是上刀山下地狱，但也不会让她不加任何考虑地答应此事。无父又无母的赵飞燕此刻没了主意，她多想去问问自己的父母，在这种情况下，自己该怎么办。

阳阿公主见赵飞燕思虑良久，便追问："皇帝要带你入宫，你意如何？"

赵飞燕被逼无奈，支支吾吾说："这……这……"

赵飞燕真想说，这得听公主的。然而，公主不是自己的亲人，怎么能听她的呢？

阳阿公主不是一般的人，她看出了赵飞燕的心思。她很会做赵飞燕的工作："你看，我这个皇侄心慈面善，仁义待人，性情宽厚，是个人人夸赞的皇帝。今年三十有三，年纪不是很大，又英俊无比，况且待女人知冷知热，这在当了皇上的男人那里是很少有的。如果我这个皇侄如狼似虎，不知人间感情，我也不会动这番心思的。再说，皇宫不是人人都能去的地方，很多贫家女做梦都想进皇宫，不幸的是，她们没有你的运气，一辈子只能受苦遭罪在田地里干活，直到年华渐逝，红颜衰老，像野草一样慢慢地枯黄，又慢慢地死去。一个女人，总是要嫁人的，嫁给一般的男人，莫若嫁给当今的皇上，到那里有享不完的荣华富贵，人人敬仰，只要皇上喜欢，封个皇后，一步登天，母仪天下，到那时，我这个公主恐怕也自愧不如了。"

阳阿公主的这一番话，不能不让赵飞燕动心。尤其是十六七岁的姑娘，在择偶婚配的关键时刻，不会不择优做出选择，况且摆在赵飞燕面前的男人，不是一般的"优"，是当今的皇上，天下无二。

赵飞燕半推半就说："我得回去问问我的义父赵临。"

按理说，赵飞燕应该痛痛快快地答应，乐颠颠地自己往皇宫跑。天上掉下来的大好事，容不得半点吞吞吐吐、唯唯诺诺。

然而，赵飞燕心里毕竟装着一个有血有肉有感情的射鸟者，让她在这样的选择面前没了主意。

阳阿公主自知于己有百利而无一害，就武断地对赵飞燕说："不要考虑了，赵临一定会同意的，回家看看，收拾收拾，准备入宫吧！"

赵飞燕说问问义父，其实是推托，她知道她的义父一定会同意的。她要问的是她的心上人射鸟者，只是在阳阿公主面前不能直说。

阳阿公主千叮咛万嘱咐，怕赵飞燕出什么事，她在皇上面前担当不起，也担心自己一生的愿望付诸东流。所以，特批赵飞燕回家看看，速去速回，不得久留。

赵飞燕像被放飞的燕子，一会儿就不见了。她来到长安城的闹市，寻找她的射鸟者。可拐弯抹角，旮旯胡同找个遍，却没见射鸟者的踪影，她急得眼泪快掉下来了，也见不到射鸟者，只好抹着眼泪回到赵临家。

赵飞燕见不到射鸟者，心里别提有多难受了。她闷闷不乐，无精打采，似迷路的人，不知从哪里来，也不知到哪里去，只是凭她的潜意识和她的本能，走向赵临的家，也是她的家。

赵飞燕路过一个个门口，连看都不看一眼，好像街道两旁什么都没有，什么都不存在。长安城家家户户有个习惯，房门和院落不能临街，也就是房屋的正面不能面向街道，只有一个角门临街，通过小角门拐向院内。只有那些有钱有势的大户人家，才有资格把门窗院落面向街道，这从房屋上分出了穷人和富人。人穷，大概是没有脸见人了，连房屋都扭转过去而背靠街道了。

阳阿公主家府宅自然是面向正街了，因为她是公主，是先皇的女儿，是当今有头有脸的人物。

赵飞燕下意识地往回走，不知不觉来到家门口，正要进临街的角门时，却与一个男人撞个满怀。她这时才清醒过来，抬头一看，不是别人，正是她要寻找的心上人射鸟者。

赵飞燕一愣，不知说什么好了。泪水像断了线的珠子，一串串地滚落下来，掉在地上。这一串眼泪在她秀气的面颊上流下来，让射鸟者惊慌失措，暗暗地吃了一惊。这突如其来的情况能不让他吃一惊吗？能不让他莫名其妙吗？

赵飞燕在哭，射鸟者却问不出原因，只好等她哭够了再说。

自从赵飞燕进入公主府，两人接触的机会少了。原因有很多，一是赵飞燕在公主府干活兼学歌舞，时间紧。二是公主府宅院高深难进，赵飞燕又常住那里。急得射鸟者没着没落的，就常常到赵临家看看飞燕回来没有。当看到飞燕住的床铺和飞燕喜欢的小猫时，射鸟者就像看见了赵飞燕，心里也会得到一丝安慰。他还常常弄一些小鸟的肉来喂猫，见小猫吃得很香，心里就觉得这些东西不是被猫吃了，而是被心爱的赵飞燕吃了。所以，射鸟者就常来喂猫，以此表示对赵飞燕的爱。

这一天，射鸟者寂寞难耐，又来赵临家喂猫，喂过之后，起身回返，想不到，在角门口与飞燕撞个满怀。

此刻，赵飞燕不哭了。她把发生的一切都告诉了射鸟者。

射鸟者不是神，没有天大的能耐把赵飞燕拉回来，跟自己过一辈子，白头到老。皇帝是谁？想必射鸟者是知道的。自己的心上人被皇帝看中了，想必射鸟者也知道其中的利害。与皇帝争妻，就等于从老虎口中争猎物，搞不好，猎物没得到，自己却丢了性命。然而，眼睁睁地看着自己的心上人被夺走，又不能无动于衷、视而不见。

射鸟者想到他在树林里射鸟时的情景，锐利的箭都是穿膛而过，箭不虚发。这支箭难道救不了飞燕？射鸟者想跟皇帝拼了。如果射鸟者此时没病，他是不会那样做的，别说他射不到皇上，就是能射到皇上，自己也活不成了。他翻来覆去地想，最后还是放弃了种种想法，任事态发展下去。

从感情上讲，赵飞燕离不开射鸟者；从物质上讲，赵飞燕不是看不起射鸟者，只是常抱一种幻想，希望射鸟者有一天能突然发大财，改变他的穷困，改变他的家庭，改变他的身份，成为一个富有的人、一个人人称赞羡慕的人。

赵飞燕的年龄不算小了，按当时的风俗习惯，女子有了生育能力或接近生育年龄，就要结婚了。赵飞燕为什么没结婚？原因只有一个，她喜欢的射鸟者家里太穷，几乎一无所有，父无能，母无能，最有能力的是射鸟者，也只不过能射几只鸟，果腹度日，维持生活。

女人几乎都能遇上一次抉择。在感情和物质面前，究竟选择哪一个更合适？也许大部分人会选择优厚的物质条件，因为那是生活基础。反过来，又会有一些人选择感情，因为没有感情的生活就像白日里没有阳光，灰暗朦胧，没有生机。那么，究竟谁能战胜谁呢？这要因人而异，但很多女人的心是禁不住物质诱惑的，慢慢地，不知不觉地，自己的心就被物质所俘虏。当然，这些都是不由自主的。

处在感情和物质的交叉路口，赵飞燕没有第二种选择，她必须跟皇帝进宫，来满足皇帝对她的需要。同时，也来满足自己对物质的需要。

射鸟者对飞燕说："进宫后，如果你喜欢在那里生活，就长住在皇宫；如果你不喜欢在那里，我就到宫门前接你回家，我们就在长安城盖一个茅草屋，热热乎乎地住在一起，一直到老到死。"

赵飞燕不说什么，只是点头，她也希望能像射鸟者说的一样，从皇宫里出来与他住在一起。

二

赵飞燕随皇上进宫的事，已经在阳阿公主的一手操办下决定了下来。不管赵飞燕此刻是什么心情，阳阿公主都一直处于兴奋状态。

这种时刻，在阳阿公主眼里，赵飞燕成了宝贝，说什么也不能让这件到手的宝贝丢掉。她一刻不离地跟在赵飞燕的屁股后面，说："飞燕啊，梳洗梳洗，打扮打扮，准备起程吧！"

阳阿公主拿出她平日用的香巾香料，化妆用的各种粉霜，等等，毫不吝啬地让赵飞燕使用，还嫌不够，又追问赵飞燕还需要什么东西。此刻，主仆颠倒，赵飞燕成了主人，而阳阿公主成了侍候人的丫头。

实现了自己一生的愿望，当一回低三下四的丫头，阳阿公主也觉得没什么。

且说成帝看过赵飞燕的歌舞之后，觉得赵飞燕的舞姿独特迷人，清丽的歌喉撩人动听，这些自不必说。赵飞燕的姿色世上无双，令人垂涎欲滴，成帝恨自己为什么不早一点到阳阿公主府中，发现赵飞燕呢？他玩过无数个靓丽的女人，竟然没有一个能比得上赵飞燕的，真是枉活了三十多年。

见成帝如此兴奋，富平侯张放来精神了，对成帝说："怎么样，陛下，还满意吧？"

张放指的是赵飞燕，那意思不言而明，是想表白自己带着皇帝出来有功，得一绝色佳女。

成帝对张放的表现十分满意，尤其是这一次出宫；没有张放鼓动他，他十有八九是不会出宫的，不出宫就没有今天的收获，也不知过去的孤陋寡闻和没有见识。

成帝见张放问他满不满意，随便地回敬一句："那还用说吗？朕喜欢这个叫赵飞燕的女子，这功劳嘛，还得记在你的头上，回宫后，朕好好犒劳犒劳你们。"

赵飞燕迟迟不露面，成帝等得不耐烦了，对阳阿公主道："赵飞燕不同意随朕进宫？"

阳阿公主对成帝说："臣向皇帝保证，飞燕很乐意进宫侍奉皇帝，只怕皇帝圣洁，被小女弄脏，不敢邋遢行事，恐皇上怪罪，遂梳洗一番，请陛下耐心等待。"

其实，赵飞燕不仅仅是梳洗，还去见了自己的情人射鸟者，看来，赵飞燕实在不知宫中之事，在皇帝召见她的关键时刻，却私下约会情人，这是犯死罪的。好在她不懂得这些，一点胆怯的感觉都没有，完成了与情人的约会。

梳洗过后的赵飞燕，似仙女落入凡间，衣裙摇曳，满面生辉，两汪秋水似的目光，勾人心魄，嘴角那一丝迷人的微笑，令人神魂颠倒，灵魂出窍。

成帝见了，内心惊讶不止。成帝想，今生今世得此美人，真是朕的福分、朕的运气。

成帝十分兴奋，遂叫张放给阳阿公主府中的大小人物均发赏钱，让众人与他同乐同喜。

要告别公主府时，赵飞燕恋恋不舍那些朝夕相处的姐妹，还有阳阿公主。是公主对她无微不至的关怀，让她有机会在府中习舞，有今天见到皇上的机会。赵飞燕真得感谢公主，阳阿公主也感谢赵飞燕，没有赵飞燕也没有她的今天，她也不会得到皇帝的厚爱和特别的关照，赵飞燕和阳阿公主两个人，不知道谁要感谢谁了。

离开公主府，直奔未央宫。

赵飞燕坐在百宝凤毛步辇上，心里有股说不出的滋味，不知是兴奋，还是别的什么，她眼里噙满晶莹的泪花。

记得小时候在父亲冯万金家里，她被一个淘气的小男孩打得鼻青脸肿，哭得很伤心，却不能喊叫母亲，也不能扑进母亲的怀里，得到母亲的抚慰。她很可怜，当别的孩子喊母亲时，她的眼里就默默地溢满酸楚的泪。人家的孩子为什么有母亲，而自己却没有母亲呢？为此，她常常偷偷地哭，尤其有人欺辱她、打她、骂她的时候，她就避开妹妹和家人到村外荒草地里大声恸哭一阵，嘴里不住地喊母亲叫母亲，希望自己有个母亲疼爱她们姐妹。

失去母爱的童年是不幸的，赵飞燕就是在这种不幸中长大的。她学会了自强、自爱和自尊，还学会了遇事应该怎样处理。然而，她实在没有经历过这样大的事：同皇帝一起进皇宫。要是有母亲在身边，不住地安慰，也许她不会流泪。

其实，赵飞燕的母亲姑苏郡主不是狠心的人，把她们姐妹生下来，扔到荒郊野外也是不忍心的，与人私通生下孩子，是极见不得人的事。最后，姑苏郡主哭得死去活来，母爱之心大发，抱回姐妹二人，这在当时是需要一定勇气的。后来的几年，姑苏郡主经常派人偷偷地看望孩子，自己也曾以各种借口去冯万金家，看过赵飞燕姐妹，只是赵飞燕姐妹不知是自己的母亲罢了。

赵飞燕默默地擦去眼泪，看着阳光沐浴下的山林绿树。这一天，天气特别好，路边的野花争香斗艳地开放，争先恐后地挤到花儿多的地方开放，结果有花的地方一片连一片，越开越多，越开越艳，没有花的地方一朵也没有，寂寞得要死。

那些蝴蝶，扇动翅膀，戏弄野花，嘲笑野花，见花儿多了就挑挑拣拣，胃口大增。花儿展艳吐芳，渴盼蝴蝶光临，布洒甘露。只要花儿还鲜还艳，就永远也不放弃花儿之间的嫉妒，永远也不放弃招蜂惹蝶争风吃醋的欢闹。

树上的鸟儿懒得飞翔，藏在茂密的绿树丛中，唧啾鸣叫不止，像一群喊喊喳喳的孩子，调皮地藏起来，偷偷地指点赵飞燕说："漂亮漂亮真漂亮，好看好看真好看！"

成帝悟性很高，听路边树林鸟叫，对赵飞燕说："这些鸟都在议论你长得漂亮。"

"谢陛下！"赵飞燕微微一笑，说，"鸟儿欢迎皇帝光临此地，给它们带来阳光、绿树，它们在谢您，陛下！"

赵飞燕不但貌美出众，也很会说话，往往出口不凡，很让成帝钦佩吃惊。刚才这几句话，说得皇帝很高兴。

前面是龙首山，长安城地势最高处，上面坐落着巍峨壮观的未央宫。赵飞燕心想：那里就是自己的家吗？以后就住在那里？那里对我来说，是福地还是祸根呢？

第三章

入后宫得帝欢心

封婕妤立稳脚跟

一

　　且说汉成帝在阳阿公主家宴会之后，便把赵飞燕带回宫中。

　　赵飞燕似乎睡了一大觉，醒后突然发现天地全变了模样。香车宝马，高楼殿阁，青砖铺地，高墙深院……真是金碧辉煌。可是，赵飞燕转念一想：皇帝多个啥？他住的地方，我不是也可以住吗？

　　赵飞燕哪里知道，皇宫这块地方是多么难"住"啊！就是一人之下、万人之上的国母——皇后，稍有闪失，也难免丢掉性命。西汉最后这几十年，要说在皇宫里能站住脚并且说了算的，唯有成帝的母亲——皇太后王政君。她经历了汉元帝、汉成帝、汉哀帝、汉平帝和王莽的新朝，历经五十多年，除此之外再没有第二个女人。

　　赵飞燕心里这样想，是因为她头脑里对宫廷的事一片空白。

　　赵飞燕入宫后的第一个夜幕快要降临了。未央宫中的皇帝寝宫，红烛高照，灯火辉煌。因为赵飞燕入宫，成帝高兴，在寝宫中央多点了几根蜡烛。

　　未央宫是成帝生活、游乐的地方，在长安城的西南角，周围凡二十八里，依龙首山的地势为台殿，高过长安城内其他建筑。未央宫是汉高祖刘邦建造的一座规模宏伟的宫殿，宫中的前殿东西就有五十丈，周围有四十三座台殿、十三座别宫、一个大水池。宫中用香木做栋橼，用杏木做梁柱，门扉上是金色的花纹，门面有各种纹饰，青窗红殿、玉石阶沿，宫内的殿堂楼阁，不计其数。准备给皇帝御幸的后宫女人，就住在这里。

　　赵飞燕想，住在这里，必定是皇上的女人了，要与这个素不相识的皇帝睡觉，可他不是自己钟情的射鸟者，然而，他是皇上，是统管天下的君主。

　　成帝是个好色的皇帝，见到如意的女人，首先想到的就是云雨之事。

　　她绯红着双颊，含羞地低着头，忸怩万分地站在成帝眼前。成帝见了，心里有说不出的兴奋。

成帝临幸过很多女人，没见过像飞燕这样害羞的。

成帝上前抱起赵飞燕放在御床上。赵飞燕却"瞑目牢握，涕交颐下，战栗不迎"，以至汉成帝一连三夜只能抱着飞燕。

说来也怪，皇帝非但不怒，反而夸她是个真正的女人。

汉成帝虽然贪色，但是个有修养、性格宽厚的人。赵飞燕一连三夜战栗不迎帝，这已是对皇上的不尊，这事要是发生在商纣王和秦二世胡亥身上，赵飞燕早命葬九泉了。

这事传遍宫内，上上下下的女人气愤无比。多少人做梦都想得到皇上，然而终生得不到，赵飞燕却轻而易举地得到皇上的欢心。所以有的姬妾见皇上如此宠幸赵飞燕，一个个既气愤又嫉妒，问汉成帝为何这般体贴沉迷于赵飞燕。

成帝回答说："看起来飞燕好像很丰满，可抱在怀里柔弱得像没有骨骼，对男人谨慎畏惧，不即不离，有娇羞之情，具有高贵的教养。你们这些人，无一不是面不带耻，心不装羞，机械一般地谄笑相迎，怎能跟她相比？"

赵飞燕看皇帝这般宠幸她，自知不宜再拒绝了，最后终于成其好事。从此，成帝夜夜与飞燕在一起。

有人说，赵飞燕的表现，不过是她欲擒故纵的战略罢了，为的是要汉成帝对她留下深刻的印象。

成帝临幸了赵飞燕，结果是飞燕血染御被，证明她是处子之身。

那年，成帝三十三岁，赵飞燕十七岁，都是如狼似虎的年龄。所以自从赵飞燕入宫后，成帝是日日相随，夜夜求欢，纵欲无度。

几天后，来了一位宫女找赵飞燕，她叫樊姬。赵飞燕一见，吃惊不小，原来是她的姑表姐，赵飞燕义父赵临姐姐的女儿，两人相见，好比他乡遇故知，亲亲热热，有唠不完的嗑儿。

樊姬非常了解赵飞燕过去的事，赵飞燕一进宫，樊姬就暗暗为飞燕担心，因为成帝一旦发现，事情会闹得不可收拾。可是过了几天之后，宫中却消消停停，没发生什么事。

樊姬为此暗暗庆幸，但也感到此事很奇怪，于是，偷偷问了飞燕。

　　樊姬这人也真够胆大，竟敢打听皇帝所爱之人的隐私。樊姬之所以胆大，是因为她仍然把飞燕看成当年的小姐妹，再说，飞燕刚刚入宫，没封什么"官位"，是普通的宫女。

　　赵飞燕再不害羞了，大大方方，毫不掩饰地告诉了她是怎么回事。

　　樊姬话题一转，又扯起宫内的事，小声对赵飞燕说："皇帝还有两个女人，一个是许皇后，一个是班婕妤，皇帝宠你，她们可吃醋了。皇后、婕妤、皇帝，他们之间的关系很复杂，你日后想在宫里站住脚，不但要笼络皇帝，还要与皇后、婕妤和皇太后搞好关系呢！"

　　樊姬说完了，赵飞燕还愣在那听着呢。

　　"说吧，再说一些。"赵飞燕下意识地说。

　　"不了，我得马上回去，以后有工夫了再细细说给你听。"

　　樊姬走了。

　　赵飞燕站起身来，走到窗前，慢慢地推开窗户，映入眼帘的是那金碧辉煌的宫殿，她移开目光，但看到的仍是数不胜数的宫殿，巍峨壮观，气势磅礴。她只有往上看，才能看到天，湛蓝湛蓝的天。有几朵无家可归的云彩，在天边飘动、流浪。她收回目光，仍旧是宫殿。

　　"你想在这里站住脚……"

　　突然，樊姬的话跳到她的耳畔。

　　赵飞燕觉得腿发软、发酸，腿的力量还没有刚入宫那天硬朗、挺实。

　　赵飞燕呆呆地站在窗前，眼望蓝天，突然她甩掉手中的香巾，回到房里。

二

　　且说赵飞燕听了樊姬的一番话，受益不浅。樊姬是自己的姑表姐，头脑灵活，人也可靠，不如召进后宫，这样，自己就有了一个贴心人。

　　赵飞燕这样想不无道理，她一个贫家女，只身一人进宫，上无保护，下无知音，在复杂的宫廷无法生活。如今上有皇帝保护，这下边么，就得靠樊姬了。

这一年是鸿嘉元年。鸿是大型雁类的泛称，古人指能高飞的大鸟，嘉是指美好的意思，这"鸿嘉"两个字就是图吉祥。汉朝的皇帝们执政几年就改年号，长的八九年或十几年才改一次，短的三两年改一次。成帝即位时改年号为"建始"，建始四年，汉域各地水灾严重，成帝命修筑河堤，免收税租。为了减少水灾，遂改年号为"河平"，是平平安安的意思，希望再也不发大水了。到河平四年，皇室外戚大权紧握，宫廷的要位几乎都是成帝母后王氏家族的人。刘家天下，王氏掌权，阴盛阳衰，成帝无子嗣，于是改年号为"阳朔"，是阳气上升的意思。成帝在位时，建始四年，河平四年，阳朔四年，鸿嘉四年，永始四年，元延四年，绥和二年，共二十六年。

鸿嘉元年四月，也就是赵飞燕刚刚进宫的时候，突然有一天，野鸡铺天盖地飞落到殿堂，整个未央宫到处都是野鸡，有的跑到殿内，有的在宫殿的台阶上跳着玩，随便伸手就能抓到一只。一直到夜里，野鸡还叫闹不止。

宫女们整天地闷在宫里很寂寞，见有这么多的野鸡在殿堂，就高高兴兴地抓着玩儿。老太监们命小太监抓来野鸡，弄死了偷着吃。

花花绿绿的野鸡到殿里朝拜，总比苍蝇强得多。建始元年六月，就有青蝇无数，集未央宫，数日不离。

那时，不管是野鸡还是苍蝇，每一种自然现象，都能带来说法。野鸡突然飞集未央宫，人们开始议论许皇后，此时宫廷王氏大权在握，但许氏家族力量也不弱，最大的代表就是许皇后。有些王氏家族的成员就乘机攻击许家，以便瓦解许家的势力。

赵飞燕刚入宫，宫里没有赵氏家人掌权，攻击她的人很少，但也不是没有，主要是与赵飞燕争夺皇上的姬妾们。她们说野鸡是飞行动物，飞燕也是飞行动物，飞落皇宫，是不祥之兆。

赵飞燕没权没势，暂时对别人构不成威胁，所以议论归议论，不久这些议论也就自生自灭了，再说还有皇帝宠幸飞燕，因此，这次"野鸡"事件，就这样过去了。

不过，通过这件事，赵飞燕发现一个问题。许皇后也不是稳坐江山，牢不可破。王氏家族的力量和攻击，就可以撼动许皇后这棵大树。

许皇后，是元帝生母许平君的侄女，是大司马、车骑将军许嘉的女儿。元帝在位时，感念母亲的不幸——母亲为宣帝皇后时被霍光夫人用药毒死，所以格外厚待舅家，不仅优加封赏，还把舅舅许嘉的女儿婚配给太子刘骜，以示亲上加亲。

元帝死后，太子刘骜即位，即成帝，两年后许氏被立为皇后。

许皇后博通文史，写得一手好字，十分聪明美丽。婚后，两人如漆似胶，形影不离。

成帝即位后，仍对许皇后宠爱如故。

成帝厚待舅家，即位后，大封王姓为侯，又加封大舅王凤为大司马大将军领尚书事，二舅王崇为安成侯，还有五个小舅都封了侯。外戚王家一门七侯，成为西汉建国以来从未有过的显赫家族！不仅如此，王家的子弟们，或任朝中的卿、大夫，或任皇帝身边的亲从，或在各部充职，朝中上下一下子挤满了王氏家族的人。

这样，朝中外戚便分成许派和王派。由于皇太后王政君的庇护，王家势力日盛，而许家势力渐弱，许皇后的父亲许嘉被逼迫退休，忧郁而死。现在王氏家族又把矛头指向一个手无寸铁的弱女子许皇后。

与许皇后的辉煌历史比，赵飞燕是实实在在的贫家女，一无所有，身份、地位均在其下。很自然，飞燕也无法或者说无能力去参与这些朝政大事，她的天地很小，小到只有皇帝和她两个人。

赵飞燕目前如果没有皇帝专宠，在这许、王两大家族面前是不堪一击的。

赵飞燕经樊姬的点化，才知道自己如置身于汪洋大海，时刻都有被淹没的危险，要挣扎，要拼命地去挣扎，才会吸到空气，才不至于被无情的大海吞噬；要拓展属于自己的天空，要抓到能救命的稻草，只有这样才能生存，才能生存得自由自在。

赵飞燕入宫时感到轻松自在，现在心情却越发沉重了。她似乎走进一片无人开垦的原始森林，越走越心慌，越走越害怕，终于在原始森林的中心地带，发现了一群残暴嗜血的狼，心地善良的她不想伤害任何一只，可狼在虎视眈眈看着她。她目前唯一的办法是攀住一棵救命的大树，腾出一只手来与这群残忍的狼拼杀搏斗。

狼们密密麻麻地集在树下，不露一块空地。要生存，要自由，就要斩杀了它们，争回脚下这片属于自己的土地，然后剩下那片美丽的树林、那棵大树和她。

她要死死攀住的那棵能救命的大树不是别人，就是当今的圣上、君主、皇帝。

她要斩杀的第一只狼，就是许皇后。

赵飞燕使出女人的一切手段取悦皇上，哄得皇帝亲笔写诏书，立她为婕妤。

婕妤是什么？

婕妤是高攀的阶梯，是茫茫大海中强于稻草的救生圈，是涂在脸上的胭脂，是可在宫廷里高声说话的资本，可使别人投来微笑……

赵飞燕心里清清楚楚，这婕妤意味着什么。

秦袭周礼，汉因秦制。西汉帝王嫔妃的名号是这样制定的：皇帝的正配叫皇后，其次是昭仪、婕妤、娙娥、容华、美人、八子、充依、七子、良人、长使、少使、五官、顺常、无涓，共十四个等级。

婕妤仅次于昭仪，那么再高攀两阶是什么呢？不言而喻。

这个成帝呀，不怪有人说他好色，还有点糊涂，给赵飞燕封这么大个"官"，仅次于"昭仪"。

赵飞燕的步迈大了，赵飞燕的脚有力了。她三步并作两步，立时来到窗前，用力过猛地推开窗棂，高抬起头来，重新审视那片蓝天，天还是那么湛蓝，只是那片流浪于天际的白云不见了。

她收回目光，又重新审视那金碧辉煌的宫殿。殿宇闪出金灿灿的光芒，似乎在向她招手、致意、微笑，她伟人似的摆摆手，满意地离去了。

她挑选了一位美貌官女进入后宫，专门喂养自己的小猫——"胖胖"。

"要给它理好毛，洗好澡，一刻也不要脏着！"赵飞燕对官女说。

皇上说："胖胖何其壮也，不雅，还它其名，就叫'阿猫'吧。"

"陛下圣明，就照您说的办，叫'阿猫'。"飞燕说着，用指头点皇帝的脑门说，"十足的馋猫！"

随后两个人抱在一起大笑。

三

再说成帝亲笔下诏给赵飞燕封个"婕妤"，喜得赵飞燕在皇帝面前尽显柔情之后，不禁喜中有忧。她想，"婕妤"与"皇后"，还相差一大截，应继续前进。然而，前进道路上最大的绊脚石就是许皇后，也就是樊姬说的"两个女人"之一。那么，另外一个女人班婕妤呢？她能不能构成威胁呢？进宫久了，飞燕也了解了班婕妤的经历。班婕妤这个人不是一般的女人。

班婕妤的真实名字史书没有记载，已不可考。她是楚国令尹子文的后代。楚国灭亡以后，班氏家族迁徙塞北，过着游牧生活。秦朝崩溃，刘邦建立汉朝，班氏家族的子弟渐渐做官。

她的父亲班况，任左曹越骑校尉。班况有三个儿子、一个女儿。长子班伯，次子班斿，三子班稚。班稚生子班彪。班彪生班固、班超。班况的女儿，就是班婕妤。

班婕妤是班彪的姑母，史学家班固的姑祖母。班彪有一个女儿，名班昭，是史学家班固的妹妹，曾受诏于东观藏书阁，补写《汉书》八表和"天文志"，并被召入后宫，为皇后和贵人之师，学问渊博。

两汉时著名的女诗人和学者，首推班氏两女。第一个是班婕妤，第二个就是班婕妤的侄儿班彪之女——女诗人兼学者班昭。

成帝初即位时，班婕妤被选入后宫，初为后宫第十位少使，因知书能文，又长得漂亮，不久为成帝宠幸，晋位为婕妤。为此，成帝特辟未央宫第三区的增成宫，供她居住。她得皇帝甘露，不久怀孕，生下一个女儿，但仅仅活了几个月，便不幸夭折了。

班婕妤温淑知礼，又有学问，不但成帝喜欢她，连皇太后王政君也十分喜欢她。

有一次，成帝到后宫游玩，想与她同坐一车，想不到皇帝的要求被她婉言谢绝，说："妾观历代图画，圣贤君主，左右都是名臣侍驾，只有夏商周三代以后的君主，嬖女才侍奉左右；现在皇上要与我同坐一车，妾不敢有累圣德，故难以从命！"成帝觉得她说得有理，极口称赞。

这件事很快传遍后宫，太后王政君知道后高兴地说："古有樊姬，今有班婕妤。"

樊姬是春秋时期楚庄王夫人，为人贤惠，知书达理。楚庄王好出宫狩猎，她曾谏止，激励楚相虞丘子举荐孙叔敖，使楚庄王得一贤人，从而使楚国兴盛，人才济济，治楚三年而庄王称霸。楚庄王夫人的事迹遂被历代乐府歌咏不绝。

太后王政君用樊姬比喻班婕妤，是对班婕妤极高的赞扬。

皇太后赏识班婕妤，成帝也很宠幸她。成帝"壮好经书"，喜欢诗文，偏偏班婕妤也好读书，并能诗能文，与成帝爱好相同，很得成帝的喜爱。

可以断言，班婕妤是一位才德并重、知书达礼、娴静本分的美女。

身为婕妤，皇帝又娇宠，有这样的条件，完全可以骄横了。但她得宠不骄，对许皇后尤其恭谨有礼，所以许皇后与她的关系甚为友好。许皇后被成帝专宠时，后宫的美人很少能见到成帝，唯独班婕妤例外，这与许皇后对班婕妤的友善不无关系。

这样一位美貌、德才俱佳的女人，进入后宫才封为第十级的"少使"。而赵飞燕进宫没几天，就封为第二级"婕妤"，由此可知，成帝对赵飞燕宠爱有多深。

　　赵飞燕属于"放浪"型女人，没有那么多的规矩，加上年轻美丽、能歌善舞，遂深得皇帝的喜爱。

　　班婕妤过于拘泥于封建礼教，处处讲礼节规矩，上孝下尊，连皇帝让她"同车游后宫"都以先古的礼教婉拒；久而久之，在一个好淫的皇帝面前，注定会失宠的。

　　自从赵飞燕入宫，皇帝再没有临幸班婕妤。

　　班婕妤好久不食"人间烟火"，自然会有感觉。她是聪明人，观古今后妃事，自知将失宠于皇帝，如有皇子，也就放心了，现在连怀皇子的机会也没有了，都怪自己不争气，生了皇女即夭亡，未来吉凶难卜。

　　班婕妤是个有文采的人，忧思生诗，于是写了《怨歌行》一诗：

新裂齐纨素，

皎洁如霜雪。

裁为合欢扇，

团团似明月。

出入君怀袖，

动摇微风发，

常恐秋节至，

凉飚夺炎热。

戏捐箧笥中，

恩情中道绝。

　　班婕妤系汉室女诗人，写下很多诗篇，后人读之无不为其文采所动，赞不绝口。

　　赵飞燕童年在父亲冯万金家，也常读诗，后练习写诗，也曾写得一手好诗，但比起班婕妤的诗相差甚远。

　　赵飞燕曾讨得班婕妤几篇诗作，狂读不止，爱不释手。成帝见了，对她说："赋诗，你不及她，行云雨之事，她不及你。"

赵飞燕听了皇帝的话，不知说什么好，于是，佯装生气，不理皇帝了。

皇帝见此情景，忙赔不是说："朕无礼，朕无礼了！"

写诗，飞燕自愧不如班婕妤，然而笼络皇上，飞燕可不比她差。

在皇上的心里，班婕妤仍然占着相当重要的位置。飞燕要想得到皇上的欢心，必须去掉皇上心头的杂念，让他一心一意地宠幸自己。所以飞燕对班婕妤既爱又恨，不敢掉以轻心。

班婕妤的为人后宫上下皆知，如果这些还不足以说明的话，许皇后能把皇帝让给班婕妤，让她怀上孩子，这一点总该证明班婕妤的为人了。

许皇后也是个嫉妒心很强的人，如果不认为班婕妤是个知书达礼的人，不会把皇帝让给她的。许皇后是个聪明人，不会不知道假如班婕妤生了儿子，对她的皇后位置是最大的威胁，母以子贵，儿子立太子，当了皇上，没有她好果子吃。

在这种情况下，许皇后冒着这么大的危险，让班婕妤跟她同吃一锅饭，同点一灯油，相处得和和睦睦，不因为争抢皇帝恩宠而红脸，这是历代宫廷里少有的事。因此，从中可以看出许皇后与班婕妤的关系胜似亲姐妹。

如果有谁与班婕妤闹别扭了，不用说，准保不怪班婕妤，而怪另一个人。

班婕妤作为才女，有遵守礼教，约束自己不规范行为的一面，也有作为女人，充分展示女人魅力的一面。那么，班婕妤究竟偏向哪一方呢？不言而喻，古人的礼法、规矩和文人才女的那一套正统，在她的头脑中占了上风。在老年人那里，这一套是很吃香的。成帝也暗中钦佩班婕妤，不过，这种钦佩不代表成帝对她在性的方面感兴趣，就像古人面对西红柿，尽管它甜酸可口，又营养丰富，可谁也不敢亲口品尝，只把西红柿当花看了几千年，冷落一边。

班婕妤缺乏的是一个女人在男人面前长久不衰的魅力。她擅长的是古板的礼教和超现实的诗歌，而怎样发挥女人的魅力才能吸引男人的新奇感，正是班婕妤的弱项。如果她有一天在皇上那里失宠，大可不必追究其原因了。

在这一点上，赵飞燕注定要战胜班婕妤，而得到皇上的宠爱。

第四章

心焦虑未孕皇子
密谋划合德进宫

一

《汉书》记载了汉成帝即位后的灾异现象：

建始元年春，有星孛于东方。

建始元年夏四月，黄雾四塞，密不见人。

建始元年夏六月，有青蝇无万数，集未央宫殿中，数日不离。

建始元年秋八月，有两月相对，晨见东方。

建始元年秋九月，流星光烛地，长四五丈，委曲蛇形，贯紫宫。

建始元年十二月，大风，拔甘泉畤中大树十围以上，郡国灾，毋收田租。

建始二年三月，北宫井水溢出。

建始二年，夏，大旱。

建始三年冬十二月，日食，夜地震于未央宫殿中；月末，越巂山崩。

建始三年夏，大水，霖雨三十余日，不晴，山谷水出，杀四千余人，坏民舍八万三千余所。

建始四年夏四月，雨雪。

河平元年三月，旱，伤麦，民食榆皮。

河平二年四月，楚国雨雹，大如斧，飞鸟死。

河平三年春二月，地震山崩，江水逆流。

还有狗长角、母鸡打鸣、老鼠上树自杀等自然现象，不胜枚举。

汉朝自开国以来，也曾经几度盛衰，到昭宣二帝时，还属中兴时期；而元帝成帝以后，每况愈下。成帝即位后，日月失明，星辰逆行，山崩泉涌，地震石陨，冬天打雷，夏天降雪，草木春天凋零而秋天茂盛，水旱虫螟，饥荒瘟疫，罪犯满街，饿民离乡，各种灾异现象频出。

西汉时，各种灾异现象都有所指，如建始元年八月的一天早晨，东方天边有两月相对。京房《易传》说："君弱如妇，为阴所乘，则两月出。"

意思是说，当今的成帝无治国之道，像女人一样柔弱无刚，朝廷大权为外戚所握，所以天警示人间，出现两个月亮。

成帝即位后，的确把朝廷大权交给外戚王氏家族，自己沉迷酒色，奢侈浪费无度。如今朝中外戚王氏一家，任二千石以上官秩者达二十三人，其中九人封侯，他们秉事用权，骄奢不法。

当时，虽然王氏家族力量强，但许氏家族也不弱。王氏家族的成员一致对外，瓦解许家势力。他们借成帝即位后的灾异现象，抓住时机打击许家。

成帝建始四年春四月，发生日食。成帝认为是为政不当，上天示警，按例下了一道诏书，让百官公卿上书，说说朝廷的过失。

光禄大夫刘向、太常丞谷永都是王凤死党，为了替王家打击许家的势力，竟不遗余力进行诬陷。他们乘皇帝下诏之机，呈上一道奏章，说这次日食的时间恰同于汉惠帝死亡之月、汉昭帝死亡之日，二帝均无子。成帝即位后，灾异迭现，祸患连连，这些灾异现象的由来，就出在后宫。并劝成帝对后宫开支加以节制，整顿六宫等。

实际上，这道奏章是指向许皇后的。成帝即位，专宠许皇后一人，后宫其他嫔妃很少有同成帝接近的机会。许皇后生过一男一女，均已夭亡，以后再没生子。而成帝结婚多年被许皇后一人所占，不能与其他嫔妃接触，仍无子嗣。表面上看，奏章说的是为皇上好，其实是借机打击许皇后。另外，六宫应整顿，就是想压缩开支，限制皇后自由，无疑也是指向许皇后。

这时的成帝与许皇后两情缱绻，恩爱难分，亲亲热热。皇帝与皇后感情越深，预示着许家势力越牢不可破。这事，稍微有一点政治头脑的人都能看得出来，成帝好经书，很有才气，这是朝廷上下百官公卿都知道的。他头脑不笨，然而在处理与许皇后有直接关系的后宫问题时，却显得异常糊涂，竟然没有看出刘向等人背后的阴谋是指向与他感情一直甚好的许皇后。

成帝看完奏章后，相信了这些说法，于是，下诏命令缩减皇后及后宫嫔妃用度，一切服饰车马等用品和赏赐外家的开支都限制在竟宁（元帝年号）之前的数量。

许皇后是聪明人，她嗅出了这道奏章的火药味，她不甘受此迫害，她也要给成帝写一道奏章。一个柔弱女子，竟有如此气魄，敢于面对王氏家族的强大势力而临危不惧。

于是，许皇后便写了一篇文理俱佳的《上疏言椒房用度》，陈述了自己认为后宫费用未超出规定而新要求难以执行的见解，文章潇潇洒洒，气势恢宏。

成帝看过此疏之后，半天没说什么。读的书不及皇后多，文理也远不及皇后，他竟不知对这篇疏文该如何批答。

糊涂的成帝，一错再错，他把疏文交给刘向、谷永处理。

刘向不是一般的人，他是宗室子弟，博通经史，能言善辩。他的儿子刘歆是王氏的国师。儿子都是国师了，在学问父子相传的时代，父亲能不强吗？

谷永是御史大夫，好阴阳之说，明经史通古今，依附大司马大将军王凤。

刘向与谷永研究了这道奏章后，写了一份批文，不正面回答许皇后提出的问题，而以阴阳春秋之说攻击许皇后。把这几年的灾异现象——白气出，流星如瓜，北宫井水溢出，数郡水灾，老鼠在树上筑巢，野鹊变色，鸟焚其巢，大风折拔树木，日食东井，河决，等等，统统归咎后宫，算到许皇后的头上。

这件事表面上没有动摇皇后的地位，但已在宫廷上下造成影响，人们纷纷说，皇帝专宠过甚，不能临幸他女，因此无子嗣，遂致各种灾异现象频生。

以后几年，又有日食，有人说是王凤专权，外戚气盛所致。然而谷永等人仍怪罪许皇后，皇太后王政君也参与此事，谴责许皇后，成帝对许皇后的感情因此日渐淡薄。后来，赵飞燕进宫，成帝专宠飞燕，许皇后更加受冷落了。

赵飞燕入宫得成帝宠幸，日盛一日。而许皇后、班婕妤皆失宠。

后宫上上下下见飞燕得宠，红得发紫，便靠拢飞燕，言听计从。

赵飞燕虽得"婕妤"封号，但毕竟不是皇后，况且，飞燕没有强大的势力保护她，显得孤立无援。

许皇后见赵飞燕渐渐得宠，也是心惊胆战，担心成帝让这个小狐狸精迷住，而自己受冷落。因此她几次劝皇帝"理朝政，精心治国"。意思是不让他沉迷在赵飞燕怀里，不能自拔。

　　班婕妤知书达礼，虽然看破飞燕与成帝的关系，但碍于封建礼教，便不愿意说出口。其实心里也是醋意浓浓，嫉妒非常。

　　许皇后、班婕妤遂同病相怜，背地里常议论赵飞燕的微贱身世。

　　端午节的时候，她们这些不同身世的姐妹聚在一起，表面上亲热无比，寒暄不止，其实内心都各装一把刀。许皇后对赵飞燕似乎很是关怀，于是问道："燕妹妹貌美，长得娇嫩，不像贫家女子，请问令尊做何大事？"飞燕不语，面颊绯红，这句话像一把尖刀刺痛赵飞燕的心。赵飞燕进宫后，怕就怕人家说她的身世，因为她的身世并不荣耀，不会给她面子上带来光彩，今天的许皇后哪壶不开提哪壶。

　　"我们看跳舞吧！"飞燕避开不答。

　　许皇后似乎没尽兴，又对飞燕说："对对，看跳舞。听说燕妹妹舞技精深，何不下去舞一舞？"

　　赵飞燕在阳阿公主家当过舞女，许皇后让她跳舞是揭她短。

　　"舞就舞。"飞燕要争口气。

　　赵飞燕身轻如燕，舞姿十分轻盈柔美，登时人们看得入迷了。

　　赵飞燕的面貌分外妖娆迷人，尤其那一双秋水顾盼、频频传情的眼睛，把个成帝搅得神魂颠倒。

　　赵飞燕聪明机智，扬长避短，以优美的舞姿击败了对方，由被动变为主动，打了一次大胜仗。回宫后飞燕还在恨许皇后。

　　樊姬见飞燕气冲冲的，就给飞燕讲了卫子夫的故事。

　　在先皇的几个皇后中，汉文帝窦皇后、汉景帝王皇后，出身都很卑微，汉武帝的卫皇后，也就是卫子夫，出身可能最为微贱了，没有一个堂堂正正的爹，也没有一个堂堂正正的妈。卫子夫的母亲是平阳公主家的使唤丫头，曾与府里当差的私通，生了卫子夫。低微的出身决定了卫子夫只能操持低微的工作，很小的时候，她就在平阳侯府当了一名舞女。武帝到平阳公主家做客，卫子夫有幸被武帝看中带进宫中。卫子夫本人也很争气，一口气为汉武帝生了三女一男，后来专宠后宫，做了三十八年的皇后。

卫子夫能以一个歌舞伎的身世入后宫，幸运的是还当了皇后，而且能得到皇帝的宠幸，长久不衰，靠的是什么呢？一是卫子夫长得美艳绝伦，深得汉武帝的喜欢；二是给皇帝传宗接代，生了个太子。这样，才得宠多年，还当上了皇后。

赵飞燕听了之后，觉得樊姬的头脑很不简单，借卫子夫的故事说服自己，妙极了。

这时的赵飞燕把许皇后嘲笑她、给她难堪的事全抛在脑后了。对，给皇帝生儿子，给皇帝传宗接代，然后当皇后、太后。

成帝三十四岁了，还没有儿子，朝廷上下十分关注。要是哪个嫔妃能在这时候给成帝生个白白胖胖的太子，那她一定会得到皇帝长久的宠爱。有皇帝和太子做靠山，就永远也不会孤单了。

赵飞燕从此夜夜与成帝欢好，时刻盼望着怀上龙胎。可是时间一天一天过去了，不争气的肚子还是没有动静。

久不怀龙胎，色衰爱弛，皇帝就要被后宫里的美人夺走，那时就惨了。

有一天，飞燕见樊姬干完活，就叫她进来，说出了心里的苦闷。樊姬眨眨眼，想了想说："我倒有一个办法，让别的女人为皇帝生太子，不就成了？"

"开什么玩笑，给你说正经事呢！"飞燕不耐烦了。

"我说的也是正经事呢！"

于是，樊姬与飞燕密谋一番。

樊姬的意思是这样的。皇帝好色，说不上什么时候又去御幸其他美人。你的妹妹赵合德长得不是很漂亮嘛，我到皇帝那里为她美言，然后把合德接进宫，用自己的妹妹拴住皇帝，你们姐妹不论谁生了儿子，都是皇太子，前途无量且安如泰山。

自己的妹妹总比外人好，外人生个儿子，就是对你的威胁，而姐妹之间的骨肉情是亲密无间的。如果发生事端，可以互相援助，总比你现在孤单一人好。

这件事要抓紧办，趁皇帝对你的爱还没有转移，马上给皇帝吹耳边风，尽快把合德接进来。晚了，烟消云散，富贵荣华就付诸东流了。到那时，你后悔都来不及了。

赵飞燕很感谢樊姬为她出的主意。

这个计划没过两天就在飞燕和樊姬的运作下，开始偷偷地实施了。

樊姬这个人很机灵，她知道皇帝宠飞燕，飞燕会越来越红，遂靠紧飞燕。再加上亲戚关系，飞燕与樊姬的关系一天比一天密切。飞燕在皇帝面前说过很多好话，所以皇帝也很欣赏樊姬。

樊姬呢，就利用这些关系，在飞燕和皇帝之间，走马灯似的跑前跑后，两头说好话。

有一天，樊姬没话找话似的，在皇帝面前提起赵飞燕还有个双胞胎妹妹，长得更漂亮，跟什么什么似的。

成帝是个贪淫无度的家伙，对漂亮女人永远也没个够，他的贪欲就像油漏，永远也没有满足的时候。

他听说飞燕有个漂亮妹妹，就把这件事惦记上了。他想：飞燕长得这般美俏若仙，妹妹长得也不会孬。

樊姬的几句话，把个成帝逗得痒痒的，恨不能马上见到赵合德。

二

要说成帝这个人，一生最大的爱好就是喜欢美女。

成帝姓刘名骜，小时候很得爷爷宣帝的喜欢。爷爷给他起了刘骜这个名字，借《吕氏春秋》中"千里马"之意，以示汉室江山永远昌盛。

小时候的刘骜，表现得好读书，喜文艺，性情宽厚谨慎，举止十分遵守礼仪。有一次，父皇元帝有急事召见太子，等了很久不见他来。原来他遵守宫廷礼制，不敢走天子专用的中间驰道，而是从边门绕道行走，所以费了许多时间。元帝十分赞赏儿子在情急之中仍能遵礼法，行止不乱。后来他渐渐放纵起来，酒色、歌舞无一不爱。其实这一点正是元帝带坏刘骜的。

元帝喜好声色，后宫美女如云，还经常带着妃嫔宫人们在后宫的虎圈观看斗兽表演。刘骜从小耳濡目染，怎能不受影响呢？

所以傅昭仪与元帝说："妾闻太子喜好酒色，只怕日久糟蹋了身子，将来怎好担当大任？"话说得很巧妙。傅昭仪就是抓住刘骜喜欢酒色的短处，想劝元帝废了他，而立自己的儿子刘康为太子。

当时元帝也发现了太子不走正道，这几年变化很大，担忧地说："我也十分忧虑，只怕不孝子乱我江山。"

看来，当太子时的刘骜就淫乱无度，否则，元帝也不会那样担心。

刘康是傅昭仪所生，是刘骜的同父异母兄弟，多才多艺，很得元帝的喜欢。傅昭仪进言道："刘康德才类似陛下，臣妾并非为儿子贪图非分，实为汉家长治久安着想。"

元帝渐渐动心了，说："刘康多才多艺，是个人才，太子比不上他。"

听说欲废太子刘骜，母亲王政君、大舅王凤及刘骜本人都慌了。还是大将军王凤见过世面，忙请史丹出面劝元帝。

元帝即位后，史丹是驸马都尉侍中，很得元帝的宠爱，大小事多听信史丹。

为使贪于酒色的刘骜不被废掉，史丹急忙赶到元帝的寝宫，等到傅昭仪母子离去，元帝独自一人昏睡时，他斗胆走进去，跪在元帝御床前的青蒲上，连连叩头。汉朝规定，青蒲只有皇后可登，史丹因情急，不得不冒死来劝元帝。

史丹哭着说："臣冒死为太子说几句话，太子册立多年，天下莫不归心。如今外面到处传言，说陛下将废太子而立刘康，若真如此，满朝公卿大臣必以死力争，臣愿先自请死！"

这样，刘骜的太子之位才保下来。

等刘骜当上皇帝，干的第一件事，就是广征良家女子以充后宫。

他在位二十六年，不理朝政，一意享乐，以致败坏了汉家的根基。

朝廷事不论大小，成帝一概不管，王凤独揽朝政。

由于成帝自己昏聩，王政君的几个兄弟都藐视他的尊严。成都侯王商竟大胆向成帝提出借皇上的明光宫用一用，因为明光宫三面临水，十分凉快，想住一夏避暑。这种事在帝制时代，是要杀头的，可是成帝一向迁就，居然答应了。

过几天，成帝到明光宫，见宫内修了一个大水池，水波滔滔，还能行船。成帝奇怪，何来这么多水充实水池？后来，才知道王商竟然将长安城城墙凿穿，引城外河水注入宫内。

一次，成帝微服出访，发现舅舅王根家后花园假山上修筑了一个楼台，竟同未央宫内白虎殿一模一样，成帝以为是梦境。在外微服出访，怎么走回到白虎殿中？后来一问才知道，是模仿白虎殿所修，这在当时是要杀头的。

这回成帝大怒，王商和王根这才知道犯了死罪，后来太后又哭又闹，成帝才赦免舅舅，不了了之。

最后宠得王家邸宅在长安城内，崇楼峻阁连绵数里，后庭姬妾成群，童仆千万，无恶不作。

成帝一向酒色无度，辜负了宣帝对他的一片希望，汉室江山自元帝、成帝父子即位，日月失明，山崩地裂，天灾人祸，盗贼群起，饿民无数，造反迭出。

成帝即位时，后宫美人无数，实在腻了，便开始微服出宫，吃喝玩乐，招蜂惹蝶。那时他宠爱一个叫张放的人，总是一起偷偷地溜出宫去，一起吃喝，一起睡觉，有人说他们是同性恋。张放是车骑将军张安世的玄孙，是元帝姐敬武公主的儿子，与成帝是表兄弟。张放的夫人是许皇后的妹妹。

成帝微服出宫，讨得赵飞燕这样的美人之后，还觉得不够味。听樊姬说飞燕的妹妹赵合德比飞燕更漂亮，就想尽快地把赵合德弄到手。

樊姬给赵飞燕出完计策，又给成帝出主意，樊姬说："飞燕喜欢吃醋，必征得她同意才可行此事，不妨多让她高兴，然后，她依了你，不就好办了！"

成帝一想有道理，先讨得飞燕高兴，然后再说她妹妹合德的事。

成帝为让樊姬成全此事，偷偷地给她许多珍贵的首饰。

樊姬的意思是，让成帝主动找飞燕，比飞燕主动向皇上介绍自己的妹妹好得多，也不致引起皇上的许多猜疑。

再说成帝，为了讨好，给赵飞燕很多稀世珍宝：五色文玉环、同心七宝钗、珊瑚玦、云母扇、琥珀枕、青木香，等等，都是飞燕没见过的。然后与赵飞燕亲热一番之后，就把接合德入宫的事说了一遍。

赵飞燕只是在嘴边上笑笑，没说同意，也没说不同意。

成帝心想：不言，默许也！

汉成帝立刻派张放和宫廷舍人吕延福，用只有皇后才可以乘坐的百宝凤毛步辇，前去迎接赵合德。

再说赵飞燕，见成帝如此渴慕妹妹赵合德，心里不免觉得好笑。他一不认识妹妹，二不知妹妹长相如何，竟急不可待地想派人去接妹妹入宫，真是一个名副其实的馋猫。

接妹妹赵合德进宫一事，虽然口头上答应了樊姬，但还需细细想想，再作考虑。姐妹两个人进宫，笼络一个皇上，这本身就是一个震撼朝廷的大新闻，最好不要引起文武百官的反感。

成帝吃着锅望着盆，怀里搂着柔若无骨、肌肤如玉的赵飞燕，还觉得不够，像个永远也吃不饱的饿汉子。

接合德的百宝凤毛步辇是专门给皇后用的，别人不能用，用了要杀头，但皇上要用，谁也不敢阻拦，现在要用来接合德。可见，赵合德在皇帝的心中占有的位置多么重要，还没见面，就给予这样高的礼遇。别看成帝朝政大事干不明白，到民间讨个美女什么的，显出少有的内行，考虑得周到，天衣无缝。

他让张放和吕延福去迎接赵合德，也有道理。张放是他的表兄弟，二人如胶似漆，好得像一个人似的，相信他就像相信自己一样，派张放接合德是再放心不过了。再说，能得到赵飞燕，也有张放的功劳，没有张放带他出宫，哪能讨到这样倾国倾城的美人。吕延福是侍奉皇上的太监，对皇上忠心耿耿，办事安全可靠，更没说的。

这二人出去，再有皇帝的诏书，保准把如花似玉的赵合德接来。

且说皇帝看中赵飞燕，阳阿公主就把她当成一件礼品献给了皇侄。要离开公主府的时候，一向在赵飞燕面前居高临下的阳阿公主，突然像变了一个人似的，笑容满面，百般慈爱，善心大发，拿出好多自己心爱的东西送给飞燕。这样，还怕她吃亏了，像疼爱自己的亲生女儿一样，说："到了那儿，多吃点，把身体养得胖胖的。夏天呀，别热着；冬天呀，别冷着。合德在这里有我照顾，你就放心走吧！"

皇帝见姑母也这样疼爱飞燕，就更加喜欢她了。

其实他不懂姑母的心。

阳阿公主一向想讨好皇侄，现在皇侄喜欢赵飞燕，说不定哪天，赵飞燕就当上了皇后，现在送给她一些东西，日后想起来也会感激自己。

阳阿公主心眼多，她想赵飞燕一进宫，得到皇帝的宠爱，要什么金银财宝没有，能看上我这点小东西？不趁现在给，以后当了皇后，再送东西人家还不稀罕呢！

实际上，阳阿公主也没赔，算来算去她可占大便宜了。皇帝因为得到赵飞燕，对姑母大加赏赐，给了很多钱不说，还在长安有山有水的地方，建了堂殿，为姑母养老。

阳阿公主这一番苦心，总算开花结果了。

赵飞燕走了。

赵合德哭了。

赵飞燕姐妹属于私生女。母亲姑苏郡主因为跟冯万金私通生了孩子，怕见不得人，不认她们为女儿；父亲冯万金碍于面子，也不承认她们是自己的亲生女儿。这一对姐妹就等于无父无母，又没有一个正正当当属于自己的家，从小就失去母爱，很令人同情怜爱。

赵临收养她们做义女，也是看她们姐妹孤苦伶仃，动了恻隐之心。

姐妹相依为命，风里来雨里去，过着饥一顿饱一顿的苦日子。十七年来，姐妹从来没分开过。有一天，妹妹很晚了还没有回来，姐姐飞燕一直站在外面等她。天下雪，手脚冻麻了，脸也冻白了。射鸟者夜里来看望飞燕，见有人站在雪地上，一动不动，还以为是鬼呢！

如今姐姐走了，妹妹能不伤心地哭吗？

"到宫里生活，比这强得多，遭不着罪，你也不用为她担心。"阳阿公主劝合德。

阳阿公主哪知道姐妹的这番感情啊，或者说，她一个皇家公主哪有这般穷苦姐妹之间的感情。她把这一对姐妹之间的感情，理解为"担心"，而从来就想不到是"难舍难分"。

赵合德知道姐姐去的地方，要吃有吃，要喝有喝，是多少人做梦都想去的地方，那里是皇宫，是宫殿，是天堂，是仙人待的地方。姐姐幸运，去了这样一个好地方，理应高兴才对。

妹妹合德虽然这样想，但背地里还是偷偷地哭。

姐姐走的时候，她没有什么可以给姐姐留作纪念的东西，在身上摸来摸去，把一个小荷包拿出来送给姐姐。

妹妹长那么大，要说最喜欢的东西，也就是那个小小的荷包了。小的时候她就常把那个小荷包带在身上，没意思的时候总是把小荷包拿出来摆弄，有时甜甜地睡去了，小荷包还拿在手里。她的童年，是和姐姐还有那个小荷包一起度过的。

有一次，小荷包丢了，妹妹没有哭，也没有吃饭，她硬是到那个丢荷包的地方找了一天，最后终于找到了。这时，她才拿着小荷包哭了。

她最珍惜的就是这个小荷包。

姐姐把这个小荷包当作最贵重的礼物收了起来。姐姐知道，妹妹对姐姐的爱，都在这个小小的荷包里。

姐姐走了。

留下妹妹孤单单的一个人了。

妹妹合德仍留在阳阿公主家练习歌舞。

赵合德的姐姐进宫了，她的身份地位也随之提高了。府里的姐妹们都很羡慕她，也很尊敬她。

合德很满足了，因为姐姐进宫了，她没什么奢望，也许这一辈子也就这样平安地度过了。

合德看看花园里的草，草枯黄了，然而那草还会再绿，然后再枯黄，黄了绿，绿了黄，反反复复，不厌其烦。

平安的生活，就像秋日里懒洋洋的日光，没精打采地照在枯黄的草地上，那样平静，那样安详。

忽然有一天，静静的公主府不平静了。宫廷里来了两个人，要见赵合德。赵合德害怕了，心想，是不是姐姐在宫里出什么事啦？

赵合德哪里知道那两个人是张放和吕延福，是专门接她进宫的。

吕延福说明来意，等待赵合德的回话。

赵合德沉思片刻，方问道："可有姐姐手书？"

"臣奉皇帝命，前来接你入宫，想必你姐姐也一定同意。"吕延福回答。

赵合德轻缓地说："凡为女子，谁不巴望有一天能入宫侍候皇上？但有这种福分的人太少了，今姐姐入宫，正蒙皇帝垂爱，理应报答皇恩。我们姐妹情深义重，我不能去干扰姐姐的生活，除非姐姐亲召，方可应命。"

吕延福傻眼了，赵合德不去，他也没有办法。

吕延福对赵合德的所为大惑不解，他在宫中多年，或者说在皇帝身边多年，深知这事是宫女们求之不得的好事，赵合德就这么不轻不重的几句话给拒绝了，真是叫人猜不透啊！

"这……这叫我怎么向皇上交代啊？"吕延福为难了。

吕延福知道樊姬在皇帝面前，把赵合德形容成人间少有的仙女。樊姬的话很见效，皇帝听得心花怒放，恨不得立刻见到美人赵合德。而今赵合德拒绝，违陛下之意，让他里外为难，不好处理。

赵合德聪明，一下子看出了吕延福的心思，说："你是想说我抗旨不遵，对吗？"

"不敢，小的不敢！"吕延福忙说。

"合德谢皇上了。合德情愿被斩首，你们拿着我的首级回到宫中，报告皇上，这样，皇上就不会怪罪你们了。"合德对吕延福说。

吕延福一听合德愿斩首以报宫中，忙说："姐姐，这可要不得，要不得啊！"

吕延福哪有那样的胆量？取下皇帝所爱美人的首级，那纯粹是鸡蛋撞石头，自己找死啊。

他只能回到宫中，一五一十地向皇上报告。

"好啦，好啦，下去吧！"成帝对吕延福有点不满意了。

这下，成帝难住了。

现在正宠飞燕，与之感情甚笃，又令其妹进宫，召来新宠，这实在难以张口。

这件事，问题就在赵飞燕身上。

成帝想，还得好好照顾飞燕，待到一定程度她会答应的。

三

且说赵飞燕那天与樊姬一番谋划之后，觉得樊姬说得对，妹妹来相互照应，多少也是帮手，一个人在宫里势单力薄，也不是那么回事儿。

自从入宫以后，飞燕一直没有见到妹妹，很是想念。本想与皇上说说回去看看妹妹，怎奈汉宫室有规定，不许出宫。据说这是汉高祖刘邦传下来的规矩，任何女人，一旦进入宫中，不得出入，什么皇后、太后，包括太皇太后，均不许出宫。

不能出宫，必得老死宫中。

思念妹妹，又见不到妹妹，实在够苦闷的了。赵飞燕摸摸妹妹给的荷包，荷包还在。

飞燕想跟妹妹说说话，说说心里话。以前在一起的时候，谁有了心事，都不闷在心里，都讲给对方听，是喜两人同享，是愁两人同忧。两个人的世界，你和我，我和你，虽穷，却其乐融融。现在，一切都过去了，一切都不会从头再来了。童年，童年的时光多好、多美，有花，有草，有树，有阳光，这些就足够了。没有贪欲，也不知道贪欲，想必妹妹还在过着那种生活。

如今樊姬有意接妹妹进宫，侍奉皇上，这是天下女子之所盼，谁不想进入宫廷，享天下人享受不到的福呢？然而，金碧辉煌的宫廷，不是好玩的地方，妹妹来了靠谁？靠我？靠皇上？一旦皇上另有所爱怎么办？那时都将自身难保。许皇后吃醋，班婕妤也在心里恨我，太皇太后说我身世微贱，王氏家族势力强大，虎视眈眈。

一想到这些，赵飞燕自言自语道："我怎么能让妹妹到这里来，跟我一起担惊受怕呢？妹妹的性格我是知道的，她能来吗？"

的确，赵飞燕和妹妹赵合德感情很好。小时候凡是姐姐的东西，她从来不乱动，姐姐的话她都是很听的。如今让她进宫，与姐姐同争一夫，她绝对不能同意。

还是让妹妹留在那里，无忧无虑地生活吧，那里的天地更广阔，那里的空气更新鲜，那里的生活更平静。

这几天，由于接不来赵合德，成帝很烦躁，这时忽报樊姬来见。赵飞燕喜欢樊姬，成帝自然也对樊姬另眼看待。今听樊姬来见，立命进来。

樊姬猜得八九不离十，成帝正在为接不来合德而犯难。

樊姬进来对皇上说："臣妾闻皇上正为召不来合德而犯愁，其实合德不来是有难言之隐。"

"什么难言之隐，请说与朕。"成帝着急了。

樊姬说道："她们姐妹二人从小相依为命，感情极好，妹妹深知姐姐妒心太大，怕一入宫，同争皇上一人，而伤了骨肉亲情。"

"这便是合德的难言之隐？"

"是的，臣妾不敢口出狂言。"

成帝沉思不语，片刻之后对樊姬说："想必你有良策？"

"臣妾早与陛下说过，要好好待飞燕。"樊姬说，"我再在一边跟她说说，不愁飞燕不答应。"

樊姬为讨好皇上，又偷偷地对皇上说出自己的主意。

没过几天，宫里大兴土木，为赵飞燕修了一座远条馆。远条馆以香木做栋橼，以杏木为梁柱，馆前台阶上披以绿苔，馆的四周引渠水环绕。馆内用花椒和胡椒涂壁，再在上面饰一层纹绣，内设火齐屏风、鸿羽帐，地上铺着毛织的地毯，馆中以画石为床，床上设紫瑶帐。馆内夏天清幽凉爽，是避暑的好地方，而冬日里又温暖如春，热气融融。

成帝把建好的远条馆赐予飞燕居住。看了远条馆的豪华，赵飞燕十分满意。为此，赵飞燕很感激皇上。

一日下午，赵飞燕沐浴后正在梳妆打扮，樊姬走了进来，两个人闲扯了一会儿女人之间的小事之后，樊姬一笑说："想必承皇恩日久，已身怀龙胎了吧？"

"什么龙胎狗胎的，什么胎也没怀上……"赵飞燕说话没加考虑，还像小时候在家说话那样随便。

"嘘，小声点，这话要是被人听去告了密，不掉脑袋，也得进冷宫，一辈子别想得好，以后可不能这样说话了。"樊姬马上制止飞燕的话，警告她以后不要再说了。

赵飞燕也觉得自己冒失，不过，皇帝宠她过甚，一般的话成帝都能吃得消。

这时，樊姬又把话拉回来："是呀，要是长久不怀龙胎，皇宫中美人无数，皇帝又年轻，日子一久了，你就不怕人家把皇帝从你身边夺去？"

赵飞燕沉默良久，然后说："你说怎么办？"

"我不是跟你说过了吗？把妹妹合德接过来。"

"我不想那样办！"

"不那样办，怎么办？你还有别的办法？"

飞燕陷入沉思。

赵飞燕虽然聪明悟性好，却是一个心机不深的女人，在妹妹进不进宫的问题上一直拿不定主意，最后还得走樊姬给她设计好的路线。

赵飞燕目光中的复杂神色渐渐趋于平静后，说："好吧，就依你说的办！"

赵飞燕改变主意，答应接合德进宫，一是樊姬软磨硬泡的结果，二是与成帝给她建了豪华的宫殿，又给了她那么多价值连城的稀有珍品有关。

赵飞燕想皇上待她那么好，合德来了，也不会太差，不会有亏吃。

搬进远条馆那一夜，成帝给飞燕许多温存，使飞燕觉得皇帝也有对女人的爱。

赵飞燕同意把妹妹赵合德接进宫。

于是，她给妹妹写了一封亲笔信，交给成帝。

成帝是皇帝，又是三十多岁的大男人，应是稳重有余，没想到见飞燕给妹妹写亲笔信，高兴得和孩子似的，就差没蹦起来、没跳起来，把飞燕亲得发髻散乱不堪。

成帝这个人，什么事你依他，他反倒对你没什么印象；如果你拒绝他，他倒对你十分感兴趣。现在意想不到的事情发生了，合德拒绝进宫，成帝不但没有生气，反而欣赏起赵合德的庄重来，越是这样拒绝他，他越急得抓耳挠腮。

成帝与赵飞燕"新婚之夜"时，赵飞燕"瞑目牢握，涕交颐下，战栗不迎帝"，这几乎就是拒绝他，放在哪朝哪代的皇帝身上，也不会耐心地等三夜。成帝这个人怪就怪在这里，他不但没有讨厌赵飞燕，反而夸奖说这才是真正的女人。

这次赵合德拒绝他，他就欣赏起赵合德的庄重来。

正当成帝束手无策、无路可走时，听了樊姬的话，先在赵飞燕身上下功夫，赐给她价值连城的珠宝，接着又把赵飞燕迁到豪华盖世的远条馆。

这样一来，赵飞燕对成帝感激涕零了。

成帝正是要赵飞燕对他产生这种感激之情，最后达到了目的。

到阳阿公主家去接赵合德仍让吕延福去，仍然是那架百宝凤毛步辇。百宝凤毛，不用解释，就知道有多么豪华昂贵。干这事，成帝是不遗余力，不惜花钱，只要能办到就行。

再说赵合德，上次吕延福没把她接来，她已经把话说出口了，没有姐姐亲召，就是死了也不进宫，这回吕延福拿来姐姐的亲笔信，"五采组文手藉为符"。赵合德什么也不能说了，赶紧打扮打扮和吕延福进宫了。

赵合德一打扮起来就更漂亮了。

赵合德面如桃花，肌如白雪，是一个少有的绝世佳人。她略为梳妆，就收到了美不胜收的效果。

她把头发卷起来，做成一个耸立的发髻，所谓"城中好交髻，四方高一尺"，指的就是这种发型。她还会做"四起大髻"的发型，这种髻后还有余发以至于可以绕髻三匝。

赵合德会梳头，会做发型，与她心灵手巧有关。

赵合德小时候在父亲冯万金家时，有个叫李阳华的人，是赵敬肃王彭祖的夫人，晚年到冯家居住，称冯大力妻为姑。李阳华也是心灵手巧，在彭祖家时常给家人传授梳头技艺，到了冯大力家闲着没事，就教飞燕合德这对小姐妹做发型，合德比飞燕领得还快，学会了各朝各代流行发髻的做法。

赵合德现在做的发型，没用上她的真本事，做得算是很一般的了。她自己是这样认为的，可是，在别人眼里却不这样认为。人们都把她的发型看成一种新潮，纷纷效仿。其实，赵合德人长得好看，梳什么发型都漂亮，效仿她的姑娘们恰恰忽略了这一先天条件，结果是把发型做得比赵合德技高一筹，看着仍不顺眼。

赵合德不仅美艳，多才多艺，而且很会打扮。她化妆技艺十分高超，往往无比惊艳，独出心裁。

这次要进皇宫了，她并没有认真化妆，而是不经意地轻描淡写一番。

赵合德简简单单地做完发髻之后，就开始轻轻地描眉。她把眉毛描得又细又长，线条优美，后来的人们把赵合德化妆后的眉称为远山黛。远山黛就是在晴朗的天气时，天边连绵起伏的远山，隐隐现现，显出一弯淡淡的黛青色的轮廓，远远看去，美不胜收，令人心旷神怡。

赵合德在脸上略施朱色，若有若无，若无若有，像一抹朝云，很不经意，却收到意想不到的效果，人们又把这种巧妙的化妆方法所表现出来的效果，称为慵来妆。

赵合德的的确确没有认真地打扮自己，她仍然穿她过去穿过的粗布衣服，上为衣，下为裙。关于赵合德起程之前穿的衣服，是有历史记载的，"衣故一绣裙，小袖本文袜"。衣服虽然朴素，却掩饰不住她那夺人的光辉，娴静、素雅，气质高贵，令人倾心。

这套打扮体现在一般人身上没有什么神秘感，在赵合德这里却成了一套迷人的打扮，再伴以她那丰肌弱骨、妩媚任性与娇嗔可人的言笑，女人看了嫉妒不止，男人看了久久难忘，夜不能寐，思之想之。

且说吕延福把赵合德接进宫里，赵合德袅袅婷婷地走下百宝凤毛步辇，汉成帝睁大龙眼一瞧，暗暗吃了一惊，心想：我当了这么多年皇帝，什么漂亮女人没见过，却从来未见过像赵合德这样美艳绝伦的娇女。只见赵合德鬘如乌云，眉若细柳，肌如凝脂，双颊红润欲滴，美若天仙。

成帝看呆了，情不自禁地大喊："真乃绝色佳人！"

左右宫女一见合德，无一不自惭形秽，有个地缝都想钻进去，没脸见人了。

那些侍奉皇帝左右的太监看见合德，竟忘记了皇上还在旁边而呆呆地大张其嘴，流着口水，自己却不知不觉。这些太监也被搅得心荡神飞，怡想翩然，失声赞叹。

宣帝时，宫中有一披香博士，名字叫淖方成，是当时的才女，博古通今，阅天下之书，怀天下之才，在宫中历经宣帝、元帝、成帝三朝皇帝，四十多年。到成帝时，她已经白发苍苍，仍教授宫中。皇帝很尊敬她，宫女和太后也都很敬重她，尤其班婕妤更是佩服得五体投地。后来，宫中都称她为"淖夫人"。

淖夫人见合德长得这般俏美妖艳，夺人间之美集于一身，就站在成帝身后，暗中吐了一口唾沫，凭自己的直觉，悄悄说："这个女人，是祸水，必要灭火呢！"

淖夫人为什么这样说呢？

因为在星相学和命相学中，有相生相克之说，什么"乾、坤、坎、离、震、艮、巽、兑"，什么"土木火水金"，还有什么"十二生肖"，只要搭配不当，就会相互妨碍，小则造成人际失和，大则导致家破人亡。

淖夫人之所以说这些话，是因为星相家认为西汉的命运属于火星座，赵合德是祸水，水必灭火，祸水要把火星淹没了。

成帝的身心灵魂都被赵合德吸引过去了。此刻，淖夫人的话他根本没听。

赵合德那人间少有的洁白肌肤，含苞待放，媚态百生。她丰满润泽，与姐姐赵飞燕截然不同。

成帝一下子得到赵家姐妹俩，高兴得话也多了，满脸都是笑容。

且说成帝得赵合德喜不自胜，又喝酒又吟诗，神魂颠倒，拉住宫女叫妹妹，扯住太监称哥哥。当下成帝便命合德见过姐姐赵飞燕，然后置之金屋。

这一夜，成帝与合德极尽欢愉。

成帝自恨枉活了几十年，今天总算享受到了人生的真正快乐。赵合德身体柔软，成帝称之为"温柔乡"，他感叹地说："我愿终老此乡，不愿效法武皇帝追求白云乡也！"

成帝的意思很明白，他是说他不求汉武帝刘彻所追慕的长寿、成仙，而是心甘情愿死在赵合德的温柔乡里。

自古以来，差不多所有的皇帝都苦苦寻求长生不老，把死视为一生最大最可恨的敌人。

秦始皇建立了庞大的国家，人生应享有的东西应有尽有。拥有天下的山川河海、美女玉帛、奇珍异宝，所有的一切都属于自己，供自己随意地享用。他唯一的缺憾就是无法长寿，他要的是无限的生命，是仙人一般的长生不老，然后去慢慢地享受人间的美酒、美女、美味和一切美的东西。

秦始皇自以为无所不能，就锲而不舍地访求仙人，乞求长寿。他曾派一名装神弄鬼的方士为使者，率童男童女入海求仙。浩浩荡荡的船队向海中驶去，在大海的中心遇上狂波恶浪。童男童女浪迹茫茫大海，不知归向何方。

秦始皇坚信一定会找到仙人，找到不死之药，活一千岁、一万岁；接着又几次派人驶入烟波浩渺的大海，童男童女依旧没有返回。

但他满怀信心，觉得能找到神仙，找到漫山遍野的不死之药。

秦始皇就是这样，到处访求仙人，乞求长寿。他的痴迷、虔诚达到了自欺欺人的程度，简直如一白痴，令人难以置信。

汉武帝也一样。

汉武帝一方面追求长生不老，另一方面追求老了以后，羽化成仙，进入"白云乡"，即白云深处群神集聚的地方。

汉武帝追求"白云乡"也达到了如醉如痴的地步。

元光元年，长安来了一位方士，名叫李少君。他道骨仙风，美髯长须，自称能返老还童，自己已活了几百岁。汉武帝把他请到宫里，问有什么方法可以长生不老。

李少君摸着白花花的胡子，说道："陛下要长生不老，就要祭祀灶神。把灶神恭敬好了，就可以请来鬼神。有了鬼神，丹砂就可以炼成黄金。用这种黄金制成的器皿饮酒吃饭，就可以延年益寿，可以见到蓬莱山的神仙。长此以往，陛下就可以长生不老。"

汉武帝听了，非常高兴，立即在宫里特辟一室，自己亲祭灶神。

后来，汉武帝把李少君留在宫中，厚赐宫室，让他在宫里炼制黄金。过不多久，黄金没有炼出来，李少君这个活神仙却得病死了。跟随李少君的弟子们对汉武帝说，李少君是羽化了，成了仙人，进入白云乡了。

汉武帝也很相信，厚葬了李少君，对他仙去羡慕不已。

再后来，汉武帝追求长寿、追求"白日飞升"，听信乱七八糟方士们的建议，在建章宫用柏木建了一座柏梁台，在台上铸造了一个铜柱子，高二十丈，柱顶是一个手托铜盘的仙人像。方士们说，这是承露盘，用以承接仙露，喝了仙露，能够长寿。武帝喝了一年仙露，结果喝出一场大病。

武帝没求来"白云乡"，不过却得了个长寿皇帝的美称。他在位五十四年，活了七十多岁。

汉成帝得到赵合德后说，我不要像武帝那样追求长寿，追求死后羽化成仙，进入"白云乡"；只求与赵氏姐妹，尤其赵合德在一起销魂，度过一生，死也要死在赵合德那温暖如春的"温柔乡"里。

成帝与赵合德一夜欢愉，精神为之一爽。他感到就如春雨滋润了浑身上下的每一根神经乃至每一个细胞和流通于全身的血液。他感到全身有无穷的力量，使也使不完，用也用不尽；同时，又感到无比的轻松畅快，淋漓尽致。

第二天，成帝高兴，在宫中摆宴席，鼓琴瑟，热闹非凡，为的是庆贺得一绝世佳人。成帝高举酒杯，说："左右贺我！"

于是，众宫人山呼万岁。

成帝与赵飞燕比肩正坐，合德含羞坐在一旁，酒过三巡，成帝看看合德娇羞的姿容，对赵飞燕说："以前出塞的王昭君，是天造的美人，父皇元帝思之至死，今见合德，也是天生尤物。"

成帝看着合德，把王昭君与合德相比，这自然是对合德的赞扬。

成帝还记着当年昭君出塞时，元帝痛心疾首的场面。

汉朝宣帝、元帝时，呼韩邪单于是漠北匈奴君主，他的敌对势力郅支单于被大汉消灭，今匈奴只剩呼韩邪单于一家，势单力孤，而国富民强的大汉，极富征战能力。面对虎视眈眈的大汉，匈奴呼韩邪单于不堪一击。于是，呼韩邪向汉元帝求女，称婿汉家，如此则国可长存，位可永保。

当时，元帝广罗天下美女，充斥后宫。由于美女众多，他无法一一过目，便令画工毛延寿到后宫绘制美女图。这毛延寿生性贪鄙，借给宫女们画像之机，索取贿赂。毛延寿得了贿赂便妙笔生花，画出万般风韵。给王昭君画像时，见昭君仪表绝丽，端庄高雅，想勒索些钱财，于是，就对王昭君威胁说："你美貌若仙，若是皇帝召幸，定会得宠后宫，前途无量，这一切全在我这一支笔上……"

偏偏昭君生性清高，不买账。毛延寿一气之下，把美若仙女的王昭君画得面目全非，一钱不值。这样，昭君就永锁宫中，而得不到皇帝的召幸了。

竟宁元年，呼韩邪单于来大汉求见元帝，提出愿做汉家婿。元帝决定选一宫女嫁给他，便命掖庭令去后宫选取，王昭君自荐愿随行，元帝闻之，立即翻阅毛延寿所绘宫女之图，见昭君图相貌平平，无可取之处，便同意将她下嫁给单于。

出发那天，送行的臣子们在未央宫正殿左右排开，元帝庄严地坐在御座上，老态龙钟的呼韩邪单于来到殿上，等待见昭君，这时昭君进殿。

这一天，昭君起得很早，她梳洗打扮了一下。此刻只见她着锦披纱，钗光鬓影，眉似远山，眼如秋水，袅袅婷婷，风姿绰约，仪态万方，站在那里，宫殿生辉，左右为之骚动。元帝见了，大吃一惊，如此美人，怎能送给他人？便想留下昭君。可是，作为皇帝怎能言而无信呢？只好忍痛割爱，把昭君下嫁给这位满身腥膻的单于。

元帝痛苦万分，好大不悦，设宴饯行时，草草喝了几盅闷酒回到后宫，立即传令斩杀毛延寿。

宴会之后，昭君流着眼泪，穿上红斗篷，骑上白马，怀抱琵琶，一步三回头地离开汉室，直奔漠北而去。

一年后，昭君给元帝写了一封信，悲悲切切，思念汉室。元帝展卷读后，大为感伤。昭君初出汉宫之时，泪洒秋风，至今已一载有余，美人千里，花欲凋零。元帝无可奈何，就登楼北望，见山光叠黛，北雁南飞，更增添了许多忧愁，最后怏怏成疾，不久便驾崩了。

老单于死去时，王昭君年华正茂，才二十一岁。按胡俗，王昭君必须嫁给刚即位的复株累单于。复株累单于是老单于大阏氏所生之子，与昭君是母子名分，现在突然要给自己丈夫的儿子做妻，这习俗使她难以接受。于是，昭君便上书给汉成帝，要求回汉。

汉成帝哪有父皇元帝的那份情感，他想的是汉室江山的稳固，还有自己的吃喝玩乐，于是，便回复："遵先皇意，昭君不宜回汉。从胡俗，以汉家江山为重。"

昭君见成帝书，万般无奈，只得含泪从俗。

成帝没有忘记昭君的美貌，却忘了父皇对昭君的思念之情。父皇没有得到昭君这样的美人，而他却得到了与昭君一样天仙般艳丽的赵合德，与父皇比，他骄傲，他自豪。

　　赵合德进宫后，成帝专宠这对姐妹，许皇后、班婕妤及皇宫里千万粉黛，在成帝的眼里全变成了俗物。

第五章

欲巫咒许后被废

梦成真飞燕封后

一

　　且说汉成帝得到了赵飞燕的妹妹赵合德，高兴得神魂颠倒，大设酒宴庆贺，席间把合德比喻成天生尤物，问飞燕，合德像不像远嫁匈奴的王昭君。赵飞燕见皇帝昨夜在妹妹房中猎艳狂欢，今天如此夸奖，如果不是自己亲妹妹，真是嫉妒难耐。赵飞燕没有回答皇帝的问题，而是趁机给妹妹争"官"，说："妹妹侍奉皇上，让皇上开心，在后宫里，名不正言不顺，理应有个封号，不知皇上作何考虑？"

　　赵飞燕见皇上得到妹妹兴奋无比，便趁热打铁，要求给合德封号。

　　成帝听了飞燕的话，连忙说道："爱妃所言极是。朕封合德为婕好，诏布天下！"

　　赵合德见皇上给她封为婕好，忙起身叩头谢恩："臣妾谢皇上，万岁，万岁，万万岁！"

　　成帝见这朵娇嫩的花给他跪下，害怕伤着花瓣儿什么的，遂慌忙说："爱妃请起！"

　　接着成帝对合德说："朕不要万岁、万万岁，朕要的是你们这一对姐妹，侍奉朕的左右，朕即满足矣！"

　　赵飞燕和赵合德姐妹，进宫没多久，被皇上先后封为"婕好"，姐妹俩轮流侍奉成帝。皇宫里的千万美人，在成帝眼里皆成俗物。唯有赵飞燕姐妹，才是他眼中娇艳的花朵。

　　自然，赵氏姐妹遭到了嫔妃们的嫉妒，首先是许皇后，她醋意大发。

　　许皇后没有忘记那一天，她想趁人多时，奚落赵飞燕，反而被赵飞燕潇潇洒洒的舞姿气得直翻白眼。回去后，做了一只燕子，放在秘密的地方，天天诅咒："鹰飞来，啄燕子，燕飞去……鹰飞来，啄燕子，燕飞去……"

　　许皇后听宫人传说，汉武帝看上了贫民舞伎卫子夫，后召进宫。武帝去一次卫子夫的别宫，阿娇皇后的心上就像扎了一刀。卫子夫怀了武帝的孩子，阿娇痛不欲生。阿娇茶饭不思，寝食难安，用期待的目光望穿秋水，迎来的却是一个又一个苦不堪言的漫漫长夜。阿娇的眼睛红了，眼圈黑了，脸上灰茫茫，容颜暗淡。

　　这一切，都是因为那个卫子夫。

　　这时，宫中来了一位巫女，教她巫蛊之术，咒死卫子夫。阿娇如获至宝，赏了巫女，做了一个小布人，用针天天刺扎可恶的"卫子夫"。

　　阿娇行巫蛊之术诅咒卫子夫，被宫人告发了。武帝听了勃然大怒，因为宫中严禁此术，于是，阿娇被废，皇后玺绶被收回，罢居长门宫。

　　如今许皇后也效仿阿娇皇后的做法，诅咒赵飞燕。她知道，这种行为被告发，就会鸡飞蛋打，身败名裂。然而她对赵飞燕的恨太深了，已经到了无法控制的地步，所以才冒着这样大的危险，偷偷地诅咒赵飞燕，并乞望着这巫术能无比灵验，让赵飞燕死去，让皇帝重新回到自己身边，二人像以往一样，如胶似漆，恩爱难分。

　　如今，皇帝对赵飞燕宠爱之深，已到了如醉如痴的地步。

　　成帝在未央宫中给赵飞燕增建了远条馆，气派非凡，豪华奢侈。馆内建造有价值连城的玉堂，阶陛全部为上乘的美玉所造，像是仙人居住的地方。馆外还有景观点缀，交映成辉，好看极了。起居的地方，用琉璃、珠玉做成帐子，珠玉在月光下闪光，帐上缀满珍宝，恍恍惚惚，一如仙境。成帝就是这样，将珠玉宝帐送给赵飞燕，供飞燕使用，而自己却享用次一等的乙帐。

　　许皇后看皇上这般宠爱赵飞燕，越看越生气。于是，到后宫里的长信宫，向太后报告："臣妾拜见皇太后……"

　　许皇后把皇上怎样宠幸赵飞燕，怎样不理朝政，这样下去汉室江山难保，等等，一股脑全倒了出来。

　　许皇后以皇帝不理朝政为由，把赵飞燕的不足数落了一番，也借此希望皇上能回到身边，万望王政君太后能明此意，偏向她。

想不到，王政君一向娇宠儿子，不问不管，随他而去。成帝即位后的第一件事就是广召天下美女，这种祸国殃民的行为，做母亲的理当制止，以保汉室江山千秋万代永不变色。然而，这位母亲没有这样做。

今天，许皇后的一番话，没起什么作用，太后王政君对赵飞燕却有了印象，认为赵飞燕刚刚进宫，不宜大兴土木，闹得嫔妃四邻不安。

许皇后醋性十足，却得不到有效的发泄，闷在心里。正在这时，赵合德进宫，如雪上加霜，让她对赵飞燕更加恨之入骨。

在这关键时刻，谁能帮助她呢？许皇后想来想去，却找不到更好的人，刘向、谷永都恨她，还有很多人在背地里恨她，能求助这些人吗？他们恨不得许家势力倒台，给王氏家族再腾出几个官位。

许皇后实在想不出人，就去找与她最亲近的人——班婕妤。班婕妤一个文弱才女能帮她做什么呢？明知道她决定不了什么大事，许皇后还是要找班婕妤，因为赵飞燕姐妹是她们的共同敌人。

自从赵飞燕姐妹进宫，皇上专宠她们那天起，班婕妤真正成了不食人间烟火的女人，成帝再没临幸过她。那些与皇上温存的时刻，永远地成为过去，成为历史。班婕妤心里也在醋海翻波，只是她受礼教的束缚，不敢无礼地大声嚷嚷便是了。一个二十多岁的女人，却得不到皇帝的恩宠，那种痛苦的心情，不难理解。

班婕妤得不到皇上宠幸，还说得过去，然而，许皇后与班婕妤一样，也被弄得不食人间烟火了。成帝是太子时与许皇后结婚，他们形影不离，恩爱难分，元帝见了，乐得大设酒宴，令左右山呼万岁万万岁。现在年近三十的许皇后被冷落在一边，实在是不公平，有违父皇的遗愿。

许皇后的姑妈许平君是元帝的母亲，是宣帝的皇后。生下元帝只有几天，就被狠毒的霍光之妻用药毒死，达到把自己女儿嫁给宣帝的目的，结果狠毒的夫人如愿以偿了，她的女儿成了宣帝的霍皇后。后来事发，霍家人全部被贬为庶人，驱除出宫。元帝怀念死去的母亲，即把舅舅许嘉的女儿许氏婚配给自己的儿子太子刘骜为妻，以此安慰母亲的在天之灵。

成帝与许皇后可谓近亲成婚，有很近的血缘关系，然而成帝照样疏远她冷落她不理她。他的父皇元帝与许家有深厚的感情，到了刘骜做皇帝时，这份感情却荡然无存了。

许皇后不甘寂寞，不甘受冷落，总想在感情的苦海里挣扎一下，和与成帝打得火热的赵氏姐妹比试比试。

班婕妤劝她说："这是以卵击石，明摆着吃亏的事。纵观历代宫妃事，皇上大多喜新厌旧，而被厌弃的妃嫔大势已去，应自知趣，不甘心也得甘心，这是潮流，不以人的意志为转移。"

"那么，赵氏姐妹被皇上专宠，我们该怎么办？"许皇后问班婕妤。

班婕妤说："能打则打，不能打则退，以退为守，保全性命。搞不好鸡飞蛋打，应小心从事，不可操之过急。"

许皇后没有班婕妤的耐心和冷静，想尽快地一下子打击赵氏姐妹两个人，班婕妤的话她好像没听进去，没当回事。

许皇后这个人在为人处世上，是比较稳重的，但在处理与皇帝的感情上是不冷静的，以至于到了发疯的程度。她想借助各种力量击倒赵飞燕姐妹，其实是不可能的，除非像吕皇后那样阴险，那样心狠手毒，才能置赵飞燕于死地。然而许皇后不是那种人，不是失去人性的人。

那天夜里，许皇后孤单单躺在床上，往日与成帝欢笑滚打在一起的有趣场面不见了，代之而来的是空落落的寂寞，死一般的沉静，可怕得要命。朦朦胧胧中，许皇后觉得有人推门进来，借助昏暗的烛光，她发现一个类似猴子的小鬼，大脑袋细胳膊细腿细脖子，在地上看着她，而后不住地翻跟头，上蹿下跳，跳累了，就向门外摆摆手。然后进来一队人，鬼模鬼样，没一个不是青面獠牙的，他们抬来两个尸体，一个是赵飞燕，另一个是赵合德，两位美若天仙的女人，面部肌肉已被小鬼们吮吸吃光，留下两个可怕的脑壳。

"这是赵飞燕姐妹？"许皇后惊讶地问小鬼们。

"当然是，我们让她们死，她们不敢活着。"小鬼们回话。

许皇后这下子可解恨了，她借助小鬼们的手，把赵氏姐妹杀害了，从此，这后宫的天下又成她的了，许皇后十分得意。就在这时，小鬼中有一个站出来说话了："别高兴得太早，许皇后，我们不是来替你报仇的，我们是来招你进阴曹地府的，就像赵氏姐妹一样。劳累了一生的人都要到我们那里休息，体验一下阴间的滋味。"

"可是，可是我们还年轻，没到一生，我们不该休息，我们……"许皇后吓得魂不附体，不会说话了。

小鬼们密谋一番，然后对许皇后说："好吧，就照你说的办，放了你们，我们再去招其他的人。"

小鬼们走了，把门砰的一声关上。许皇后被这一声惊醒了，醒来一看，果然是门在响，外面的风把木门轻轻地推开，然后又使劲地关回来，那关门声自然不会小了。

刚才的一场梦搅得许皇后再也睡不着了。两眼在黑暗中搜寻，看看是不是真的有鬼，真的有赵氏姐妹的尸体，结果，什么都没发现，只有寂静可怕的黑暗。

许皇后有点后悔了，后悔不该替赵氏姐妹求情，让她们从阴曹地府返回人间，怎奈一时慌乱糊涂，说了一句"我们还年轻"，这句话应改为"我还年轻"，这样一来，自己便可留在人间，赵氏姐妹就永远地下了地狱。

成帝得到赵飞燕之后，又在樊姬的暗中撮合下，得到了赵飞燕的妹妹赵合德。为答谢樊姬的"拉皮条"之功劳，赏赐给她名贵的"鲛文万金锦"二十四匹。

现在的赵飞燕不再孤立无援了，身边有自己的亲妹妹，就如虎添翼，虽遭到了嫔妃们的嫉妒，但她根本不予理睬。赵飞燕十分清楚她和妹妹在皇上眼里的位置和分量。率土之滨，莫非王臣。百官、百姓、后妃、外戚，天下一应人等都是皇帝的奴仆。皇帝说了算，皇帝支持谁、宠幸谁，谁就势不可挡。

有皇帝做根基，赵飞燕姐妹就什么都不怕了。

有一天，许皇后又再三劝皇上不要被赵氏姐妹的美色迷惑，贻误了朝政大事。成帝对许皇后的话不以为然，反而越听越烦。赵氏姐妹得知后，对许皇后恨之入骨，发誓要把许氏从皇后的宝座上拉下来。

自从赵氏姐妹入宫，成帝左拥右抱，一味迷恋这一对姐妹花，把早先宠爱多年的结发之妻许皇后完全丢在一边，许皇后受到了不该受到的冷落。

伴着孤帏冷月的许皇后，既伤心，又担心。她伤心自己不能为皇上生出儿子来，慢慢失宠于皇上，后果不堪设想。其实她已经失宠了，只是在她的心里，不敢承认这是事实，否则，经受不住这重大打击。她担心皇上离她越来越远，自己不堪忍受赵飞燕姐妹的夹击；她还担心后宫的哪位美人怀上皇子，到那时候对她的打击更大了。

突然，有一天，许皇后的贴身丫头来报，听说后宫里有一位王美人可能怀孕了。

许皇后惊慌失措，寝食难安，郁郁寡欢。

许皇后希望这不是事实，是一种假象，是一个谎言。

许皇后无精打采，默默地看着从窗棂射进来的一束阳光。阳光里有无数细小的灰尘，上下跳跃，绞作一团。一粒粒小小的灰尘，互相撞来撞去，以此扩大自己的地盘，稳固自己的位置，寻找属于自己的靠山。

此刻的许皇后何尝不是这样？

没过几天，许皇后的姐姐平安侯夫人许谒进宫来看她。姐儿俩好一阵寒暄。许谒问她近日做何事，她便吐露了自己的心事。

许谒很疼爱自己的妹妹，听后十分同情。别人生了皇子，妹妹就等于被下了地狱，她很想帮助妹妹，于是说："请皇后妹妹放心，我认识几个有名的巫术师，请他们设坛祈祷，使后宫里的嫔妃们永远也生不出皇上的儿子来。"

事也凑巧，正赶上隔墙有耳。

赵飞燕在后宫得宠，宫人们经常替她探听宫内消息，通风报信，以此巴结赵飞燕。

赵飞燕身边有一宫女，人称道房。许皇后姐姐许谒来看望妹妹的时候，道房正赶上从这里经过，就有意偷听了她们姐妹的谈话，然后就乐颠颠地跑回去，报告了赵飞燕。

赵飞燕姐妹对许皇后恨之入骨，想从皇后的位置上把她拉下来，正犯愁没办法。道房送来好消息，赵飞燕姐妹闻之，大喜过望，赵飞燕对妹妹说："你看怎么办？"

赵合德不但长得漂亮，心机也深，此刻，她没有答话，正在沉思。

"告诉皇上，就说皇后诅咒他无子。"赵飞燕想出了办法。

"不行，他们夫妻十四年，恩恩爱爱，感情很深。"合德说。

"对，皇太后……"赵合德握紧拳头，轻轻地咬咬牙，想到了王政君。

皇太后王政君是成帝的母亲，成帝很尊敬她，事事都依着她。

王政君生于公元前71年，即西汉宣帝本始三年。其父王禁，少学法律于长安，后来当过一段廷尉史，广置姬妾，生有四男八女，王政君是王禁的第二个女儿。

王政君的母亲因看不惯王禁的好色愤而和离，当时，王政君不满十岁。

长大后的王政君婚姻却屡遭不幸。

十六岁那年，父亲将她许配给一赵姓人家，结婚之日，男方突然暴病身亡。

未过门就成了寡妇，王家很扫兴，好在当时社会风气宽松，允许寡妇再嫁。

不久，宣帝之子东平王刘宇上门求婚，没等王政君过门，刘宇又死了。

迷信的人私下说："政君命硬，连克二夫，连皇子都克死了，谁还敢要啊！"

"这样的女人，只好一辈子守寡了。"

"除非嫁给皇上。"

没想到这句随随便便说的话，最后却应验了。

那是刘宇死后几天的事。来了个相面的为王政君相面，最后说她是皇后相，婚姻只得向皇宫寻找。

公元前52年，汉宣帝的皇太子刘奭所爱的宫中第一美人久病不愈，一命呜呼了。

宣帝爱子心切,动御玺,下诏书,令人择良家女"服侍皇子"。

后来选出五名良家女,让刘奭任选一人带回东宫。

"挑就挑吧,挑谁还不是一样,反正我一个也没看中。"刘奭这样想着就随手一指:"就是她吧!"

这下可难住了长御官,这随手指的究竟是何人呢?长御官不好再问,就近把五个女子中排在最边上的一个叫出来,高喊:"皇太子选定良家女王政君为姬!"

洞房花烛之夜,没什么特别的皇太子随便地与王政君睡了一宿。想不到一次临幸之后,王政君有天突然满面绯红,对太子说:"我已经有身孕了!"

十个月以后,在东宫甲馆画堂,王政君给思子心切的刘奭生下一子,即后来的成帝。

宣帝思孙心切,把孙儿封为世嫡皇孙,还取名刘骜,并将其常置左右。

又过三年,也就是刘骜三岁时,宣帝驾崩,太子刘奭继位,是为元帝。刘骜为皇太子,母以子贵,王政君理所当然地当了皇后。

小时候的刘骜"宽博恭慎",不仅爷爷宣帝喜欢,身为皇太子的刘奭也喜欢这个当时唯一的儿子。

谁知刘骜长大之后,却沉迷于酒色。《汉书·元后传》称他"幸酒乐燕乐",渐遭老爹的白眼。

公元前33年,元帝刘奭崩于长安,同年六月,刘骜继位,是为成帝。

王政君终于登上了最高权力宝座,成为母仪天下的皇太后。

身为皇太后的王政君命令自己的宝贝儿子成帝封自己的大哥王凤为大司马大将军领尚书事,又封王崇、王谭等人为侯。

这种大肆分封外戚的做法遭到部分大臣的极力反对。是时正赶上"黄雾四塞,终日不散",大臣们认为黄雾四塞是阴盛侵阳的缘故。他们搬出汉高祖刘邦"非功臣不侯"的遗训,朝野上下议论纷纷。

王凤等王氏兄弟见势十分恐慌,主动上书辞职。

成帝准备照准,王政君听了勃然大怒,认为儿子没良心。

见母亲动怒，成帝再也不敢同意各位娘舅辞职的请求了。

公元前 27 年，王政君又授意儿子，一日连封五个舅舅为侯，人称"同日五侯"。

王政君成了王氏家族的台柱子。围绕这个台柱子，王家成员更加不知天高地厚起来。史书记载："五侯群弟，争为奢侈，赂遗珍宝，四面而至；后廷姬妾，各数十人，僮仆以千百数，罗钟磬，舞郑女，作倡优，狗马驰逐；大治第室，起土山渐台，洞门高廊阁道，连属弥望。"

就连汉成帝也得以这个台柱子为中心绕行。

刘骜虽是皇帝，但王政君说了算。

很有心计的赵合德看出来了。

赵合德要借助王家强大的势力，把许皇后从皇帝身边的宝座上拉下来，清除姐妹的绊脚石。

赵氏姐妹正期待着皇后宝座，闻许后咒皇子暗暗高兴。第二天赵飞燕径直入长信宫，向太后告发许皇后的阴谋，还说班婕妤与皇后串通一气，诅咒王氏家族。

未央宫内有宣室殿、麒麟殿、金华殿、承明殿、武台、钩弋殿，又有寿成、白虎、曲台、凤凰、飞羽、通光、东明、宣德、平就、寿安、玉堂、永廷、温室、清凉、椒房、广明、万岁等三十二殿阁，还有画堂、甲观、天禄阁、朱雀堂等。

长信宫在未央宫的后宫区，是皇太后王政君居住的地方。

后宫在武帝时有八殿，后来又增修了十几个殿，包括名字雅致的兰林殿、飞翔殿、苣若殿、椒风殿、蕙草殿等。

长信宫就是后宫区增修时建造的。长信宫比较安静幽雅，阳光明媚，适合皇太后居住。

皇太后居住在长信宫，一般不出去走动。不管是后宫的嫔妃、太监，还是前殿的百官公卿，只要有事，一律到长信宫禀报太后。皇太后是随找随在，好像每天都有意等在那里，等待任何高兴的与扫兴的消息。

这一天，皇太后早早起床，吃过早饭后，刘向来看望老太后，并祝老太后身体健康，长寿百岁。

刘向是成帝手下的光禄大夫。此人是个很有名的学者，曾著有《洪范五行传》《新序》《说苑》《列女传》等，刘向之子刘歆是西汉末年古文经学派的开创者，又是目录学家、天文学家，曾撰有《七略》，并较早地计算出圆周率为3.1547。

刘向是皇家后代，然而却处处偏向王家。建始四年发生日食，他与谷永写了一道奏章给皇上，说祸出后宫，把矛头直接指向与成帝恩恩爱爱的许皇后，后来又有日食，他还是责备许皇后。

今天，刘向来长信宫，有两个目的。一是向老太后问安，二是关于成帝子嗣一事。

刘向的意思是成帝专宠许皇后，不与其他宫女接触，才导致无子嗣。这回赵飞燕姐妹进宫，使皇上不再专宠一人，子嗣有望。

皇太后也在为儿子没有子嗣而烦心，今天，经刘向这么一说，心里还亮堂一些。但刘向一提起许皇后，皇太后有些反感。原因很简单，结婚十多年了，却不能为刘家生个儿子，不能生儿子还要把皇上拢得死死的，不让皇上临幸其他女人。这些年各种灾异现象频生，都是与这个不生儿子的皇后有关，阴侵阳，日后不一定还要出什么大灾祸呢！

在刘向的劝导下，皇太后对许皇后的印象越来越坏。

恰在这个时候，赵飞燕来到长信宫，向皇太后报告了许皇后姐妹诅咒后宫女人生不出儿子的事。

这下，可把皇太后气蒙了。她盼孙子眼睛都盼红了，没有孙子，就没有自家人继承皇位，皇位让给别人，怎么也不心甘情愿。这个时候，竟敢有人诅咒后宫女人永远不能为皇上生儿子，真是大逆不道。

皇太后当即下令抓住许皇后的姐姐许谒，处死！

再说许皇后的姐姐许谒，只说求巫师诅咒后宫女人不生子，还没有付诸实施，就被宫里突然降临的兵将给抓走了。

许皇后的脸吓白了。她知道出事了，出大事了。但她还不知道与姐姐的秘密谈话被偷听了，是犯了死罪。

不允许皇后问个清楚，姐姐已经被处死了。

当年慷慨陈词、向皇上写奏章的许皇后，如今，在皇太后和皇上面前无话可说了。

许谒以大逆不道罪被处死，许皇后也受到牵连，被成帝废掉。

成帝念以往旧情，只是废了皇后，未治死罪，令许皇后迁入上林苑的昭台冷宫居住。

许皇后的亲属全部遣归故乡山阳郡，不准留居京都，变为贫民。

可怜的许皇后同成帝十四年的恩爱夫妻之情，便这样付诸东流了。

汉宫室有规定，宫女乃至皇后、太后等均不得出宫，所以犯了王法的女人不是进宫内的暴室狱，就是放逐到上林苑。许皇后被放逐上林苑，在昭台冷宫幽居，实际是关了禁闭。

一人之下、万人之上的皇后，也没能保住自己的位置，从皇后变为连宫女都不如的宫内犯人。

地位从峰顶一直跌到谷底的许皇后，泪流满面地望着成帝，希望皇上能念昔日夫妻恩爱之情，软下心来，原谅她。

成帝大声呵斥左右，吩咐把她带走。

这一天，暴风扬尘，遮天蔽日。许皇后的发髻被大风吹得散乱不堪。她不理，任大风随意地吹，使劲地吹。

她迈着沉重的步伐，走向上林苑，那里是死一般沉静的地方，是另外一个世界，没有欢乐、温暖，毫无生气。

她清楚地记得刚刚与成帝结婚的时候，在未央宫中打闹戏耍，他们两个曾来到过这个地方，她问："这是什么地方？冷冷清清，怪吓人的！"

成帝当时还是太子，他说："宫里的嫔妃们犯了法，就囚禁在这里，你要不要进去呀？"

她捶打着成帝，娇嗔地说："我不去嘛，那里居住的人一定是很可怕呀，我死也不去！"

他们一起说着笑着离开了那里。

如今，她又来到这儿，却没有了往日的欢乐，脸上挂满泪痕。她要成为在这座冷宫里居住的可怕的人了。

她不想进这座冷宫，可是她进去了。

许皇后对成帝情深似海，而此刻的成帝却无情无义，挥挥手就把他的结发之妻赶向冷宫，像是随手扔掉一件用过的东西，一个不值钱的东西，是那样不经意，是那样不在乎，是那样无所谓。

这个皇帝的心，是任何人都琢磨不透的。对一个人爱得快也忘得快，热得快也冷得快。皇帝心，三月天，说变就变，无法预测。许皇后就没有想到这步，仍以以往的老感情对待皇上，结果越是这样，落差越大。

上林苑距未央宫有很远的距离，平时成帝去上林苑都是乘步辇以替代步行。当然，许皇后也会与皇上同坐一辇，去上林苑游玩。如今星移斗转，天地翻了个个儿，许皇后步行去上林苑，后面跟几个小卒，明着是护送，实际是押送。

许皇后悲愤地离开了未央宫。

上林苑昭台冷宫，说白了，就是宫廷里的监狱，不同的是所押犯人多为皇后等高级妃嫔，不劳动，在这里供养，大多一直默默无闻到死去。

许皇后刚到上林苑的头几天，什么都不习惯，整天没事干，寂寞无聊。冷宫的外面有一根粗壮的石柱子，许皇后想撞石柱死去算了。她来到石柱前，心却软了下来，自己打了退堂鼓。她发现石柱下红迹斑斑，似多年风干的血迹，一定有人先她一步而去了。她退回来，胆怯了，死亡太可怕了，怎么能选择死呢？成帝爱她，曾经爱得发狂，几次发誓，不离开她，永远不离开她，直到白发苍苍。说不定什么时候，或许突然有一天，成帝想起她，会用步辇接她回宫的。成帝还算年轻，开开玩笑，耍个脾气是常有的事，冷静下来之后，他会想到与他恩爱十四年的妻子的。

许皇后不想死了，抱着美好的愿望期待皇上来接她回宫，重新回到他的身边，重叙旧情，重温旧梦。

二

赵飞燕自见到许皇后那天起，就开始恨她，恨她显贵的家世，恨她本人的丽容娇态，恨她至高无上的皇后宝座，恨她与皇上如胶似漆、恩爱难分的亲密关系，愿她早日被王氏家族的强大势力击溃。如今，人不存在了，恨也不存在了。许皇后不会天神一般地杀个回马枪，重新回到皇后的宝座上，不用担心，也不用去想。

不过，还有个班婕妤。赵飞燕从心里敬重她、佩服她，但不等于不恨她。所以，在皇太后那里，不但告了许皇后，还说了班婕妤的坏话。

成帝昔日对班婕妤的温情无影无踪了。

成帝按捺不住自己，要亲自审问班婕妤。

"臣妾拜见皇上！"班婕妤被传到殿前。

成帝心想，什么拜见不拜见的，少来这一套，当面说好话，背地里与许皇后一起诅咒朕。想来太后和朕往日待你不薄，你却恩将仇报。想到这里，成帝对班婕妤说："免了吧，免了吧！"

皇上生气了，班婕妤却不知道为什么生气。班婕妤吓得再没敢说什么。

成帝问："何以与皇后一起，参与巫咒？"

班婕妤这才知道，许皇后被废，也祸及自己了。她一下子想到诬陷，有人诬陷，不会是别人，一定是赵飞燕姐妹。

"我与赵氏姐妹往日无冤，近日无仇，她们何以加害于我？"班婕妤驳斥说。

"朕问你，何以与皇后一起，巫咒于朕？"成帝没理会班婕妤说什么，只管问她。

看事态，驳斥是没有用了，皇上已经不相信她了。

班婕妤冷静沉着，从容地说："天地间死生有命，富贵在天；修正行善尚且没有蒙福，何必又去行邪巫蛊？如果鬼神有知，一定能听到我这倾诉；如果鬼神无知，那么倾诉又有何用？听天由命吧！"

班婕妤的一番话说得在情在理，尽管成帝对此事很生气，但听了这一番话，深为折服，下旨不追究班婕妤。

赵飞燕想一石二鸟，废了皇后，再赶走班婕妤。这样，她的天地就更大了，更宽松了。

想不到的是，班婕妤的一番话，却能得到成帝的宽恕。结果，成帝不仅赦免了她，还赏赐她黄金百斤。

从此，班婕妤心灰意冷了。

过了几天，班婕妤草就一道奏章，请求成帝让她去长信宫，终日侍奉皇太后，得到成帝允许。

然而，盛年寡居的生活是孤独寂寞的，最难熬的是那一个又一个没有尽头的漫漫长夜。

从那以后，班婕妤独自安居深宫，摆脱了后宫的是是非非和无尽无休的烦恼。虽是长夜漫漫，却能旷达自适，得享天年。

许皇后、班婕妤二人都不是泛泛之辈。

这两个才貌双全的女人比起来，班婕妤更聪明，更有见识。

班婕妤对后宫的现状，尤其赵氏姐妹与成帝的关系，以及赵氏姐妹不达目的绝不罢休的手段，进行了全面的分析，然后，决定退居长信宫，以退为守，保全性命。

这就是班婕妤比许皇后更聪明之处。反过来，被废的许皇后就不如班婕妤那么明智了。

退居长信宫的班婕妤，孤独寂寞，忧思难耐，便写下凄切感人的《怨歌行》一诗。

后人对此诗评价很高，说这首咏团扇短章辞旨清捷，怨深文绮，得匹妇之致。后世的文人也对班婕妤有很高的评价，并为她写赞，如三国曹植的《班婕好赞》，晋左九嫔的《班婕妤赞》、傅玄的《班婕妤画赞》等。

寡居深宫的班婕妤，感怀人生之悲惨，后来又写下了一篇更加感人的《自伤悼赋》诗：

> 承祖考之遗德兮，何性命之淑灵？
>
> 登薄躯于宫阙兮，充下陈于后庭。
>
> 蒙圣皇之渥惠兮，当日月之盛明。
>
> 扬光烈之翕赫兮，奉隆宠于增成。
>
> 既过幸于非位兮，窃庶几乎嘉时。
>
> 每寤寐而累息兮，申佩离以自思。
>
> 陈女图以镜鉴兮，顾女史而问诗。
>
> 悲晨妇之作戒兮，哀褒阎之为邮。
>
> 美皇英之女虞兮，荣任姒之母周。
>
> 虽愚陋其靡及兮，敢舍心而忘兹！
>
> 历年岁而悼惧兮，闵蕃华之不滋。
>
> 痛阳禄与柘馆兮，仍襁褓而离灾。
>
> 岂妾人之殃咎兮，将天命不可求。
>
> 白日忽已移光兮，逐晻莫而昧幽。
>
> 犹被覆载之厚德兮，不废捐于罪邮。
>
> 奉供养于东宫兮，托长信之末流。
>
> 共洒扫于帷幄兮，永终死以为期。
>
> 愿归骨于山足兮，依松柏之余休。

至此，赵飞燕姐妹完成了一石二鸟的重任：一块石头打中了许皇后，让她被抛进昭台冷宫；另一块石头没有打中班婕妤，却吓退了她，让她一退退进深宫，再不敢露面了，再不敢参与皇帝与别人的感情之事了。石头虽然没有击中她，但也达到了击中的目的。

清除了许皇后、班婕妤，赵氏姐妹活动的天地宽了，大了，广阔了。赵飞燕的下一步计划是当皇后，为天下母，巩固她和妹妹的地位。

退居长信宫的班婕妤，经常侍奉在王政君左右，以尽自己对老人的孝敬之情。王政君很喜欢班婕妤，但喜欢归喜欢，终究不能解决什么问题。她一千个喜欢，一万个喜欢，也没有用，不如皇帝的一个喜欢。班婕妤这样做，不是想挽回一些什么东西，包括成帝对她的爱，纯粹是尽自己的一片心，做到永远不失礼节。

在后宫，班婕妤除侍奉老太后以外，还负责教习宫女文化、礼节和一些常识性的东西。宫女们都很尊敬她，称她为老师，有什么困难和心里话，都找她解决，都找她诉说。班婕妤成了后宫的父母官，成了真理的化身，她与宫女们和睦相处，感情融洽，像一个大家庭中的亲姐妹。

除了没有男人陪伴以外，班婕妤没有其他的寂寞了。她与淖方成一起研究诗词，写一些诗，然后互相欣赏一番、夸奖一番，生活得挺有趣。淖方成在赵合德进宫时，见了合德的美貌，曾预言赵合德是祸水，必灭大汉的"火"。自古以来，人们常把美艳的女人说成是妖女，或者是狐狸精，能笼络人心，能迷住任何男人，然后为她做事。淖方成没说赵合德是妖女、是狐狸精，却用了"祸水"二字，这在当时是很新颖的，前无古人，一般的文化人是想不到"祸水"二字的。此后"女人是祸水"的说法，传出宫廷，被后人广泛传播沿用至今。

淖方成上知天文，下知地理，让班婕妤佩服得五体投地，有很多学术上的问题，她都请教淖方成。细心倾听淖方成讲解，甘当一个小学生。

这一夜，成帝到赵合德住处去了。

赵飞燕自己躺在五彩金霞帐中，看着灿若明月的夜明珠挂满金霞帐，内心畅快不已。这几天，她连战连胜，许皇后败在她的手上，班婕妤不堪一击，没等施加更大的压力，自己就采取了明智的选择，退居长信宫，侍奉皇太后。

两个人全败在她的手上。

赵飞燕迷迷糊糊，似乎又走进了那一片原始森林，森林不再吵闹了，静极了。因为她一手攀住大树，借助大树的力量，腾出另一只手，消灭了两只头狼，群狼见势，退到老远老远的森林边上，恭恭敬敬地向她摇头摆尾。

森林平静了。

她轻轻松松出了一口长气，战斗后的身体疲惫不堪，但要享受一下胜利后的喜悦。她在森林里翻跟斗，打把式，随随便便，因为这片森林属于她，她有权在这里吵闹，以致闹得森林不得安宁。大树还在那里，痴痴地看她胡闹而发笑。

不久，狼和森林全部消失在云雾里，不见了。

在云雾中，渐渐显现出一座宫殿，金碧辉煌，灿烂无比。她以为是未央宫，可细细看去，它比未央宫博大恢宏，气势非凡。

在宫殿的前殿，闪出两队人马，"八"字形分开站好，然后由一人高喊："皇后驾到！"

她不知道那人在喊谁，前后左右看看，都是丫环、侍女，簇拥着她向前殿走去。她一身的金衣玉裙，摇曳生辉。原来她就是皇后，皇后就是她。

她高兴地在前殿且歌且舞，群臣百官、宫内太监宫女们，也随之围着她歌舞，大殿上下，热热闹闹，就像过节一般。

赵飞燕更加兴奋了。

号声长鸣，鼓声咚咚。她飞扬长袖，迎风起舞。忽听"咚"的一声，一切恢复平静，原来是赵飞燕的手在梦中舞来舞去，打到了床头的杏木雕花上。

赵飞燕醒了。

醒来后的赵飞燕，想的第一件事就是把梦中的事变成现实，当皇后。

当皇后，不是容易的事，必须由皇上说，皇太后拍板，王氏家族支持。

赵飞燕这样想着，就把下一步奋斗目标想得清清楚楚了。

必须当皇后，才能稳坐泰山。

且说成帝，把许皇后赶到上林苑的昭阳冷宫，自己像没事似的，照吃照喝照玩不误。那一天，许皇后悲愤离去前死去活来，喊了几声"陛下"，然而"陛下"没有回头看她一眼，恩断情绝，余恨悠悠。

成帝是个怪人，对女人爱得快，恨得也快，往日对许皇后情深似海，今日薄情淡淡，没一丝留恋。

成帝好像去掉了心头病，突然想到了玩，痛痛快快地玩，玩个死去活来。

可是，玩什么呢？

夏朝的最后一个君王夏桀，征讨异域时，得到很多金银财宝，还得到一位美女叫妹喜。

妹喜把一切都玩腻了，就突发奇想，她告诉夏桀说："撕绢的声音清脆悦耳，我很喜欢听！"

夏桀一听，立刻命令老百姓每天准备一百匹绢料，让宫女们一一撕裂，而妹喜则斜卧在椅子上，闭着眼睛享受那种声音。

周幽王即位后得到一位容貌娇艳，但脸上却一点笑容也没有的陌生女子，她叫褒姒。

后来她为周幽王生的孩子被立为太子，然而她依然不笑。

幽王千方百计想博她一笑，却想不出好办法，有一天，一位大臣向幽王献计说："如果燃起烽火，王后一定会笑。"

幽王于是命令卫士点燃烽火台上的烽火。

烽火台的作用是出现紧急情况时，点火为号，求诸侯前来救援。白天时，燃烧狼粪放出青烟，史称狼烟。这种青烟，无论遭遇多么强劲的风也不会被吹散，因此，几十里外的烽火台也能看见，于是，再燃起烽火，把讯号传给下一个烽火台。

烽火台被幽王的卫士点燃不久，一批批的诸侯快马加鞭地赶到现场，发现四周并无情况，感到莫名其妙。

将士们跑得汗流浃背却精神抖擞，幽王满意地说："谢谢，没什么意外，本王点燃烽火只想玩玩，解解闷罢了。"

这时，观看烽火的褒姒居然笑了，而且，笑得前仰后合。

见到这情形，人们才知道受骗了，于是，悻悻地狼狈而去。

这以后，褒姒始终无法忘记那一幕滑稽的场面。她不断地要求幽王再如法炮制。

当然，诸侯又被骗了。

久而久之，人们终于明白了真相，不再上当受骗。

后来，敌军进攻京城，再燃烽火时，却连一兵一卒的救援都没有，幽王被杀，褒姒被掳走。

玩，玩丢了江山，玩丢了性命。

然而，成帝不管那一套，活一天，玩一天，不追求长寿，也不追求"白云乡"。

成帝想追寻一种梦境，这梦境，既要神秘又要不能被人知晓。

于是，成帝异想天开，命令在太液池边建一座逍遥宫。宫里的一切全用黑色构造，以便于在黑暗中行动。然后，成帝叫来后宫中漂亮的宫女，给她们穿一身黑衣，外面再罩以木兰纱绡，在宫里一起嬉戏，捉迷藏。

且说赵飞燕一梦之后，想把梦境变为现实，于是，她使出女人的"十八般武艺"，取悦皇上，讨皇上喜欢。其实，皇上已经很喜欢她了，用不着有意讨好。但是，赵飞燕为有把握起见，还是那样做了。成帝每每从赵飞燕的远条馆走出，都是带着满足的笑容。

有一天，成帝为讨好赵飞燕，说："朕欲立你为皇后，如何？"

赵飞燕早就盼着这一天的到来，但自己又不好意思说，如今皇上先提出来了，便顺水推舟说："臣妾愿意永远侍奉皇上左右，只是人多言杂，恐难实现臣妾心愿。"

成帝见飞燕多有担心，就说："朕同意封你为皇后，只怕皇太后那里……"

一说到皇太后，不但赵飞燕心里没底，就连成帝心里也打怵。

片刻之后，成帝又说："太后那里由朕去说。"

别说成帝不干正事，立赵飞燕为皇后这件事，成帝是认认真真去干了。第二天，他就去长信宫请示老妈皇太后，欲立赵飞燕为后。

慵懒的王政君，听了儿子成帝的话以后，连眼皮都没抬一下，眼睛一直往下看，她慢声慢气地说："立她为后，要慎重考虑。听人说，她很风流，当然，这都是后宫传言；还有，她与许皇后、班婕妤闹不和，致使后宫连日祸乱不堪；更重要的是，她身世微贱，舞女出身，无父无母，依我看，还是先不立为好。"

听了老妈皇太后的话，成帝生了一肚子气，只是碍于老妈的面子，无法发火。

回来的路上，成帝控制不住自己，竟然打断了两根玉石廊柱，又捣毁了一棵树上的鸟巢。

几个太监急急地走路，蹭出一些脚步声，成帝立命站住。

"是谁的鞋声这么大，快快说与朕，要不然全把你们抛进湖里喂鱼！"

小太监吓坏了，一个个哆哆嗦嗦，不知说什么好。

其实鞋底没有声音，是皇上故意找事。

"这……这……"小太监们张口结舌。

皇上急了："这什么，都把鞋脱掉，光脚走！"

皇上发火了，小太监们都乖乖地把鞋脱了，光脚走。

这次之后，成帝也没有放弃立赵飞燕为后的想法，几次请示太后，太后仍嫌赵飞燕出身微贱，不肯答应。

最后，成帝实在没有办法了，就只得找朝廷里的几位舅舅说情了。

如今，许皇后被铲除，班婕妤退入后宫，各种抗拒王家的力量渐弱。在这种情况下，王氏舅舅们不希望立一个社会背景复杂的女人为皇后来左右他们的权力，来干扰他们的生活。他们希望有一个没有任何亲人的人为皇后，这样最合适。

成帝来请求说情，舅舅们当然愿意了。因为赵飞燕虽然出身微贱，但也正符合他们的政治需要，无任何政治势力作后台。

王氏舅舅们七嘴八舌，整天去长信宫，泡在长信宫不走，说服皇太后立飞燕为皇后。

再硬的心也会被这些人说软了。

正在成帝求诸舅说情，说服皇太后时，出来一个淳于长。

淳于长见皇上这几天愁眉苦脸，一肚子心事，知是立皇后一事受阻，就前来帮成帝的忙。

淳于长是皇太后的外甥，他的母亲是皇太后的姐姐。淳于长是魏郡元城人，少年时出任黄门郎，黄门郎是传递上下章疏的。

西汉后宫设侍中、中常侍各一人，侍从皇帝左右。汉元帝设中尚书，负责诏令奏议。另设有黄门郎一人，职在传递上下章疏。黄门实际上是掖庭小门，黄门侍郎之下又有中黄门、小黄门。

大将军王凤死前，将淳于长托付给太后和成帝。后来成帝升他为校尉诸曹，旋迁水衡都尉侍中，直到卫尉九卿。再后来，成帝越来越宠爱淳于长，封他为定陵侯，贵倾公卿。

淳于长先后任过黄门郎、侍中，这些职务都是管理后宫的，一般由太监担任。由正常男人担任这些职务，在西汉时是很少有的。由于成帝特别宠爱他，才相信他。

淳于长受到皇上宠爱，又是皇太后的外甥，所以他蓄养妻妾，浸淫声色，不守国家法度。

淳于长嘴甜，很会说话，在皇上和太后那里很吃得开，是个会见风使舵的人。

赵飞燕进宫，以她的美艳占据皇上的心。日后能在后宫飞黄腾达的或者是说了算的，就是赵飞燕。赵飞燕当皇后是迟早的事，别看现在遇到很多困难和麻烦。

淳于长把这些看在眼里，心想，必须接近赵飞燕、靠住赵飞燕，现在也正是巴结赵飞燕和皇上的好时机。此事一成，皇上和赵飞燕一定会感激不尽。于是，在飞燕立皇后的紧要关头，淳于长主动站出来，凭自己的三寸不烂之舌，多次到皇太后王政君居住的长信官，劝说太后，让她同意立赵飞燕为皇后。

这是一项艰巨的工作，连成帝都无法完成，朝廷里不会有谁能超过皇上了，更不会有人能帮助皇上了。能到太后面前油嘴滑舌说话的，只有淳于长，再没第二个人了。这项工作由淳于长承担是再合适不过的了。

淳于长在太后面前说深了说浅了，都没问题，也用不着担心被老太后治罪，因为淳于长是老太后眼皮子底下长大的孩子。太后听惯了他的油嘴滑舌，还挺喜欢他的，生气的时候，常骂他"臭小子"。

淳于长点子多，一天他对成帝说："皇太后嫌赵飞燕出身微贱，宫中也有一部分人附和皇太后，说赵飞燕身世低微。不就是赵飞燕没有一个当侯爵的父亲吗？听说，赵飞燕在长安有个义父，管他什么父，反正都是父亲。先封她义父为侯，这样一来，赵飞燕就有一个当侯的父亲，出身么，自然而然就不微贱了，到那时，再封赵飞燕为皇后，看皇太后还说什么。"

"妙计，妙计！"成帝真是佩服淳于长，竟能想出这样的万全之策，了不起！

淳于长接着说："这是其一。其二是你不要再到皇太后那里说情了。让太后觉得你与她的想法一致，都嫌赵飞燕出身微贱，不想立她为皇后了。你顺从了皇太后，皇太后一定很高兴，心里会惦记着这个乖儿子。然后，由我和其他的人前去说情，这事就与你无关了，皇太后到时自然会同意的。"

"好，就依你意办，先封赵临为侯。"成帝的眼睛发亮了，兴致也来了。

说办就办，成帝下令封赵临为侯。

这个穷苦出身的赵临，这下子可有了出头之日。

再说这个阳阿公主，一连送两个美人进宫，乐得整天闭不上嘴巴，人也好像年轻许多，就像连喝了几服灵丹妙药，全身舒舒服服，畅快极了。

送进宫里两个美女，这消息像长了一百个翅膀，飞遍长安城。这两个美女，又是亲姐妹，这消息就像长了一千个翅膀、一万个翅膀，飞遍全国。

天下的人知道赵飞燕姐妹是谁吗？谁都不知道，只知道是进宫了，被皇上宠爱了。

然而，这事却瞒不了赵临的邻居，一传十，十传百，长安沸腾了。

当时，别说入宫得宠，就是有贫家女入宫当普通宫女，一辈子得不到皇上宠幸，也会受到羡慕。

每朝每代的皇上，都会广召天下美女。在应召年龄之内的少女，都会被父母乐颠颠地送去应召。父母也都希望自己的女儿进宫，家人、亲属都跟着显贵。

有的已经结了婚的，或者已经有了孩子的，也被送去应征。

西汉时，每年八月，宫中派人偕同精通相术的人员，一起到民间，挑选良家女子。挑选的标准是，年龄在十三岁以上，二十岁以下，姿色秀丽，容貌端庄，面相合乎相法者的要求。选中者用车载入后宫。

民间平贱凡俗的女子，一旦被相术师看中，称其大吉大贵，那么这个女子的家人便会千方百计，不惜不要丈夫和孩子，将其送入后宫，以求显贵。

汉景帝的王皇后就是一例，她是一个贫民家的女子，已与一位贫苦乡民结婚，并且有了孩子。相术师说："此女命中富贵，面相尊贵无比。"

家人一听，自己的女儿有希望进宫做皇后或妃子，真是高兴极了。

于是，家里人当即将女儿从丈夫家里抢了回来，尽管场面辛酸：母子离散，夫妻离异，家庭败落，夫妻哭成泪人，孩子死活喊着妈妈，但这一切都不能阻止王家把女儿送进宫。

王家把抢回来的女儿打扮一番，送入太子宫。后来，如愿以偿，正像相面师说的，她果然做了汉景帝的皇后。王氏家族从此显贵起来。

谁家不希望自己的女儿进宫得宠，以求显贵呢？这是人之常情。

赵临收养的两个女儿，全部进宫得宠，这是和尚头顶长虱子——少有的事。天下就一个皇上，能得皇上宠爱的也就一两个人，谁会这样幸运呢？赵临家不是一个女儿进宫，而是两个女儿一起进宫得宠，这是天大的新闻。

赵临家的门被挤破了，赵临家的门槛被踩平了。

把赵临乐得合不拢嘴，别人问什么，他答什么，有问必答。

最后，人们总算听明白了。

这一对姐妹是赵临收养的两个义女。当时这一对姐妹流浪街头，无人收留，好心的赵临把她们叫到家里，吃一顿饱饭，然后留了下来，然后送到阳阿公主家。

赵临收养这一对姐妹，也不知道后来能出息成这样，给他面子增这么大的光。

人们开始时羡慕这对姐妹，现在开始羡慕赵临了，都说赵临有福，怎么捡了一对这样好的女儿。

说归说，也就罢了。

于是，那些看赵临眼红的人，纷纷效仿起赵临了，就像阳阿公主效仿平阳公主一样，想给皇上送个美人。

这些人在街里乱窜，到处寻找无家可归的女孩。也凑巧，真有人找到了一对女孩，领到家里当姐妹养了起来。有没见过赵飞燕姐妹的人，就到这里来看这对小姐妹，仿佛看到了当年的赵飞燕和赵合德。

要封赵飞燕为皇后，却先加封她的义父赵临。这都是淳于长的计谋，这个穷苦人出身的赵临，当上了成阳侯，真该感谢淳于长。不过，赵临为侯，是早一天晚一天的事，赵飞燕当上皇后，能没赵临的官当吗？淳于长的计谋只是让赵临提前到了位，先过上了官瘾。

三

成帝按淳于长计谋，先封赵飞燕的义父赵临为成阳侯，为赵飞燕当皇后铺平了道路。

要成帝做的事，成帝做完了，下一步就是淳于长的事了。

淳于长来到长信宫，拜完皇太后，就姨母长姨母短地唠了起来，拐来拐去，还是把话题拐到立皇后的事上。

别小看淳于长，他不负皇上的希望，凭三寸不烂之舌，终于把太后姨母说动了心，点了头。另一方面，王家舅舅也在说服皇太后，因为，赵飞燕没有政治势力作背景，这一点正是王家所求之不得的。

立赵飞燕为皇后，这事闹腾了几个月，现在终于在皇太后王政君那里通过了。

淳于长的"先赏其父，后立其女"为皇上办了一件大好事。为此，皇上赏了他很多金银珠宝。

赵飞燕要成为皇后了。

成帝喜气洋洋，准备选一良辰吉日，为赵飞燕举行册后大典。

公元前16年，也就是永始元年，汉成帝刘骜正式宣布册立赵飞燕为皇后，同时提升赵合德为姬妾第一级的昭仪，仅次于皇后。

赵飞燕朝思暮想的皇后宝座，终于属于她了；当皇后，入主后宫的梦终于变成现实了。妹妹赵合德被封为昭仪。"昭仪"是"昭其仪尊而意亲密"的意思，在六宫中的地位同外朝的丞相等同，地位仅次于皇后。

六宫即前一宫，后五宫。后五宫指皇后一宫、三夫人一宫、九嫔一宫、二十七世妇一宫、八十一御妻一宫。后正位宫闱，体同天王。夫人坐论妇礼。九嫔掌教四德。世妇主知丧祭宾客。女御序王燕寝。

赵飞燕姐妹入宫不过四年工夫，从地位低微的歌舞女一下子升为贵人，连她们自己都觉得在梦中一般。

赵飞燕当上皇后，母仪天下，当然高兴万分。赵合德更高兴，见了姐姐不知叫什么好了，她调皮地说："赵皇后，皇后姐姐。"

举行册后大典那一天，天气非常好，几乎是晴空万里。未央宫前殿彩旗飞舞，锣鼓喧天，号角长鸣。整个前殿装饰得气势非凡。前殿、后宫里所有的人，全换上新装，打扮一番。

这一天，赵飞燕特别漂亮。嘴唇红润油亮，脸颊白皙透红。一双动人心魄的大眼睛，像一汪秋水，波光闪闪。整个脸庞像个熟透的仙桃，好看极了。真是人见人爱，秀色可餐。

赵飞燕脚穿凤宝鞋，挂满玉石金珠，金光闪烁。身穿以蚕丝织就的皇后圣典裙，服饰假结、步摇。步摇以黄金为山题，贯白珠为桂枝相缪，以翡翠为华。头以假通鬓，簪珥，珥即珰垂珠。以玳瑁为簪，长一尺，端为华胜，上为凤凰爵，以翡翠为毛羽，下有白珠，垂黄金镊。左右一横簪之，以安假通鬓。

朝廷上下，文武百官，皆参加皇后册封大典。深居长信宫的班婕妤没有参加。她不想看那场面，她知道这场面迟早要出现的，对她来说一点不奇怪。

然而，对许嘉的女儿许皇后来说，这场面对她的打击太大了，简直使她无法接受，她要疯了。当年，她也这样风光过，被别人羡慕过，也被百官公卿们簇拥过。如今怎么样呢？居冷宫，熬日月，度余生。

许皇后想，如果让她去参加皇后册封大典，她会跑到赵飞燕的跟前，伸出巴掌给她两下，然后，撕碎她的衣裙，捣乱她的发髻，让她跪下，再然后，把她送到冷宫，让她这个骚狐狸永远也见不着当今的皇上。

可如今，还能说什么呢！

许皇后住在无人光顾的昭台冷宫，位置荒僻，远离皇宫。肝肠寸断的许皇后，每日坐在油漆剥落的宫门旁，淌着泪水，咀嚼着天边一抹如血的残阳。

宫院里的娇艳小花，开了谢，谢了开，盛衰交替，总有生机勃勃的时候。自己呢？连那个小如豆粒的花朵都不如，默默无闻，孤独无助。

册封皇后庆典之日，真是有人欢乐有人愁。

成帝宠爱赵飞燕姐妹，已经到了如醉如痴的地步。给赵飞燕封皇后，给赵合德封昭仪。该封的都封了之后，他在宫中宴乐的地方，四面摆上屏风，屏上画纣王与妲己长夜淫乐的图画。

成帝问飞燕："你知道纣王是谁吗？"

"像你一样，也是个嘴馋的猫。"

"那只猫尝遍了人间的各种美味，朕与之相比，还差十万八千里呢！"

成帝说的纣王，是商朝最后一代帝王。他非常聪明，智慧高人一等，他经常驳倒臣子们的谏言，也经常狡辩来掩饰自己的罪行。他身强力壮，能赤手空拳打死猛兽，因此，他认为天下没有人能胜过自己。

纣王很贪恋酒色，他宠爱的女人叫妲己。妲己是有苏氏的女儿。纣王讨伐有苏氏时，有苏氏为了求和，便把自己的女儿献给了商纣王。

妲己是绝代美女，纣王爱不释手，宠于后宫。为讨妲己的欢心，纣王变着法儿取悦她，只要妲己高兴，做什么都可以。

纣王与妲己住在金雕玉砌的鹿台，过着淫荡而奢侈的生活。在鹿台住了一段日子以后，两人感到厌腻了，便离开王宫，前往坐落在沙丘的离宫，换换环境，去追寻更加刺激的放荡生活。在离宫的花园里建一大池塘，池中注满美酒，池畔的树梢上都挂满了肉条。纣王与妲己在这里恣意狂欢作乐。

纣王榨取百姓，使百姓苦不堪言，为压抑日渐增加的反抗势力，纣王决定采取高压政策。

他在熊熊燃烧的炭火台上，架一根涂了油的铜棒，虎视眈眈的官吏们，以皮鞭逼迫囚犯通过铜棒。由于铜棒上涂满了油，囚犯稍有不慎，便会坠入火中，被活活烧死。纣王和妲己非常愿意看到这种场面。如有人坠入火中，纣王和妲己都会拍手大笑。

纣王有三个忠心的大臣：西伯昌、九侯和鄂侯。九侯的女儿是纣王的王妃。九侯的女儿像她的父亲一样，不喜欢这种荒淫的生活，因此常常忤逆王意。最后，终于激怒纣王，被处死了。父亲九侯也难逃劫数被杀害，父女俩尸体被剁成肉酱。见到这种情形，鄂侯感到很难过，便向纣王提出谏言，没想到又触怒了纣王，结果也被杀害，被做成肉干，分送给许多诸侯吃。西伯昌知道后，长叹了一口气，结果被关了起来。

朝臣们再也忍不住了，对纣王说："大王，如此下去，商朝就要灭亡了。"

纣王说："现在不是好好的吗？"

纣王的叔叔比干连续三天在早朝向纣王上谏，于是，激怒了纣王。

纣王生气地说："我听说圣人的心上有七个洞，叔叔一再劝诫我，想必一定是圣人吧？我想看看，叔叔的心上真的有七个洞吗？"

说完，杀死叔叔比干，挖出心翻看。

多行不义必自毙。不久，西伯昌的儿子姬发和诸侯发兵攻商，大败纣王于牧野。纣王走投无路，逃到鹿台，身上披戴金银珠宝，站在豪华的官殿前，引火自焚。

成帝同纣王一样，不想追求长寿，他时刻想的是寻欢作乐。

第六章

假孕子瞒天过海
恣行乐张放被逐

一

赵飞燕被成帝封为"婕妤"时，曾经好一阵激动，认为可以在后宫大声嚷嚷了，可以随便指责别人了，可以踩上几脚，吐几口唾沫，闹腾几下了。

其实，她尽管那样想，还没敢大胆去那样做。因为长信宫有皇太后王政君，后宫还有许皇后、班婕妤，她们耳目众多，过于放纵反会坏了大事。

如今，许皇后被废，居昭台冷宫，不得随意出入；班婕妤自愿退入后宫，侍奉皇太后王政君，以尽仁义孝敬老人。这些前进路上的绊脚石被一一清除之后，自己被立为天下母——皇后。那些耳目、那些奴才，都得为她服务。

现在的赵飞燕不是刚进宫时的赵飞燕了，尤其成为皇后之后，简直是换了一个人。她让很多人侍候左右，她让很多人到处探听各种消息，她要控制整个后宫，以显皇后之威。后宫上下的宫人们，除了怕皇上，再就是怕赵飞燕了。谁不想巴结被皇上宠爱的皇后呢？皇后喜欢你，你就在后宫如鱼得水，怎么干怎么有理，别人也不敢擅自左右你。

赵飞燕身前身后、身左身右的四梁八柱安排好了，心里觉得安稳多了。

赵飞燕放下合欢扇，走出远条馆，到外面见见明媚的阳光。天还是那么蓝，云在悠悠地飘，不知飘向何方。

她看着未央宫，还是那样金碧辉煌，气势磅礴。好大喜功的汉武帝刘彻，大兴土木，改建未央宫，增建了明光宫、建章宫，修缮、扩大了许多宫室。汉武帝改建以后的汉代宫室，精美、舒适超过了秦始皇时代，规模也不比秦始皇时逊色。

然而，这位英武的汉武帝不知道，一百年后，曾经被他增建后的未央宫又增建了一座极尽豪华的远条馆。这远条馆是为谁所建，谁是这里的主人，他一概都不知道。如今是换了天下，换了主人。

未央宫上空的蓝天上，刚才还在飘着淡淡的云，一会儿工夫，云不见了，不知飘向哪里。赵飞燕马上意识到，自己虽然当上了皇后，这位置能不能稳固？能不能长坐不起？能不能也像老太后王政君那样长久地母仪天下？能不能像天上那块白云一样，飘来飘去，毫无定处，任意漂泊？能不能像许皇后那样，泪洒冷宫，孤苦伶仃？想起许皇后，赵飞燕知道是自己做了手脚才将她赶下宝座的。然而，又一想也不尽然，如果她有个儿子，立为太子，谁敢动她，谁敢轻视她？皇太后也不会对她不满意，也不至于引起宫廷上上下下那么多说法，连日食这种天象都与她连在一起，够她倒霉的了。

对了，为皇上生儿子！赵飞燕又一次意识到孩子的重要。要想保住皇后位置，就得为皇上生儿子，立太子！

其实，为皇上生儿子这事自从樊姬点化她之后，她一直没有忘记，只是忙于打击许皇后、班婕妤，而没有更多的时间细细地考虑。

如今，当了皇后，剔除了很多身外的烦恼，有更多的时间静静地想了。不管怎么说，必须为皇上生儿子，就是自己生不出来，妹妹赵合德也得生出一个来。只有这样，才能保证姐妹俩在后宫永远辉煌，永远灿烂不衰，永远鲜艳无比。

为皇上生儿子，保住皇后宝座，永远在万人之上，这事赵飞燕是永远也不会忘记了。

她刚刚轻松下来的神经，不得不为此而重新绷紧，重新为实现她的伟大目标而紧锣密鼓了。

她真有些力不从心，可是一想起有个妹妹赵合德做伴，心里又涌起一股无穷的力量。

赵飞燕带来的阿猫，似乎最了解她的心事，来到她的跟前，喵喵地叫了几声。

心里极度空虚的赵飞燕，见到阿猫，像见到了救世主，把它抱起来，抚摸，贴脸。阿猫就乖乖地任其摆弄。能让她回忆起童年那美好又痛苦的时光的，唯有妹妹、阿猫和妹妹送给她的那个小小的荷包了。

玉石廊下长满青绿的小草，有蝴蝶上下翩飞起舞，和暖的风拂面而来，吹起发髻下那几绺黑黑的美丽的秀发。

突然，玉廊下青绿的小草中，跑出一只灰灰的小老鼠。

"阿猫，快，抓住它！"飞燕命令阿猫。

阿猫不愧为猫，一步两跳就到了廊下，来到老鼠前。然而，它并未抓老鼠，而是坐在那里观望老鼠的行动。

"阿猫，抓呀！"飞燕急了。

如果飞燕是猫，也许早就扑过去了，她是不会放过已经到手的猎物的。

阿猫还是歪头兴致勃勃地观望，似乎没有听到主人的任何命令。

道房和樊姬倒是比猫听话，没叫她们，她们却都奔过来。

道房说："阿猫吃了那么多的鱼肉，饱饱的，肚里不空，不空就不饿，不饿自然不会抓老鼠了。"

赵飞燕这才想起来，她曾叫两个宫女专门喂猫，侍候猫。两个宫女不敢惹皇后生气，也就不敢惹皇后喜欢的猫了。有什么好吃的，官人吃不到，阿猫都能吃到，并且吃得饱饱的。

不饥饿，不主动寻找食物，再好的猫也会失去猫的原有习性。

赵飞燕当了皇后，阿猫的身价也上升了。在这样富裕的生活环境中，阿猫仍然会抓老鼠，那才怪呢！

赵飞燕于成帝鸿嘉元年入官，到现在已经五年了。五年来一直想为成帝怀上儿子，怎奈腹中空空，腹不随人愿，也不懂人意。

道房为飞燕准备好了洗澡水，等待飞燕沐浴。

赵飞燕沐浴时常常放几味中药，都是麝香之类能散发香味的。其实，赵飞燕沐浴，用不着放香料。她玉一样的身体，能自己发出香味来。

连成帝都说："以后你沐浴过的水，就让宫女用来当香水吧！"

飞燕听成帝夸奖自然觉得好笑。

可是，笑归笑，笑过之后还是免不了有丝丝缕缕的忧虑。生不出儿子来，怎么能笑到最后呢？

汉高祖刘邦的皇后吕雉，因为有儿子刘盈，地位稳固。刘邦死后，刘盈即皇帝位，史称汉惠帝，吕后才当上了皇太后，左右汉室江山。

汉武帝的皇后卫子夫，舞女出身，因为有了儿子刘据，被立为皇后，儿子被立为太子。后来如果不是武帝怀疑有人想要谋害他，活活地将卫皇后和皇太子以及自己的两个女儿逼死，那么刘据即位，卫皇后一定是太后了。

再有王政君，被元帝随便地临幸一次，便皆大欢喜，怀了龙胎，后来，当皇后，当太后，势不可挡。

赵飞燕聪明伶俐，用不着动脑，就知道这些事将为她美好的前途带来什么样的后果。后宫美女成千上万，谁能为皇上生儿子，谁就会像人人艳称的凤凰，飞落到后宫最高最美的树枝上，享受阳光，享受众人对她的崇敬和赞誉。

赵飞燕常常抚摸自己洁白如雪的肚皮，恨不得让它马上鼓起来，胀起来，蠕动起来，怀上一个白白胖胖的皇子。然而，肚子不为她争气，作为皇后，一人之下，万人之上，能移山填海，震撼五岳，却不能让自己的肚子鼓起来，真是羞愧万分。

赵飞燕生不出儿子来，这消息，或者这事实，用不着谁说，宫廷都有察觉。朝廷文武百官，也包括后宫的皇太后王政君，都在为汉室江山没有子嗣而犯愁。成帝刘骜已近四十岁了，还没有儿子，万一有个三长两短，谁来即位？

更可恨的是，妹妹赵合德也生不出儿子。于是，赵飞燕不得不检查自己做过什么样的缺德事，而惹怒了上天，得此报应。

恍恍惚惚中，赵飞燕觉得自己有点像许皇后了，不为皇上生儿，朝廷上下诛之，再来个什么月食日食的，全身长满嘴也说不清呀。

赵飞燕确实有些着急了。坐上皇后宝座时，那种发自内心的兴奋和喜悦，被搅得支离破碎，喜中有忧，忧中有喜。

她想来想去，觉得是自己有病。

于是，赵飞燕求御医诊治。

然而，治来治去，仍不见怀孕。

有一天，赵飞燕突然想起，小时候在父亲冯万金家，邻居有一女，结婚多年，久不怀孕。李阳华老太太曾给她一个偏方，取麝香一帖，贴于肚脐处，若是平时，剂量可大一些；若赶上月事，可用少许。后来怎么样，飞燕也不清楚。

麝香是一种比较名贵的中药。有一种类似鹿又类似羚羊的动物，被称为麝。食草，群居山野，麝香就是雄麝脐部里的腺体，杀而取之，阴干成药，异香扑鼻。

正在赵飞燕寻找偏方时，从宫外来了一名神医，说能治此病。

他给飞燕留下很多干树叶子，嘱用文火煮成药汤服用。赵飞燕命身旁人煮药，喝了两天后，昏天暗地，恶心异常，飞燕再不敢喝了。

于是，把神医抓来，打得屁滚尿流，下入狱中。

后来，樊姬从什么地方弄来一个偏方，叫羊花，也是一种中药。她教赵皇后，怎样煎，用多大剂量，怎样用这些煎后的羊花水洗，等等。

樊姬说："用药汤洗，洗不好，也不会洗坏，总比口服的好。"

赵皇后也十分相信樊姬，从那以后，就天天洗。

成帝这个人很喜欢赵飞燕，比当年喜欢许皇后还甚。赵飞燕入宫多年，仍无子女，成帝不但不厌烦飞燕，反而更加喜欢她，从未因此而伤过赵飞燕的心。

皇上么，无论有没有儿子，自己都是皇上。尤其成帝，只顾自己欢乐，别的事考虑得很少。不过，为没有子嗣一事，还是伤了一些脑筋的。

然而，在赵飞燕这里，生儿子是非同小可的事了，整个命运以至未来的幸福，全系在生儿子的希望上了。这是押宝，这是赌博，赢了自然快慰，要是输了，就得落花流水、身败名裂。

二

赵飞燕立为皇后，赵合德封为昭仪。飞燕有了单独的住处，叫远条馆，合德还没有属于她自己的固定住处。所以，成帝命工匠装修昭阳舍，标准是越豪华越好。

阙名的《飞燕遗事》中记载：

> 赵飞燕女弟，居昭阳殿，中庭彤朱而殿丹漆，砌皆铜沓，黄金涂，白玉阶，壁带往往为黄金，缸含蓝田璧，明珠翠羽饰之，上设九金龙，皆衔九子金铃，五色流苏，带以绿文……

从史书记载中可以知道，当年的昭阳殿是多么豪华。

装饰这座殿时，三番五次地装了拆，拆了装，翻来覆去。主要原因是这个殿的主人赵昭仪没看中，必须到她满意为止。

还记得赵合德和姐姐来到阳阿公主家时，看到门楼殿舍好不惊讶，随之就是挑挑拣拣，指手画脚，说什么地方还应该建什么东西才更完美，等等。

在这一点上，赵合德总是高标准、严要求。在她童年无住处的时候，她很能对付，也能俭朴。

姐妹都有"穷能节俭、富能铺张"的双重性格，合德为甚。

现在为合德装修殿舍，她完全可以指手画脚了。

成帝的原则是不怕花钱，只要合德满意就行。

然而，那些装修的工匠受不了。整天泡在工地装了拆，拆了装，一遍又一遍，也嫌麻烦。

来到长安城皇宫中装修昭阳殿的许多工匠，都是奉皇帝之命前来干活的，不敢误工，也不敢乱发言。这些工匠，不愧是专为宫廷服务的匠人，短短几天就将这座久已闲置的殿舍变了一个模样。

昭阳殿的新主人赵昭仪，看过之后仍然不满意，她说："这样的破房子也让我来住！"

工匠们都是穷苦出身，听了这话之后，十分反感。于是，在各自的心中暗暗骂道："都是穷苦出身，若不是因为长了一张漂亮的脸蛋，现在还不是当舞女？有什么了不起的，神气样儿！"

骂归骂，可活还得干。

成帝知道赵昭仪不满意，就下令重新装修，一切均须按照昭阳殿新主人的要求进行装修，有抗命不遵者照抗旨论斩。

此令一下，工匠们只得硬着头皮按照赵昭仪的要求，将昭阳殿重新又装修了一遍。经过这番装修后的昭阳殿，可谓美轮美奂、富丽堂皇了。

这般大兴土木，不惜重金地装饰一座别馆，就是为了赵昭仪，为了她住得更舒服更满意。

赵昭仪穷奢极欲，极能铺张，将昭阳殿装饰得富丽无比。

昭阳殿的庭院廊柱全部彩雕朱漆，门阙都用黄铜包裹，外涂金粉。院中灰砖铺地，中间是石板铺成的甬道，殿前是汉白玉石阶。舍间的四壁用金环玉璧装饰，明珠翠羽，彩幔丝帘，摆设珍玩，无一不价值连城。

成帝还不惜花重金，四处搜罗奇岩异石和珍奇宝物，陈列在殿中，以供赵昭仪欣赏。

殿内还设了木画屏风，如蜘蛛丝缕。

屏风本来的用途是挡风，一般放在座后，最高的屏风达八尺，在宫中除了挡风之外，还节外生出很多用途，如旁听、偷听、写字、画画等。

室内的很多东西皆为玉制。

还有一件珍宝，是成帝给赵昭仪的，此宝为绿熊席，史书记载："席毛长二尺余，人眠而拥，毛自蔽，望之不能，坐则没膝。其中杂熏诸香，一坐此席，余香百日不歇。"

绿熊席毛长二尺余。人躺下睡觉时，由于席毛长而看不见人；坐在床上看不见膝。此席余香百日不散，是一件宝席。

这还不算，还有一面镜子，脸上有一点土星都能照出来，照头时，头发会根根显现出来，不得藏焉。

殿上的飞檐橡桷都刻上龙蛇之类的动物，这些长体动物"蟠绕其间"，鳞甲分明，活灵活现，像真的一样。

当时，看见这些雕刻画的人，都深深地敬佩两位匠人：一个是丁缓，另一个是李菊。都说他俩的手艺巧夺天工，为天下第一匠人。

成帝见了，还赏给两位匠人很多财宝。

昭阳殿以黄金为槛，白玉为阶，四壁饰以蓝田碧玉，还有奢华无比的百宝床、九龙帐等。整个殿布置得金碧辉煌，天下称奇。这是自汉高祖以来，汉宫从未有过的靡费。

赵昭仪不仅美艳，多才多艺，而且很会打扮。她化妆技艺十分高超，往往巧夺天工，独出心裁。

要搬进新居那天，她巧为打扮，宫中所有的女子就顿时黯然失色了。

赵昭仪将一种膏状的东西抹在头上，把头发卷起来，做成一个耸立的发髻；把眉毛描得又细又长，线条优美，为远山黛。她在脸上略施朱色，若有若无，叫作慵来妆。这一套迷人的打扮，伴以她那丰肌弱骨、妩媚任性，以及娇嗔可人的言笑，迷死人了。成帝都看呆了，赵合德趁机与皇上订了一个密约，她说："皇上与我们姐妹同乐，不许私幸第三个女人，可以吗？"

"朕同意，朕什么都同意，只要不与你们姐妹分离。"

赵昭仪与成帝的密约订成了：后宫除她们姐妹二人，不许成帝私幸第三个女人。

赵合德是个很有心计的女人，她以自己的美貌把皇上紧紧地吸引在她的身边。即便这样，她仍然担心皇上私幸其他女人，又想用一个小小的约定，束缚住皇上的手脚。赵合德希望她与成帝私订的密约能生效，能起作用，她想成帝不会骗她。成帝是皇帝，又对她那样好，怎么会骗她呢？

赵合德想尽一切办法控制住皇上，让她不能宠幸第三个女人，其中不仅仅包含着女人的嫉妒之心，更重要的是担心第三个女人为皇上生了儿子，会威胁她们姐妹的地位。

赵合德过惯了苦日子，冷不丁进入皇宫，皇上厚待她，要什么有什么，享不尽的荣华富贵，这些使她受宠若惊。她不想失去这些，想永久地占有这里的荣华富贵，享天下人享受不到的福。要想做到这些，第一步就应该看住皇上，不许私幸他人，以此保住姐姐和她的地位永固长存。

成帝有飞燕姐妹相陪，享尽风流，左拥右抱，恨不得有分身术，把自己一分为二，一份陪着姐姐赵飞燕，一份陪着妹妹赵合德。

成帝对目前的处境非常满意，他踌躇满志地说："就是请朕去天上当神仙，朕都不会去，朕现在享受的就是神仙的快乐！"

这些天，赵飞燕还在为生不出孩子而闹心。

突然，吕延福来报，请皇后娘娘去中宫。

中宫是皇上和皇后住的地方，如今飞燕住远条馆，不在中宫居住。

赵飞燕想，中宫有请，一定是皇上了。赵飞燕问吕延福："是皇上请吗？"

"是的，皇后！"

"有什么事，慌慌张张的？"

"皇上说，让你去看一件珍奇的东西，让你开心欢乐。"

"什么开心的东西？"

"臣不敢说，皇后去了就知道了。"

赵飞燕跟随吕延福拐来拐去地来到中宫。

中宫有很多人围在那里，看见赵皇后到了，都散开后退几步，给皇后道安。赵飞燕一看什么也没有，让我来看什么？

吕延福看出皇后想问什么，于是，忙对赵皇后说："请您稍等。"

正在这时，宫人们闪出一条路来。只见一个大汉肩扛一个玲珑的楼阁，疾步走来。

这个小小的楼阁，与未央宫中的宫殿一模一样，只是缩小了，缩小到能用肩扛走的程度。此阁较小，长宽各一丈。

其实，这就是成帝要给飞燕看的东西，叫飞行殿。

成帝什么都想玩。有一天，他突发奇想，他想，未央宫中的宫殿坐落在地上，长久不动，真没意思，要是那宫殿能飞能跑多好。于是，成帝命令那些能工巧匠设计一座飞行殿，与宫殿模式一样，只是缩小数倍。

数日后，玲珑小巧的飞行殿做好了，成帝看了很满意。

殿虽小，但毕竟是个殿，再轻也有一定的重量，自己不会飞、不会跑，还得用人来驱动，如是用两个人抬，与平常轿子无二，那就没意思了。

现在这个小殿需要一个人用肩来扛。谁来扛？后宫都是宫女和太监，无一能用。

保卫未央宫的人，都是身体健壮的男人，日夜守护在宫外，这些人光吃饭没事干，养得膘肥体壮，精力充沛无比。于是，成帝命令选一健壮的卫士来扛殿。

卫士来了，身体强壮，正合成帝心意。

成帝坐进飞行殿，令卫士扛起来奔走。成帝是越坐越想坐，越坐越爱坐。这几天，成帝天天坐在飞行殿里，去东去西，绕来绕去，该去的地方差不多都走到了。

成帝感觉舒舒服服，可累坏了飞行殿下的卫士。他整天扛着殿和皇上走，不仅仅是用力，还要时刻注意不要把殿弄翻了，不然就没命了。在这种既紧张又挨累的情况下，卫士已是汗流浃背，气喘吁吁了。

成帝坐在殿里直催促卫士快些走，他说："只有疾走如飞，才有风声在耳畔呼呼响，朕喜欢听。"

这回，卫士得奔走如飞，让这个小殿，真正成为飞行殿。

成帝坐在殿中，只觉得满耳风声。于是，高兴得哈哈大笑。

成帝想把他的成果献给亲爱的皇后赵飞燕，并嘱咐吕延福去叫皇后，让皇后来坐坐飞行殿。

赵皇后要坐飞行殿了。

赵飞燕走到卫士跟前，轻撩衣裙，进入飞行殿。

只见赵飞燕面目端庄，温淑娴雅，气质高贵，仪容飘逸潇洒。

在场的人都在看飞行殿，其实目光都在飞燕脸上扫射。宫女们羡慕、嫉妒，太监们虽有生理障碍，但仍然目光炯炯。

再说那个大力士，哪见过这样倾国倾城的美人，他是正常的男人，不会不看赵飞燕一眼。看见之后，显出失望的目光，心里想法十分复杂。

所有这些事情，都是在千分之一秒钟内发生的。随即，卫士肩扛飞行殿，疾步如飞。

下飞行殿的时候，赵飞燕瞥一眼这位猛劲如牛的卫士。

卫士钢筋铁骨般的身躯，伟岸如山，十分有劲。飞燕瞥了一眼之后，心里憋不住好笑：这人怎么这样壮？

赵飞燕对飞行殿没做出任何评价，反倒对肩扛飞行殿的卫士挺感兴趣。

赵飞燕回到远条馆，感到身体有些不舒服。坐飞行殿时，闪了一下，她担心摔下来，心里一阵害怕、紧张，于是，赵飞燕躺下休息了。

第二天，樊姬向皇上报告，说皇后病了。

“什么病？”皇上问。

樊姬默不作声，最后实在忍不住了，才对皇上说：“皇后坐飞行殿，受到惊吓，结果，结果她暗怀的龙胎，流产了。皇后不让我告诉陛下。”

皇上来到远条馆看望赵飞燕，百般疼爱，说自己不该让皇后坐飞行殿，又埋怨赵飞燕怀了龙胎为什么不早说。

飞燕说：“臣妾想让龙胎长大一些，再告诉陛下不迟，让陛下突然大喜，给陛下一个意外，想不到……臣妾对不起陛下。”

后来，皇太后王政君知道此事，也埋怨了成帝没正事，这是王政君第一次对儿子提出批评。

赵合德急忙来看望姐姐，端水煎药，忙前忙后。樊姬小声对合德说：“别在意，是我与皇后合谋糊弄皇上的。目的是想让皇上惊喜一场，也好让皇上知道你们姐妹也曾怀过龙胎。”

“那姐姐的病？”合德不明白。

樊姬笑着说："皇后受惊吓是真，怀龙胎是假。"

"要是被人知道了，还了得？"赵合德有点害怕了。

"天知地知，你知我知，没事的。"樊姬十分有把握地说。

赵飞燕生不出儿子，与樊姬偷偷合谋，骗得成帝的欢心，目的不言自明。因为长久不怀孕，在皇上面前无法交代，在王公大臣那里也无法交代，迟早会落得个许皇后的下场。今天借坐飞行殿受惊吓之机，佯装流产，让皇上和前殿的百官公卿们知道，皇后能怀孕，也会生孩子。这样一来，宫里宫外的人都会抱一线希望。同时，也缓解一下皇上无子的紧张气氛。

三

飞燕要休养身体，合德要陪姐姐，成帝终于可以有充足的时间到外面玩玩了。原来，时间排得满满的，一天远条馆，一天昭阳殿，哪有空闲时间到外面开心地玩玩呢？

张放见皇上有时间了，就又偷偷地找皇上商量出宫。皇上一听，乐了。去就去吧，到外面开开心。

成帝领着十几个护驾的羽林期门郎及家奴，不穿皇帝的龙袍，而是穿着白色布衣，头戴用丝织成的头巾，每人一骑，从皇宫的后门，偷偷地溜出去。

他们来到城里，看斗鸡。

老百姓围在一起，中间留有空地，是个圆场。两只鸡像两个斗士，死盯住对方，一动不动，然后瞅准机会，突然发起进攻。被动的一方毛羽飞舞，缩头左右躲闪。

张放与成帝看得很起劲，也跟着市民喊叫，为强者助威。张放觉得不过瘾，买来一只火红色的斗鸡，要亲自斗。

张放抱着红公鸡下场了。

斗鸡的人你看看我，我看看你，觉得势头不对，心想，怎么来了这样一伙人，骑着高头大马，威风凛凛，不是一般的人。

一个斗鸡的对另一个人小声说："咱走吧，惹怒这伙官老爷，小命难保啊！"

"我看也是，还是不斗为好。"

"走吧！"

几个人喊喊喳喳说了几句走了，围观的人也散了。

张放自己抱着斗鸡，傻愣愣地站在那儿，一动不动，随后骂道："妈的，真扫兴！"

随后一抬手，把公鸡扔了出去。那公鸡见自己要腾空而起，马上展开翅膀，准备飞行。就在翅膀伸展开的时候，羽毛划到张放的眼睛上。张放立刻捂住眼睛，成帝也过来帮忙。

"扫兴，真扫兴！"张放捂住眼睛大声嚷嚷。

有在街边偷偷看热闹的人在心里骂："是你扫我们的兴，好好的一场斗鸡，被你们给搅散了。"

"无法无天。"

好在成帝这人不好发火，稳重有余。要是这伙人遇上脾气坏的皇上，还不全被抓起来砍头？

过了一会儿，张放的眼睛好了。

他们一伙收拢人马，扫兴地回宫了。

回来后，张放总觉得有一股兴致没有发泄出去，原因都在那场斗鸡上，没尽兴不说，反倒生了不少气。

成帝不笨，是个聪明人。他看出张放的心思，就总想找一个机会让他高兴高兴。因为成帝很喜欢张放，张放不高兴，他心里也难受不好过。

成帝就在他黑色的"逍遥宫"里给张放安排了一次娱乐活动。

成帝带着张放在宫里胡闹。终于有一天，有人向皇太后王政君报告了。

皇太后王政君急了。

她命人叫来张放，骂道："畜生，败类！"

张放吓得跪地求饶，涕泪交加。

皇太后念他是手底下长大的孩子，没有治罪于他。这要是外人，头就保不住了。

"滚出宫去！"皇太后下令。

张放被驱逐出宫算捡了便宜，于是，一个劲儿地谢恩："太后万岁，万万岁！"

"去吧，去吧，有你们这些乱七八糟的人气我，能活到万岁吗？"皇太后不耐烦了。

张放要走了，要出宫了。

成帝是一定要见见张放的，因为他们的感情不是一般的好。

要走的那天，成帝与张放抱在一起大哭一场。

这也只有皇太后能逼张放远离皇宫，换一个人，成帝打破脑袋也不会放张放出宫的。

真要走的时候，成帝竟拉住张放的衣衫不放，泪洒不止。

这么多年，尤其王凤死后，成帝与张放一直在一起，在一起吃，在一起睡，在一起玩。张放成了皇上业余活动的靠山，离了张放，像丢了魂似的难耐。

张放走后的几天，成帝食不香寝不安，好像身体还瘦了一圈，脸色发灰，眼发青；没去看赵飞燕，也没到昭阳殿找赵合德。

樊姬是很机灵的人，见皇上郁闷不乐，想找事逗他高兴。她鬼使神差地不知道从哪里找来一个耍猴人。耍猴人带来一只瘦小的猴子，在成帝面前做各种动作。

那猴子通人语，主人让它干啥就干啥。一会儿戴帽子，一会儿穿鞋，一会儿挤眉弄眼穿衣裳，穿来穿去没穿好，仔细一看，原来是把带裆的裤子当衣裳穿了。气得猴子把裤子扔了，又去拿衣裳当裤子往腿上穿，全乱了套。

这一套动作，可把成帝乐坏了。为了犒劳樊姬和耍猴人，成帝给了他们很多钱。成帝说："知我心者，樊姬也！"

这回成帝的脸放晴了。

第二天，成帝上朝了。处理了几件关于天灾人祸的奏章以后，有人向皇上提出减轻刘辅的罪行一事。

皇上说："念及刘辅为宗室子弟，已减死罪一等，不能再减了。此事不得违朕意。"

见成帝对刘辅的罪没有减轻的意思，再没人敢提了。

刘辅是谏议大夫，这人性情耿直，敢于向皇上提意见。成帝要立赵飞燕为皇后，这一安排让朝臣大感意外，他们都认为赵飞燕出身微贱，不该被立为后。但也有持不同意见的，刘向就是其中一个，刘向认为皇后政治背景复杂，会导致外戚专权，像吕后一样险些把汉室江山葬送，赵飞燕当皇后不涉及这些问题。当然，刘向的建议提出来，皇上高兴。然而，心直的刘辅上疏，却让成帝好大不悦，刘辅上疏说：

> 自古以来，天兴降符瑞，天违降灾变。当年武王、周公，承顺天地，有鱼鸟之瑞，仍君臣祗惧，动色相戒。而今皇上触情纵欲，沉迷于卑贱的女子，还要立其为后，母仪天下，真是惑莫大焉！

成帝看了这道奏疏，当时气得七窍生烟，话都说不出来了。"他……他竟敢说赵飞燕卑贱？这不是找死吗？"

气坏了的成帝当即下令将刘辅斩首。

满朝文武大臣听说要斩刘辅，都冒死进谏皇上，要求刀下留人。

成帝这个人心软，容易动感情，听大臣们求情，又念及刘辅是刘家宗室子弟，遂减罪一等，判为鬼薪之刑。成帝就这样御笔一挥。

事情已经过去好久了，想不到今天还有人欲为他翻案。

成帝这几天又没玩的了。他突然想起以前张放带他出宫，到城里街道看商人买卖东西，十分有意思，那场面很好玩。成帝想尝尝做商人的滋味，于是，他让宫中的美人装扮成各类商人，又找来好多东西，像在市场上一样摆放在路旁。

成帝身边有个丫头，是侍奉皇上的，叫曹伟能。成帝让她扮作"侠女"，专打抱不平；又让道房扮作一个卖布头的女商人，樊姬等其他宫女都有自己的角色。皇后赵飞燕在一边看热闹。

成帝让道房上街叫卖布头，这时，忽然有几个"流氓"来捣乱，眼看道房的布摊要被几个"流氓"砸了，只见扮作"侠女"的曹伟能突然出现，打抱不平，三拳两脚就把几个"流氓"打跑了。

这场面逗得成帝仰天大笑，当场对宫娥美人大加封赏。

第七章

造云舟取悦飞燕

求子嗣竟行荒唐

一

　　成帝这个人喜欢玩，玩各种新奇有趣的东西。他也常常异想天开，如造逍遥宫、飞行殿，扮演商人等。他不但自己欢乐，也不想让别人寂寞。他为皇后赵飞燕设计了一个云舟，命工匠精凿细做，精益求精，不得有半点瑕疵。

　　成帝命人从很远的地方运来沙棠木。用此木做舟，贵在浮力大，不易沉没，因为这种木材结实、体轻、耐水泡，是做木船的最好材料。

　　用珍贵的云母在船头作画，画中有鹢鸟翩飞，这种"以云母饰于鹢首"的船，名为云舟。

　　船的两侧，用大桐木刻上虬龙，以作装饰。虬龙是古代传说中的一种龙，传说能行云降雨，飞翔天地之间。两龙夹木船而行，寓意极深，且吉祥无比。

　　船桨是用紫桂木做的，这种木材极为稀少。这种树长在地上，形似白杨，木纹清晰美丽，能顺着木纹劈开。用顺着木纹劈开的木材做桨，不易折断，安全可靠。

　　造云舟期间，成帝几次亲临现场观看，指手画脚，亲自参与。他为飞燕做这些事情，并没有事先透露消息，他是想等舟造好了，突然出现在赵飞燕面前，让她兴奋无比，以此讨好她。

　　再说赵飞燕一直在想她的心事——怀上龙种。樊姬献出的秘方——用羊花洗，也没管用，正像樊姬说的一样，没洗好，也不会洗坏。各种偏方用了不少，雪白的肚子还是鼓不起来。赵合德也不怀孕，也着急。但跟姐姐比，她似乎显得更安静一些。姐姐则稳不住神，寝食不安。

　　赵飞燕本来想命太史令给她卜卦，然而，这不生孩子的事，还是不要卜卦的好，人人皆知，对自己不利。

　　一天下午，日近黄昏时，妹妹赵合德来远条馆。赵合德是来给姐姐送一件礼物——一床精美绝伦的鸳鸯被。此被盖在身上，冬暖夏凉。被上绣着一对鸳鸯，羽毛根根清晰，似真又假，美妙无穷。这床被是一件宝物。

赵合德还有三件宝席，即回风席、椰叶席、绿熊席。还有宝扇，叫合欢扇，此扇圆如满月，用纱与帛制成，其所绣花鸟形形色色，很是迷人。

姐姐飞燕收下鸳鸯被，向妹妹道谢。

赵飞燕关心的是妹妹怀上龙种没有，低声问妹妹："肚子里有了吗？"

"不争气，空空如也。"妹妹有些不在意。接着，妹妹又问姐姐："那些乌七八糟的秘方用过之后有效吗？"

"没笑，都是哭！"

合德见姐姐答得有趣，反倒笑了。

笑过后，合德神秘地对姐姐说："很奇怪，你不怀孕，可能是你的错；可是，我也不怀孕，那也是我的错吗？我想来想去，可能是皇上有毛病，否则，我们姐妹不会不怀孕的。"

合德给飞燕提供了一个重要的思路。飞燕责备自己怎么没有意识到这个问题。一定是皇上有病，要是皇上真的有病，自己和妹妹就倒霉透了。

妹妹合德走后，赵飞燕还在想这些事。

这时，正好樊姬来了。

樊姬知道此刻的赵飞燕在想什么。

樊姬告诉她不必愁。

于是，樊姬给她讲了汉惠帝的张皇后无子之事。汉惠帝是吕后的儿子，吕后不甘心把皇后的位置给别人，就把自己女儿的女儿嫁给了汉惠帝做皇后。也就是把亲外孙女嫁给自己的亲儿子。

吕后为了使外孙女的皇后位置保持不变，就将后宫美人所生之子夺过来，并假称张皇后有身孕，将那美人之子说成张皇后之子，而将那美人杀掉。

"你是让我去杀人夺子？"飞燕惊讶地问樊姬。

"不，没那么残忍。"樊姬笑了。

樊姬秘密地对赵飞燕说："借龙种。这种情况下，只有这么办了，管他谁的胎，只要怀上就是龙胎。"

"这……这恐怕不行吧？"飞燕犹豫不决。

樊姬又在飞燕的耳边偷偷地说了几句。

这时，赵飞燕的面部表情，似乎舒展了一些，轻松了一些，

樊姬这姑娘聪明伶俐，年龄不大，知道的事很多，心眼儿也不少，善于为别人出谋划策，往往她出的主意，都能得到执行，成功率也很高。

今天，她为赵飞燕出的主意"借种"生龙子，是一项可以实施的办法，但要冒很大的风险。"借种"一事，赵飞燕是不赞成的，一旦被皇上发现就不是一般的欺君之罪。

樊姬给她出的主意，虽然有一定的危险性，但关键时刻也不是不可以考虑。"借种"，去借谁的种？这种事可不怎么光彩，尤其是万人之上的国母，十这种事，会遭国人唾弃的。

赵飞燕心里充满了矛盾，想"借种"，又有诸多担心，不"借种"又生不出儿子，进退两难。不过，赵飞燕心里有了主意，"借种"一事可以考虑。

太液池位于未央宫西南，在建章宫北部。

未央宫建于公元前202年。汉高祖五年二月，刘邦灭了项羽，在泛水之南被立为皇帝，不久迁都长安。两年之后，丞相萧何主持建成新的皇宫——未央宫。

建章宫位于长安城外，在未央宫西部，跨城池作飞阁，两宫相通，皇上可以乘辇自由往返于两宫之间。辇即挽车，汉朝时的帝王日常以辇代步行走各宫之间，汉文帝在位时，每每遇到郎官上言，总是停下辇，听其进奏。

建章宫本来是汉武帝求仙修道的地方，后来成了选美女的所在。武帝命将燕、赵地方凡二十岁以下、十五岁以上的美女精选纳入此宫。建章宫宫阙高二十余丈，阙上有铜凤凰。高大威严的阙门、迎风耸立的铜凤，表达着武帝渴望与仙人相见的愿望。

宫内建造有价值连城的玉堂，阶陛全部为上乘的美玉所造，似乎仙人只有在这样一尘不染的地方才会显现。宫里还有一座神明台，台高五丈，上面有承露盘，一位铜仙人手把铜盘玉杯，承接天赐之露。武帝进服此露与玉屑，希求

长生不死。

太液池是刘邦修建未央宫时一起建造的。池中有用石头雕刻的鲸鱼，长三丈，游于水中。池里造起了精巧别致的三座山，烟雾缥缈，如同仙境，正是传说中仙人所居的三神山——蓬莱、瀛洲、方丈。

经历汉朝的几代皇帝之后，太液池不但没有废弃，反而越建越美，湖光山色，美不胜收。

成帝与赵飞燕乘云舟游于湖上，正是春来树叶绿的时候。成帝命人折来池中荷花叶放于嘴中咀嚼，顿时清香氤氲，沁人心脾。于是，成帝让飞燕、宫女们皆咀之，亦顿生清香之味。成帝笑说："这荷花还是父皇的爷爷留下来的呢！"

太液池中水波清莹，水里生长着一种奇特的荷花。荷花一茎四叶，形如骈盖，日光照射时，叶片低首，宫人称之为低光荷。荷花的果实如同佛珠，可以佩戴。

成帝与赵飞燕在池中乘云舟宴游，宫女和侍郎们口含花叶，有的折硕大的荷叶蔽日，有的折芰荷为衣。成帝以棠木为舟，紫桂为桨。船首雕绘着翔鸾飞鸟，在阳光照耀下五彩缤纷。

赵飞燕玩得满面春风，兴致极佳。

成帝的侍郎冯无方，也在云舟之上。这冯无方年轻英俊，才华横溢，很令宫女们倾心。

赵飞燕也很看好成帝的侍郎冯无方。

这时，云舟上的人都很高兴，冯无方更是兴致勃勃，于是，冯无方难掩激动之心，吹起动听的笙。

赵飞燕兴致正高，闻声边歌边舞。

成帝也来了兴致，用犀牛角做的筷子，轻轻敲打着白玉酒杯，伴着飞燕的歌喉、舞姿。成帝虽然沉溺于女色，却也很有才华，他把几个白玉酒杯，敲打得悦耳动听，闻者心动。

赵飞燕穿着南越所贡的云英紫裙，歌舞于云舟之上。只见赵飞燕肌肤滑腴，腰肢纤细，如弱柳扶风。她的舞姿如乳燕翻飞，歌喉如莺歌燕语，声声动人，色艺俱佳，堪称天下第一！

> 仙乎仙乎，
> 去故而就新，
> 宁忘怀乎？
> ……

随着歌声，成帝激动得坐不住了，慌忙起身抱住飞燕。飞燕仍在成帝怀中舞动不止，宫人们见了都大笑不止。

赵飞燕的歌《归风送远之曲》，悠扬在太液池上，随风飘荡。

歌兴正酣，大风骤起。

赵飞燕借风起舞，扬袖高歌。

想不到这大风吹来，竟把赵飞燕宽松的云英紫裙吹起，凌风飘扬。

赵飞燕因体轻，被宽裙带动，如小鸟一样乘风而去，最后，赵飞燕娇喊一声，"扑通"掉进湖里。

成帝大惊失色，急叫救人。

冯无方见状，二话没说，立刻扑入水中，两手正好握住了赵飞燕的两只玉足，将她凌空托起。

赵飞燕原本就挺喜欢冯无方，见他紧握双足救自己，不禁心花怒放，灵感迸发，索性乘势在冯无方那强有力的掌上继续凌空飞舞。

由于这一段插曲，宫中传出议论，说赵飞燕不但身轻如燕，而且还能在掌上起舞。

史书记载赵飞燕善掌上舞，舞技均是独创，没有传于后人。

赵飞燕的舞都是在乐曲声中即兴起舞或边歌边舞的，随风扬袖，哀即折腰，表情与舞姿相配合，没有一定的章法。汉高祖刘邦也好即兴起舞，汉武帝宴乐时也曾即兴起舞。虽然都能即兴起舞，恐怕没有第二个人能赶上赵飞燕了。

汉代宫中的舞师最有名的是赵飞燕，还有戚夫人。戚夫人善翘袖舞、折腰舞。戚夫人是汉高祖刘邦的爱妃，刘邦死后，戚夫人与儿子如意均被狠毒的吕后害死。吕后曾把漂亮端庄的戚夫人折腾得不成样子，耳朵弄聋，嗓子弄哑，挖去两眼，剃光头发，剁去手足，投进茅坑，看见戚夫人在茅坑里蠕动，她高兴得哈哈大笑。

汉时的乐曲差不多都可以配舞，所谓歌之不足，手之舞之，足之蹈之。汉时乐府，黄门鼓吹署燕乐，都配有舞蹈，但舞姿却没有什么标准，都是随意发挥。

那天在太液池游舟歌舞，就是赵飞燕即兴随意发挥的舞姿。

从那以后，赵飞燕皇后爱穿的南越所贡的云英紫裙很是流行。可惜，宫里只有这一件，于是后宫人纷纷仿效，并襞裙为绉，号留仙裙。

二

且说成帝为了取悦赵飞燕，特地建造一艘华丽的御船，陪着飞燕游宴于太液池上。那天，他们在云舟上歌舞，直到红日西斜，凉风拂水时，才尽兴回宫。

赵飞燕回到远条馆后，余兴未消，又在卧室自歌自舞了一阵，然后命道房放水沐浴。赵飞燕抚摸着肤白如雪的肚皮，自言自语说："怎么这样不争气！"

不知怎么的，赵飞燕突然想起樊姬说的"借种"。"借种"这两个字对飞燕诱惑力太大了。

赵飞燕洗着澡，却把"借种"与那漂亮的侍郎冯无方联系在一起了。

她掉进太液池时，冯无方抓住她的玉足，就在那瞬间，飞燕感觉到有一股异样的力量传遍她全身。所以，她才心花怒放，凌空起舞。

她又从冯无方的眼中，看出异样的光芒在她身上偷偷地扫来扫去。

飞燕暗想，还是樊姬说得对，不论种子来自何人，只要孩子生于自己腹中，就是皇子。何不借冯无方之种呢？

赵飞燕对"借种"一事想入非非了。

然而，这事怎么好向冯无方说呢？再说，冯无方是成帝的侍郎，找他"借种"，他敢对皇后无礼吗？自己毕竟是皇后，怎敢轻举妄动；和那些寡居太后的情况不大相同，必须在极秘密的状态下进行。

冯无方啊冯无方，你要是来无影去无踪，每夜都住在这里多好！

赵飞燕陷入极度的单相思之中。

恰好有一天，成帝住在飞燕这里，飞燕依在成帝的怀里，嗔怪而又娇嗲地对成帝说："臣妾大难不死，才能继续侍奉陛下，如不是侍郎冯无方相救，哪有臣妾的今天啊！"

"说得合情合理，朕得感谢冯侍郎。"

"是该谢谢了，臣妾今后的安全也得靠冯侍郎多照应了！"

"冯侍郎机灵，朕亦爱之。"

成帝厚赏冯无方，并极力夸赞他救皇后一命，又特意恩准他可以自由出入禁宫，护卫皇后的安全。

成帝这人有时特别糊涂，当年刘向、谷永上疏说日食与后宫管理不善、浪费无度有关，把矛头直接指向与他相亲相爱十四年的许皇后，他却看不出来，竟然把许皇后的"慷慨陈词"交给刘向处理，把个好端端的许皇后搞得臭不可闻。

现在，他又在安排冯无方自由出入后宫的事上犯了大错误，自己还没有察觉。谁都知道，自古侍奉皇后的都是太监，岂可以用男人？结果给又精又灵的赵飞燕以可乘之机。

终于有一天，冯无方奉命给住在远条馆的赵飞燕送一盘饰珠，说明来意之后刚要退出，赵飞燕耐不住搭话了：

"冯侍郎，难为你太液池相救，本该谢谢你才是，我这里有一只九龙玉鼎，你拿去吧，它价值万金，你不会嫌少吧？"

皇宫中之宝物，冯无方长两个脑袋也不敢拿呀，要是他拿了，之后有人举报说他偷官中珍贵器物，轻则驱除出官，重则处死。

冯无方不敢接受礼物，便回奏道："小臣报效皇后，本是应该的，皇后抬爱之恩，小臣自当牢记心中，永生永世报恩不已，只是这官中宝物，小臣不敢领受。"

赵飞燕又说："不领受此物也罢，只是这报恩不已，该怎样解释呢？"

"臣愿生死侍奉皇后！"

"真的吗？"

"小臣不敢妄言。"

"用不着死，也用不着生，我让你干的，要比生和死容易得多、轻松得多。"

"请皇后指点，小臣愿效犬马之劳。"

"如你欲生死追随于我，那么，我荣则你荣，我衰则你衰，如若我如日东升，你脸上也会有光。"

"皇后此言极是！小臣当记心中。"

赵飞燕用两眼的余光看着冯无方，冯无方吓得不敢抬头正视皇后的美艳。

"有一件事，和我的生命一样重要，然而，我却办不到，闹得我寝食不安。你知道，皇后没有儿子心里是个什么滋味吗？"

冯无方此刻偷偷地瞄了一下赵飞燕漂亮的面颊，然后马上低下头。

"这事只有你能办到，也许轻轻松松就能完成。"

"小臣什么都能办，唯独这皇子，小臣到什么地方去偷、去讨啊？"

"不用偷，也不用讨。只要有这份心思就行。今夜来我这里，我来教你，退下吧。"

冯无方奉成帝之命护卫皇后，皇后指示他的话，他自当牢记心中，不敢不从。到了晚上，冯无方如约来到赵飞燕住处。

只见赵飞燕云鬓齐整，除去花饰。秀发乌黑油亮，散发出迷人的香气。眉毛既长又弯，十分美丽。她躺在御床上，腰细若杨柳，娇艳诱人。

冯无方见这阵势，心里全明白了。皇后让他来，是想借他的种。

冯无方原本也对赵飞燕着迷，怎奈对方是皇妻国母，只好望梅止渴，欲火暗烧。今见飞燕卧于床上，如此美事，真是求之不得。冯无方假惺惺地说："启禀皇后，小臣奉命前来，望皇后吩咐！"

赵飞燕见冯无方已到，赶忙飞身跳下床，说道："侍郎身体甚好，只求你以甘露滋润我，将感恩不尽。"

冯无方无话可说，两人相拥，成其好事。

赵飞燕与成帝侍郎冯无方私通求子，在那一夜之后，便做了暗地夫妻，只要成帝不在这里，冯无方准在飞燕床上。

与冯无方私通这几个月，赵飞燕是春风得意，满面红光，魅力无穷。因为她期盼的皇子，说不定已在腹中了，只要这样一想，她就兴奋无比。

然而，几个月过去了，赵飞燕发觉自己依然腹中空空。她心中暗想，莫非冯无方也是成帝般的废物？看来"借种"不能指望一人。于是，飞燕开始搜寻壮男。她利用自己的特殊地位，令贴身的太监为她物色俊男，标准只有一个，即该男子要长得与成帝模样大致相同，只有这样，才能保证生下来的孩子像皇上，而不像其他的什么人。赵飞燕令后宫画师，把选好的男人一一画出像来供她选用。

自从那次太液池赵飞燕掌上起舞之后，成帝更加宠爱赵飞燕了。

成帝对赵飞燕恩宠备至，多方搜集天下珍宝供她玩赏。赵飞燕也顺势恃宠撒娇，偶尔假装染些小病，或不能进食，或不能饮水，或不能下床，以此招来皇上为她忙碌，这样一来她心里头平衡了，一方面为皇上寻找龙种，一方面又得到皇上的爱护，让皇上什么也不知道。

有一次，她自称有病，不能进食，就叫宫女们退下，让皇上亲自动手，一口一口喂她。

又有一次，得点小病不吃药，嫌苦，就让成帝先把药含在口中，等苦味被皇上吸没了，再让皇上嘴对嘴把含过的药汤吐入她的嘴里，然后再喝下去。

看来，皇上对赵飞燕情深似海，但赵飞燕对皇上怎样，就无法确定了。有一点可以肯定，她与皇上的关系是复杂的，导致她对皇上的感情也是复杂的，在这种复杂的关系中，有一种东西始终高于任何感情，那就是保住皇后的位置。

赵飞燕在皇上面前撒娇，也是一种试探，看她自己在成帝心目中的地位到底如何。

赵飞燕虽然当上了皇后，占据了无数妃嫔朝思暮想而又不可得的位置，但她并不甘心，她要保住皇后位置，她要当皇太后。总之，她要生存，她要活得更好、更潇洒，永保富贵的生活。为了这些，感情就成为达到某种目标的工具了。

为了这些高于感情的东西，赵飞燕还要在泥泞的路上不断地跋涉、前进，不达目标不罢休。

不久，赵飞燕又选中了成帝的侍郎庆安世。

庆安世貌美多才，风流倜傥，特别是弹琴鼓瑟的技艺非凡。赵飞燕假借让庆安世进宫，跟他学习琴技，请求成帝允许他出入寝宫。成帝为讨好赵飞燕，竟满口应允了。

他竟以为赵飞燕真的是为了学习琴艺，才让庆安世进入后宫的，还当真给赵飞燕讨来一把宝琴，让她向庆安世学习。

这把宝琴的琴壁上，雕刻着一对凤凰，凤凰羽毛皆以金玉饰之，具有很高的观赏价值。这把琴弹奏出来的声音，曾鼓励无数将士冲锋陷阵，大败敌人。迎风弹奏时，琴音随风送远，悠悠动听。

关于这把琴的故事，阙名的《飞燕遗事》中亦有记载。

庆安世来到飞燕宫中，与赵飞燕一起说琴谈艺。

赵飞燕没话找话地对庆安世说："侍郎弹得一手好琴，何不到乐府任职？"

"乐府里整天收集民间音乐，创作、填写歌词，改编曲调，编配乐器，演唱、演奏，没什么意思，我只喜欢业余弹弹琴，轻松愉快。"庆安世回答飞燕。

"皇后舞姿潇洒，身轻如燕，宫里人都夸奖你、羡慕你。"庆安世也是没话找话。

"我不会那些规规矩矩的巾舞、铎舞、拂舞、杯盘舞、白纻舞、巴渝舞还有鼙舞什么的，我高兴了，就即兴起舞，舞姿没有章法，随想随舞，不知好坏。"

"皇后太谦虚了。"

这一对有情人既谈艺又谈情。

庆安世原本也是风流子弟，对皇后赵飞燕的心思早已一清二楚，只待赵飞燕一声召唤。

这几天，赵飞燕借弹琴之机，常与庆安世眉来眼去，暗送秋波。

于是有一天，赵飞燕趁着成帝去找妹妹赵合德之机，召庆安世进入自己的寝宫，两人风里来，雨里去，通宵达旦地纵情偷欢。

以后，赵飞燕时常趁成帝去妹妹住处之机，召庆安世鬼混，以求得子。

阙名的《飞燕遗事》中，有关于赵飞燕与庆安世偷情的记载：

> 庆安世，年十五，为成帝侍郎，善鼓琴，能为双凤离鸾之曲，赵飞燕皇后悦之，白皇上得出入御内，绝见爱幸，与皇后同居，欲求有子，而终无嗣。

赵飞燕经常与庆安世偷偷同居，想以此怀孕，但始终没有达到目的。

赵飞燕与冯无方、庆安世都在一起过，只要成帝不在这里，她肯定与他们一起鬼混。奇怪的是这么长时间，却没有怀上一胎半子。难道两位侍郎都与成帝一样，是废物不成？再不能找成帝的侍郎了，不找成帝的侍郎找谁呢？成帝身边还有别的什么郎吗？

赵飞燕接连与成帝身边的两个侍郎偷情，成帝却没有发现，算是便宜她了。现在赵飞燕开始为难了，还想在成帝身边打主意，又担心被皇上发现。

能接近后宫的正常男人不多，成帝的侍郎有这个条件，只要皇上恩准，就能进入后宫，接近皇后。其余文武大臣，很少有能接近后宫的，宫外的男人就更没门了。

赵飞燕也害怕，担心被皇上发现了，事就大了。

赵飞燕想来想去，决定从宫外招进美男子。她还要吸取以前的教训，没成婚的不行，成了婚不生子的也不行，只有生子多的正常男人才能入选。这样的男人品种优良，"种子发芽率"高，把握大。现在已经没有时间考虑形象像不像成帝了，只要能怀孕就行了。

赵飞燕想的是一个周全长远的计划。然而，远水不解近渴，她需要马上找一个男人，因为她要尽快生出儿子，保住皇后位置。

现在用不着皇上恩准了，也用不着那么多的顾虑了。她命人一一地叫来成帝身旁多子的侍郎，只要成帝不在，就夜夜与他们在一起。

在赵飞燕身边服务的宫女和太监们都知道赵飞燕皇后与侍郎私通，可是谁也不敢说，谁也不敢告诉皇上。如果许皇后没入冷宫，可以派人监视她。但现在她的对立面不在了、没有了，这里是她一人的天下，她说了算。

人总有不一样的，有一个在赵飞燕身边服务的宫女，把这些事看在眼里，记在心上。然后写一字条丢在后宫。后宫庞大，有官人成千上万，这丢在地上的字条终于被人捡到了，只见上面写着：

"赵皇后与侍郎私通……"

这消息一传十，十传百，越传越神，越传知道的人越多。慢慢就传到成帝的耳朵里。成帝很不在意，也不相信这事是真的。现在的成帝似乎成熟了，不糊涂了，也不轻易相信这些话了。

一天，与赵飞燕在一起时，成帝就把听到的有关她的传言说给她听，并说："朕不相信这是真的，也不希望这是真的，随他们怎么说去吧！"

赵飞燕百般掩饰，才算把这事打发过去了。

过后，赵飞燕开始警惕身边的宫女了。

她又气又恨，心想这事一定是身边的人说出去的。

那写字条的宫女因心虚，见飞燕皇后总是胆战心惊。

她为什么要告发皇后呢？

原来她曾经因为犯错被皇后责罚。

因此，对皇后赵飞燕怀恨在心。

她做贼心虚，被赵飞燕看了出来。

赵飞燕拷问她，她说压根不是她搞的鬼。

最后，赵飞燕以她偷宫内器物为名，送她进了暴室。

暴室是宫中的织布作坊，因为丝麻需要晾晒，所以叫作暴室。

织布如同舂米、洗衣一样，在宫中都是惩罚性的劳动。从事这些惩罚性劳动的，是因父兄犯死罪而收入宫中为奴的女子和那些严重触犯宫规的宫女。从事这种劳动的宫女人数不少。汉朝当时还专门设了暴室令，主要是监督在织布作坊劳动的女子。暴室因而又是宫女的监狱。

汉朝宫中犯有重罪的后妃，也都被遣送暴室。当时有几位被废的皇后，都是被送暴室幽禁，最后死在那里。

赵飞燕经历那一次震动后，多少有些收敛了，或者说不敢明目张胆了。

这是她很不情愿的。

第八章

汉江山每况愈下　赵合德护姊欺君

一

赵飞燕一直未怀上龙种，妹妹赵合德也是如此。

这些天，不能与人私通，赵飞燕心里烦闷不安。

赵飞燕虽然在借他人雨露为皇上广寻龙种时受到阻力，但仍然没有动摇为皇上生儿子的决心。她暂时收回自己的拳头，不是胆怯了，不是害怕了，而是为了积蓄力量，以便更有力地出击。

成帝除吃喝玩乐以外，正在忙一件大事——给自己建造皇陵。

成帝命"风水先生"们选择最佳位置。结果这最佳位置却选在平地上。平地没有山势起伏，没有气势，造出来的陵也不会好看。于是，成帝征发成千上万的贫苦百姓服役，日夜劳作，远从东山取土，运到陵地。待运到目的地时，土石价格竟与谷物相当了。

成帝这座陵墓花了多少钱，谁也不清楚。据历史资料记载，整个建陵工程花费与秦始皇陵相差无几，可见消耗的财力物力和人力是多么惊人。

当时，老百姓财竭力尽，灾荒连年；饥民流离失所，成千上万人被饥饿和贫困折磨致死，搞得"公家无一年之蓄，百姓无旬日之储"。老百姓被逼得无可奈何，不得不起来为自己的生存造反。

成帝河平三年，也就是公元前26年，东郡茌平侯毋辟兄弟五人领导起义，攻打烧毁官府，并自称将军。成帝阳朔三年，即公元前22年，被判刑服劳役从事冶铁工作的苦工们，联合几百人奋起反抗朝廷，杀官府，济贫民。他们不顾个人生死，夺取武库兵器，转战九郡，声势浩大。成帝鸿嘉三年，即公元前18年，广汉一批被判处重刑、戴着镣铐的囚徒起来造反，解救被判处死刑的郑躬，并推他为领袖，抢夺兵器，攻打官府，释放囚犯。成帝永始三年，即公元前14年，河南儒生樊并等十几人组织起义，杀死开封太守及其下属官吏，释放囚徒，抢夺兵器，造反起义。同年还有山阳逃亡铁官徒苏令等二百二十八人起义，他们组成大军转战十九个郡国，杀死了东郡太守，还有一些地方军政长官。

这些起义虽然都被汉军镇压了，却从此动摇了汉朝的统治。

汉武帝时那种"粮如山积，财货盈库"的景象不见了，老百姓饥寒交迫，背井离乡，逃荒要饭。

汉武帝时国家安宁，老百姓富裕，可谓国富民强。各郡国和汉室存下的粮食吃不完用不了，有的发霉扔掉。村村落落，都有闲置的马匹，膘肥体壮，散走于田间。

后来，汉武帝发兵征讨匈奴，通使西域乌孙各国，扩大对外交往，使其国安民富。

汉朝自刘邦打下江山以来，到成帝时已近一百八十年历史，也曾几度兴衰，但到成帝时，汉室江山每况愈下，一天不如一天了。

朝中王氏家族掌权，四面八方百姓举兵造反，而成帝却没有把这些放在心里。他每天都在赏花醉酒，纵情逸乐。

朝廷里一些有见识的大臣，忧国忧民，为成帝的行为深深不安。

光禄大夫刘向就直言上书：

> 臣闻人君莫不欲安，然而常危；莫不欲存，然而常亡。如今外戚王氏一族，任两千石以上官秩者达二十三人，其中九人封侯，他们秉事用权，骄奢不法，依太后之尊，借甥舅之亲，以为威重。九卿、州牧、尚书、郡守，皆出其门。他们掌管机要，互相勾结。歌功颂德者擢升，直言敢谏者受罚。兄弟盘踞要职，宗族纠结掌权，从上古至今，外戚专权尊贵，自来无此突出。

刘向这人还算比较公正，虽然大将军王凤在世时，他一刻也没有停息地攻击许家，乃至攻击许皇后，但许氏家族败落后，王氏家族势力渐起，在朝廷横行霸道，无人敢言。他看在眼里，恨在心上，这次直言上书，也是冒着生命危险，为汉室江山千秋万代永不变色着想。

刘向的直言，成帝也觉得说得有理，便下诏让刘向入见。皇上对着刘向长叹说："君且勿言，容朕深思便了！"

成帝只是口头上说"深思一下"，其实他根本没有细想，依旧在宫中行乐。

成帝的这种行为，引起很多朝臣不满。自赵飞燕被立为皇后之后，成帝更加沉湎于酒色。

曾经有一次，班婕妤的胞弟、侍中班伯因病请假，假满病愈，入宫进谒，正巧，成帝与宠臣张放还有皇后赵飞燕在一起宴饮，引酒满觞，任意笑谑。

班伯拜谒已毕，一句话也不说，只注视座后的屏风。成帝叫他一起饮宴，他只说："谢陛下！"

班伯口中虽然应命，两眼却仍然呆呆地注视着屏风上的图画，那个认真劲儿，惹得成帝也去看屏风。成帝还以为屏风上出现了什么怪现象，结果，看来看去，并没发现屏风上有什么特别的东西，屏风上还是看了多遍的商纣王与妲己交欢图。

成帝看破了班伯的用意，故意问道："此图何为示诫？"

班伯这时才对成帝说："此图从反面教诫君上不要沉湎于酒色。古人诗书所言淫乱原因，无非因酒色惹祸哩！"

成帝喟然叹息说："我久不见班伯，今日复得闻直言了！"

赵飞燕心里恨班伯多嘴，怎料成帝叹为直言，飞燕只好托词退下。

成帝似乎不很愉快，即令撤席，一番酒兴就这样被班伯给搅散了。

成帝这个人胸无大志，不知道怎样把自己的国家建设得更加昌盛繁荣、国富民强。他只知道自己怎样享乐，怎样追求有趣的、新奇的东西，他觉得自己还玩得不够，很羡慕商纣王和苏妲己，还有他们造的酒池肉林，于是，在屏风上画了纣王与妲己的夜欢图，像连环画那样张于卧室，以便学习、效仿。

说来成帝也有自己的优点，班伯借纣王与妲己图讽刺他、挖苦他，他竟然没有急，没有发脾气，没耍皇上的威风治罪于班伯，反而耐心地听了班伯的一次潜移默化的教训。他没有发脾气，也是因为班伯说得在理，于国于民于皇上本人都有好处。虽然成帝听过之后并没有改变自己，但比起那些对好建议连听都不听的皇上来说，成帝还算强人一筹，没有昏聩透顶。

来自班伯之外的一些明里暗里的讽刺，皇上没少听，当然都是朝廷里的忠臣的。他们忧国忧民，不敢直叙肺腑之言，担心说得不是时候扎了皇上的肺管，招来杀身之祸。班伯暗里讽刺皇上，皇上没有发脾气，也有另外一层原因，就是皇上此刻的情绪很好，话说得深了浅了都不在意。

成帝表面似乎认真听取大臣们的意见，但过后那些好的建议，他从来没有施行。他也知道，娘舅们掌权，恣意妄为，正不压邪，国不成其国，到下决心处理的时候了。然而他没有果断处理，任其发展，宠得娘舅们敢在他的头上动土，无法无天。

成帝是个无能的皇帝，在个人享乐上有变幻无穷的花招，显出极高的才智，然而在朝政大事上，却极其糊涂。

汉室江山到他这一代皇帝，便每况愈下了。

与成帝侍郎私通被传扬之后，赵飞燕除去了一个身边的宫女和几个嫌疑犯。然后，整顿后宫纪律，严加管教宫人。

这个时候，赵飞燕最担心的就是她和妹妹以外的人怀孕。成帝后宫有美女近两万人，都是从民间挑选来的，她们终身盼望的是被皇上临幸，被皇上宠爱，之后为皇上生儿子，传宗接代。只有这样，宫女们才有出头之日，否则，一辈子得不到阳光雨露，最后，会默默无闻地枯黄老死宫中。所以，后宫中的美女只要一有机会，就用全身魅力巴结皇上，恨不得皇上马上临幸她。后宫近两万双美丽的眼睛，时刻盯着皇上。说不定什么时候，皇上突然临幸了某位美人，使其怀孕，这位美人就会身价百倍，扶摇直上，占领皇上的心。别人，包括皇后，尤其是不生孩子的皇后，就会在皇上的眼里，黯然失色。

在这种情况下，赵飞燕的担心不是多余的。

世上的事，很怪，很巧。正当赵飞燕为之担心时，她身边的道房偷偷地向她密报："后宫有个叫花姓的姑娘，我发现她肚子雪白。"

"雪白有什么大惊小怪的！"赵飞燕不大理会她的话。

谁知道道房这姑娘说话停顿，她又接着说："肚子还鼓鼓的，怕是……"

"什么？肚子雪白，还鼓鼓的？"这回赵飞燕精神了。道房最后的这句话，像一把尖尖的钢针，深深刺痛了她的某一根神经。

"你看清楚了吗？"赵飞燕问。

"看清了，是鼓鼓的。"

赵飞燕没什么可问的了，也没什么可说的了。担心的事果然发生了。

到了晚上，赵飞燕秘密地审问花姝姑娘："皇上临幸你了？"

"回皇后，小女没那个福分。"

"那么，你雪白的肚子鼓起来是怎么回事？难道后宫里除皇上是正常的男人之外，还有第二个男人？"

"都不是，皇后！"

"那是什么，你能说清？"

花姝姑娘伤心地哭了。

"哭什么，这不见得是坏事，给皇上生个儿子，当皇后，当太后，你该高兴才对，不是吗？"

"不是那么回事，皇后！"花姝听了赵飞燕说她想当皇后，吓得魂不附体，几乎跌倒在地。

赵飞燕即令她脱去衣裙，细细查看。

脱去衣裙的花姝姑娘肤色白中透红，美艳动人，身体的各个部位匀称适中，魅力无穷。赵飞燕看得眼花了，心里暗暗说："这小妖精长得够漂亮了，要不然怎么会迷住皇上呢！"

片刻之后，赵飞燕才醒过神来，细看花姝的肚子。花姝的肚子是有些鼓胀，但不是很严重。这一点鼓胀，赵飞燕也是不放心的，万一鼓大了，被皇上发现，她就会受到保护。必须采取措施，想方设法，堕掉这个鬼胎。

于是，赵飞燕命御医制堕胎药，给花姝喝，花姝看看那黑色的药汤，说什么也不喝。

"你不喝，只好大伙帮你了。"赵飞燕给身边的太监们使个眼色。

小太监们心领神会，像狩猎一样，抓住花雏按在床上，强行灌药。

好端端的花雏，被洒出的药汤弄得面目全非，人不人，鬼不鬼，啼哭不止。

赵飞燕派人看守花雏，以观察效果。

赵飞燕在不耐烦中，等了好几天，也不见胎堕下来，就又嘱御医加大剂量。

命苦的花雏像小鹿似的，被太监们抓住按倒灌服，一碗又一碗，直灌得花雏恶心想吐为止。

花雏的肚子越灌越鼓，竟然真的像怀孕了。

赵飞燕是越看越气，怎么孩子没打下来，反倒越长越快，几天工夫，竟长得这么大。

再说可怜的花雏，整天哭，不吃饭，光喝药汤，喝得上吐下泻，人被赵飞燕折腾得瘦了一圈，全身脱水，皮肤干燥。这回，花雏的肚子平塌塌了，不鼓了。

赵飞燕很奇怪，怎不见胎落？

花雏心里也安静了，肚子不鼓了。

然而，赵飞燕必须认真对待这件非同小可的事。

赵飞燕把花雏放进一个密室看守起来。过几天检查一遍，看看肚子有没有发展，再过几天，再检查一遍，肚子还是平塌塌，不见声息。那个鬼胎哪去了？莫非真是鬼胎，神出鬼没地不见了？

这件事，谁也不知道，只有花雏自己心里清楚。可是，花雏碍于面子，一直没有说，竟然使自己遭受这么大的罪。

花雏的家里很穷，她吃了上顿愁下顿，时常吃不饱，饿得很瘦，很苗条。皇上选召天下美女，她应召入选，进入皇宫。后宫的生活不同寻常了，吃得好多了，花雏就使劲儿吃。穷人家的孩子，没见过油水，稍吃点荤腥就胖起来了，肚子也稍稍鼓了。有一天，宫女们在一起洗澡，她露出雪白的肚皮，就被道房发现了，报告了赵飞燕。赵飞燕不分青红皂白，就把花雏好一顿折磨，险些送了小命。

这件事过后，赵飞燕觉得自己干了一件缺德的事，把一个好端端的姑娘丢进了暴室狱，终生没有出头之日。赵飞燕闭上眼睛，自言自语："原谅我吧，我是不得已才这样干的。"

事已至此，赵飞燕还不知道这是一件冤案，冤枉了花姓姑娘。

赵飞燕在处理花姓姑娘的时候，也曾突发奇想：如果花姓姑娘是自己的妹妹多好，那样就让她把孩子生下来，养在自己的身边。

赵飞燕入宫时，没把生孩子的事当成大事考虑。她想，一个女人，生孩子是顺理成章的，用不着怎么费劲，犹如一只母鸡下个鸡蛋，天生具备这种素质，一切都是自然而然的。女人么，就是会生孩子的，天经地义，是任何人都不能阻止，都不能违背的。

现在，赵飞燕才知道，女人还有另一种可能：不生孩子。生孩子对女人来说是那样随便，那样容易；不生孩子对女人来说，又是那样的困难和痛苦不堪。

赵飞燕很幸福了。人的愿望或者是人的梦想，她都实现了，人们一生要得到的东西，她都得到了。唯独没有孩子，成了她一生最大的缺憾。生个孩子，在普通人那里不算什么事，在她这个赫赫有名的皇后那里却成了最难办的事。

赵飞燕要实现一个普通人的普通愿望，却没有实现，难免又气又恨。在这种情况下，花姓姑娘落到如此下场，是完全可以理解的。

花姓的肚子莫名其妙地瘪了回去，让赵飞燕着实放心了。不管肚子是怎么没的，毕竟是没了。不过，若是这小妖精再与皇上交欢，皇上的雨露再使她的肚子鼓起来，事情就更难办了，于是，赵飞燕命人把花姓送进暴室狱，让皇上永远不得御幸她，让她一辈子老死狱中，永远没有出头之日。

赵飞燕像打了一场胜仗，她击败了她的敌人。然而，现实不容她乐观、兴奋，她还有艰巨的任务没有完成，她要一直往前走，不能放慢脚步，不然，她的敌人就会抢在她的前面。她要与她的敌人争取时间，哪怕一分一秒，也丝毫不让。

赵飞燕觉得她对花姝的处理过重了。一个如花似玉的姑娘，被丢进暴室狱，一身的美丽全完了。那里没人欣赏美丽，只有劳动，一辈子劳动，最后死在那里。可对待这些人不残酷怎么行呢？她得宠了，生儿子了，你就得死，不是你死就是我亡，这不是讨论感情的温室，这是你死我活的战场，面对的不是姐妹，而是敌人，手持长矛指向你的心窝，你会等待着死吗？

赵飞燕已经经历了好多场战斗，她曾打败了势力强大的许皇后，还有文气十足、守旧刻板的班婕妤。她什么也不怕了，她是一个成熟的战士了。

这一夜，赵飞燕一个人盖着鸳鸯被，成帝不在她这里，别的男人也不在她的床上。她的床上第一次显得这样静，静得像没有一丝风浪的海面。

赵飞燕想睡却睡不着，这时，有猫叫春声传来，丝丝缕缕不绝。

"阿猫，阿猫？"

赵飞燕的爱猫不见了。

赵飞燕立刻意识到，这只猫耐不住寂寞，春性大发，去寻找野公猫去了。

那猫叫声似婴儿哭泣，夜里传来，悲惨阴森，甚是吓人。这只猫自从进宫后，有吃有喝，竟然失去天性，不会抓老鼠了。但有一点没有变，就是它知道到外面寻找公猫。

丝丝缕缕的猫叫，时高时低，那声音一定是一方同意，另一方不大同意，不同意的一方，时刻用声音保护自己，而主动的一方又时刻用声音吓唬对方，迫它就犯。

赵飞燕想，既然两只猫到一起了，还扭扭捏捏的干什么，不就是那点事嘛，装正经，和满腹诗文的班婕妤一样，不食人间烟火。

过了一会儿，两只猫的叫声柔和地混在一起了。

赵飞燕开始恨阿猫，心里说："你的主人还没怀孕，你着什么急？"

花姝肚子大了，要怀孕；阿猫夜里出去寻欢作乐，也要怀孕；都怀孕，就我不怀孕，气死人了。

花姝气赵飞燕，阿猫也气赵飞燕。

过一会儿，阿猫满身湿漉漉地回来了。

赵飞燕燃烛在床，叫来侍候阿猫的宫女，对她们说："把阿猫拴上，不要让它跑出去胡来！"

阿猫的腿被结结实实地拴住了。

阿猫急得团团转，却挣脱不开。

赵飞燕看着阿猫着急的样子，心里好笑："叫你去会野猫，急死你！"

赵飞燕把花雉处理了，又把阿猫拴住了。

赵飞燕心里多少有点坦然了。她觉得宫内议论她的声音没了，平静了，安稳了。她又开始琢磨她的计划了。她要找一些多子的男人来，这样，"命中率"高，怀孕的机会大。

不过这次要搞得秘密一些，不能让太多的人知道，以防走漏风声。

二

赵飞燕的所作所为，妹妹赵合德一清二楚。姐姐的心情合德是理解的，在宫廷当皇后，不生孩子危机特大。哪朝哪代的皇后，都希望为皇上生儿子，然后儿子被立为太子，然后太子即位当皇上，自己母以子贵当太后，永远保住自己一人之下、万人之上的显赫位置。

由于成帝不争气，不能使姐妹俩怀孕，姐姐赵飞燕自然是很急的。"借种"又闹出风波，好在成帝性宽，没有想得太多。但是，赵合德害怕了，她担心姐姐的事情败露，她们这一对穷苦姐妹的一生就全完了。

赵合德使出女人所有的魅力来取悦皇上，其中之一的原因就是以此来暗中保护姐姐。成帝在不在她这里过夜，合德都要派人告诉姐姐赵飞燕，以便使姐姐择机行事。

赵飞燕让妹妹合德进宫一起侍奉皇上，就是为了姐妹俩有个依靠，有事相互照应。

如今，姐姐和她都遇到困难，就是不能为皇上生儿子。这事，使她们姐妹伤透了脑筋。尤其赵飞燕急得要疯了，终不能如愿。妹妹赵合德没有姐姐那么急，她更需要的是欢乐，如果能怀上儿子就更好了，她急，更多是为姐姐着急。

赵合德也在奇怪，为什么姐妹都不怀孕？开始她还以为是姐姐有病，嘱其服药治疗；然而，自己也不怀孕，使她不得不认定是皇上有问题。因此，姐姐"借种"之事她一直没有阻拦，也感到"借种"是获得子嗣的一条渠道，只是应安排得更加巧妙，不让更多的人知道为好。

姐姐赵飞燕与成帝侍郎私通，被宫女宣扬出去，宫内沸沸扬扬，成帝再糊涂，也有所耳闻。只是成帝比较相信飞燕，才没有追究。

为防止皇上发觉，妹妹赵合德在皇上面前不止一次为姐姐打掩护。

有一天，成帝在昭阳殿饮酒作乐，席间，喝多酒的成帝流露出许多不满，主要是对赵飞燕的。

成帝说他接赵飞燕进宫，第二天就亲手写诏书，封她为婕好，又为她建豪华盖世的远条馆，然后又封她为皇后，又给她很多稀世珍宝；还封她的义父赵临为成阳侯，又封其舅曼子为侍中骑。

成帝说的都是事实。成帝给赵飞燕的珍宝就有记载：

金屑组文茵一铺。

沉水香连心碗一面。

五色同心大结一盘。

鸳鸯万金锦一匹。

琉璃屏风一张。

枕前不夜珠一枚。

含香绿毛狸藉一铺。

通香虎皮檀象一座。

龙香握鱼二首。

七出菱花镜一套。

紫金被褥香炉三枚。

......

一共是几十件珍品，飞燕也曾为此多次感谢皇上。

"我姐姐不是忘恩负义的人，她永远也不会忘记皇上给她的厚爱。"赵合德依偎在成帝的怀里，用玉指揉搓着成帝那几根稀疏的胡须，帮姐姐说话。

成帝搂着合德说："宫里都在背地里传说，说你姐姐跟朕的侍郎有染，经常在一起鬼混，若无此事也就罢了，若有此事，你姐姐当是对不起朕。"

"都是传言，哪有真事。"合德为姐姐打马虎眼。

"无风不起浪，有浪必有风。朕对你姐姐是一片赤诚之心啊！她何以要做对不起朕的事？"成帝对飞燕的传闻，总是半信半疑。

皇上虽然有美女如云，对女性已经无所谓了，但对他所钟爱的女人或者皇后，还是非常用心的。他不希望任何男人沾染她们、占有她们。皇上也有普通男人的自尊心和排他的心理。戴绿帽子也是皇上的莫大耻辱。

所以，成帝听闻飞燕与他人有染，表面似乎不在乎，但心里还是想了很多。

成帝喝了很多酒，以此解愁。赵合德轻轻地抢下成帝的酒杯，不允许他再喝了，万一喝多了，念念不忘姐姐的传闻，出事可不好办了。

合德使出自己的魅力，两条玉臂紧紧搂住成帝的脖子，娇滴滴地对皇上说："我姐姐自小就性情刚烈，做起事来总是认认真真，恐怕别人见笑，她当了皇后，一定会有人暗地嫉妒。再说我姐姐进宫这么长时间了，对后宫管理又严，能不伤害一些人吗？如果有人因此诬陷姐姐不贞，她就是全身长嘴也说不清。陛下，只有你了解她，你不相信她，谁会相信她呢？你不为她做主，不为她说句公道话，谁又能为她做主呢？姐姐心地水晶一样纯洁，她哪里容得下这些污言秽语？"

说着说着，合德在成帝的怀里哭了起来。合德带着满脸眼泪又说："如果陛下轻信他人之言，承认姐姐与侍郎有私，姐姐就是大逆不道，我们赵家就会灭族了！"

成帝这人有时心软，更见不得美人的眼泪。他见合德呜呜咽咽地哭了起来，慌忙为她拭去眼泪，然后对天发誓说："以后朕不再听信蜚语谗言，否则，天打五雷轰……"

合德忙用手捂住成帝的嘴，制止他不让再继续说下去了。

"不要说这些不吉利的话，只要陛下心里能分清是非就行。"

"好好，朕明白了，如以后有敢密报你们姐妹不洁者，朕会严惩不贷。"成帝抱着合德，劝慰她。

事过不久，果真相继有人告发飞燕，揭露飞燕的淫行。成帝认为这些都是诬告，对前来告发者，轻则处以重刑，重则一一处死。

很多事情，只要做了，就会有人知道。赵飞燕私通男人一事，就像那些善于飞行的麻雀，飞遍整个未央宫，每到一处楼宇殿阁，都飞落下来，停一下，然后再继续前飞。

光禄大夫刘向和一些忠心耿耿的大臣也有所耳闻。听说皇后私通多子之男太过，有伤汉室体统，不守礼法规矩；皇帝专宠过甚，不闻不问，任其发展；等等。

刘向等一些大臣，就此事准备进奏皇上，要求制止这种淫乱行为。正在这时，一向能迷倒任何男人的赵合德躺在皇上的怀里，花言巧语，为姐姐开脱罪责，说来说去，最后说得姐姐满身是理，得出的结论似乎是别人有意陷害姐姐。怀抱美人的皇上稀里糊涂，听一是一，听二是二，信以为真，还当赵合德的面表态，凡有诬告者一定严惩，结果真的杀了几个人。从此，再没人敢告赵飞燕皇后了。

刘向不傻，收回想法，不敢进奏送死，也不敢声张了。

第九章

闯大祸飞燕命悬

尽柔情为姐开脱

与妹妹不同的是，赵飞燕一心想保住皇后的宝座，为此，她日夜盼望生一个儿子。无奈肚皮死不争气，她竟始终没有生育。她与侍郎、护卫私通，想借一个龙种，却意外闹得沸沸扬扬，好在妹妹赵合德在皇上面前巧言相救，使得皇上更加相信赵飞燕，而斩杀了上书直言皇后淫乱的人。

成帝的这一行动，震动了朝廷内外，那些敢于对皇后说三道四的人再也不敢告状了。

有皇上的保护伞保护赵飞燕，她就越发无所顾忌了，以至于公然乱来。

一日，成帝带上一批人马，到郊外狩猎去了。

赵飞燕自知这是最安全的时刻，遂叫来早已选好的一名少年，共赴巫山。

赵飞燕也担心出现什么意外，不可以轻视大意，决定派密探到外面监视，有情况立即报告。

正当两个人在鸳鸯被中云漫雨接的时候，突然，赵飞燕派出的密探飞奔而来，急说："皇后，大事不好了，皇上突然回来啦！"

这一惊非同小可，赵飞燕一时手足无措，立即推开少年，急令他藏入衣柜之中。

赵飞燕手忙脚乱地理了一下头发，然后，极力装出一副笑脸迎接皇上。

成帝见赵飞燕神色慌慌张张，言语支支吾吾，而且头发散散乱乱。他凭一个男人特有的直觉，知道她刚才与某一个男人乱来过。这一切，是明摆着的，用不着去疑心，也没有必要去疑心。

成帝强压住内心的怒火，使自己镇定、冷静，他看床上脏乱不堪，余温未散，自知奸夫不会走远。他慢慢地坐下来，等待着破绽的出现，以结束这僵持难耐的局面。

那少年被赵飞燕慌忙藏进衣柜，未及穿衣，天气很凉，冻得直打哆嗦。他自知闯下了大祸，不由得胆战心惊，这一切都使他难以平静下来。事也凑巧，越害怕，越来事，少年的嗓子痒痒，非要咳嗽不可。于是，他双手捂住嘴，小心地轻轻地咳嗽了一下。

突然，久坐不去的皇上，听到壁橱中有少年咳嗽声。他的脑袋中嗡地一声响。他万万没有想到，堂堂的当今皇上，竟然被皇后给戴了绿帽子。

成帝很能控制自己，他本应该打开衣柜，捉了那少年，立刻杀了他，可是他没有那样做。他考虑了很多，皇后的面子、合德的面子、自己的面子，一旦局面不可收拾，闹得满城风雨，更不好办了。况且，自己身后还跟了很多人，当着这些人的面，从衣柜中捉出一个与皇后通奸的男人，那场面可想而知。成帝只得装作什么也没听见，愤然离去。

赵飞燕知道闯下了大祸，惶惶不安。她的恐惧不是没有道理的，作为一国之君，不允许他所钟爱的人做出对他不忠的事，让他的颜面没有光彩，没脸见人。

赵飞燕对皇上不仁，皇上对赵飞燕也要不义了。皇上决心要杀了这个背信弃义的奸妇，以解心中之恨。

原来，官中传闻说赵飞燕与人私通，成帝总是不敢相信，也不想相信，所以将前来说赵飞燕坏话的人，一一斩杀。后来再没有人告发皇后的奸情了。

赵飞燕肆无忌惮的行为被大臣们知道后，大伙都敢怒不敢言，担心被皇上处以重刑。光禄大夫刘向看不过去，就采用了较为委婉的办法，费了好多功夫，写了一部《列女传》，呈给成帝。

《列女传》中将古往今来诗书中记载的贤妃淑女显家兴国和淫女荡妇毁家亡国的事例一一列出，交给了成帝。成帝看了，满意地说："是该修订一部完整的《列女传》，以传后世，光禄大夫做事一向认真，想得比较周到，朕很欣赏你的精神。"

刘向的用意很明白，他对皇后的行为不便于直说，就委婉地写了这部《列女传》，交予成帝，希望成帝能从中得到警示，惩处或制止赵皇后这种淫乱行为。而成帝竟对刘向的意图毫无察觉。

现在回忆起这些，成帝才觉出刘向修订《列女传》的用意了。

成帝暗自想："这个刘向啊，有事竟不敢直言于朕。"

赵飞燕这次奸情败露，气得成帝昏头涨脑，决心查出衣柜中那个咳嗽的男人。

于是，他派人先秘密地查找那天衣柜中的奸人，看看是谁这样大胆，敢在皇后身上打主意，是不是比一般人多三头六臂。

没几天工夫，成帝派出的人回来禀报，说已经查出那个奸人，是宫中禁卫陈崇的儿子。

这小子天性放荡不羁，哪有漂亮女人他往哪里凑，年纪不大，却像一只花蝴蝶，专拣美艳芬芳的花朵戏弄，没事找事向后宫靠近，贿赂后宫太监，欲在后宫成千上万的美人中干一番轰轰烈烈的大事业。他也没想到，还没等弄到一只小虾，却意外得到一条大鱼——赵皇后。

这小子得到赵飞燕后如饥似渴，只要成帝有事，他准泡在赵飞燕这里。赵飞燕急欲求子，又见这小子长得一表人才，能说会道，还懂得疼爱女人，遂决定与他私通。

皇上查出是陈崇儿子之后，即派人到陈崇家把他捉来杀掉，又把其父陈崇免职，驱逐出宫廷，以后子子孙孙再不能进宫。

一天，成帝和赵合德在昭阳殿饮酒吹箫，兴致正浓的时候，突然有人轻轻地咳嗽了一声。这一声让成帝顿时想起了在远条馆，发生在赵飞燕卧室中的那一幕情景。衣柜中也是发出一声轻轻的咳嗽，这两声咳嗽是多么相近啊！

成帝觉得该马上处理赵飞燕，没这一声咳嗽提醒他，险些泡在欢乐中而忘掉了这件事。成帝越想越憋气，随即卷起袖子，虎视眈眈地对舞女们喊："都给我下去，朕现在要静一静。"

这"静一静"的含义是什么，不言而喻，就是要想个办法收拾赵飞燕。

赵合德极为聪明，见成帝真的要发怒，知道大事不好，姐姐会受到惩罚。平日里在成帝面前的骄矜没有了，慌忙起身，跪在了成帝的面前，伏地请罪说："皇上啊，请听妾一言，我们姐妹出身卑微，势单力孤，连个心疼我们可怜我们的亲人都没有。而今万分荣幸，被皇上所宠爱，供皇上驱使，又蒙皇上提拔我们姐妹在万人之上。有时候，难免仗着皇上您的宠爱而得罪了一些人，因此，人家都对我们姐妹恨入骨髓，到处散布我们的坏话，再加上我们不懂事，不知宫中规矩，惹皇上您生气。请皇上赐我们姐妹一死吧。只要这样可以使您心情舒畅，减少您的烦恼，高高兴兴，我们姐妹就是死一百次一千次一万次也心甘情愿。"

赵合德说罢，泪如雨下，不能自持。悲恸中的赵合德，犹如一枝带露的梨花，楚楚动人，惹人生怜。成帝一看，立即慌了神，刚才的一肚子气烟消云散了，有的只是满腔的爱怜。成帝把因恸哭浑身战栗的赵合德抱起来，柔情地宽慰她说："爱妃，切莫悲恸，保护身体要紧。此事与爱妃无关，朕恨的是你的皇后姐姐，朕真想砍掉她的头，剁下她的脚，再掏出她的心肝，扔到茅坑里去！"

赵合德闻此言，大惊失色，佯装不知姐姐奸情败露，忙问道："我姐姐如何闯下大祸？"

成帝便把那天在远条馆捉奸一事复述了一遍。

赵合德躺在成帝的怀里，娇媚地说："我因姐姐的缘故，才有机会侍奉陛下，陛下若把姐姐杀死，留下我一人在世，孤苦伶仃，我可怎么活下去呀？"

赵合德说罢，嘤嘤地啜泣着，肩膀不住地抽动，美丽动人。成帝是爱美人成癖，见合德如此痛心，忙说："莫哭，朕只是嘴上说杀了你姐姐，不是还没有动手吗？"

赵合德抬起美丽动人的面颊，抹着眼泪，抽咽着说："不知陛下想过没有，陛下忽然间把姐姐杀了，天下人会怎样议论。姐姐毕竟不是普通宫女，她是皇后，是陛下封的皇后，是一人之下、万人之上的国母。陛下凭一时之气，不深思熟虑，草草地将姐姐杀了，不是反倒把不雅之事昭然于天下了吗？陛下您仔细想想，这不是往自己脸上抹黑吗？"

赵合德的一番话，说得成帝长叹一声，十分为难地说："你姐姐的行为，朕难以容忍，更难咽下这口气呀！"

赵合德抓住时机，步步紧逼皇上说："姐姐是皇后，杀了姐姐，对皇上颜面不光彩。臣妾默默无闻，死了也无伤大雅，倘若陛下非要杀死姐姐，莫不如先杀死臣妾好了。"

说罢，赵合德放声悲哭，昏倒在地。成帝见状大惊，赶忙把赵合德从地上抱起来，亲切地说："朕正因为你的缘故，所以当时不去搜查衣柜，不让你姐姐难堪，忍气吞声闷在心里。朕刚才喝了几口酒，心里不痛快，只是顺口说说罢了，何必当真呢？朕无爱妃不能活，你姐姐的事朕忍下，不去追究，请爱妃不要惦记在心上了！"

成帝搂抱着合德，百般哀求，才使赵合德转悲为喜。

赵合德心想，姐姐行为不端，行事不周密，以后说不定还会发生类似的事情。姐姐因告发许皇后而使其被废，得罪了不少人，这些人时刻都想加害姐姐。于是，她又对成帝说："今后求陛下多照应姐姐了，经此风浪，她的身心一定会遭受意想不到的打击，她现在需要的是同情，是温暖。"

成帝在赵合德面前表了决心："你姐姐那么大事，朕都原谅了，朕不追究，仍一如既往，爱妃你看如何？"

赵合德给成帝一个娇嗔温柔的微笑，乘势小鸟一样依偎在成帝的怀里。

皇后赵飞燕偷情险些送了性命，多亏妹妹赵合德在成帝面前死去活来，花言巧语求说，才逃过一场灾难。

成帝在合德面前表示对她姐姐一如既往，然而，还是出现了心理阴影，感情也因此受到了影响。从那以后，成帝到赵飞燕那里过夜的次数明显减少了，几乎每天都住在赵合德的昭阳殿。

赵合德也因为姐姐的原因，极力讨好、取悦皇上，以此暗中保护姐姐，这就使得她与皇上更加亲密了。

赵飞燕因为急欲求子，私通多人，与成帝疏远了一些，再加上这次闯下的大祸，两人之间的感情就十分微妙了。

这一对姐妹在成帝的心中，逐渐地变得一远一近，一亲一疏。

成帝与赵合德感情逐渐亲密，以上说的是原因之一。

原因之二是很复杂的，也是很难说清的。正如成帝自己对赵合德说的那样："朕无爱妃不能活。"

可见，成帝与赵合德的感情已经超出常理了，已到了分离后就不能活的程度了，成帝对合德感情上的依赖关系很令人深思。

据史书记载，成帝年近四十岁时，常呈现出病态，不是这里病就是那里病，身体很弱，常年离不开药。这与他纵欲无度不无关系。他很小的时候就开始饮酒作乐，沉溺于女色，使他的身体一直强壮不起来，最后有些弱不禁风了。

赵合德究竟有多大本事，能令成帝为她如此神魂颠倒呢？

除了美貌以外，赵合德还有一件"秘密武器"，这件"秘密武器"令汉成帝刘骜离不开她。

赵合德长着一双雪白的玉足。成帝爱合德的纤纤玉足，若爱自己的生命，这与他那乌七八糟的变态心理有关。

成帝喜读书，是个才子，也写得一手好文章。班婕妤就曾多次评价过成帝父子的文章风格，说元帝的文章大度泼辣，成帝的文章细腻舒缓。从这一点看，成帝有点父亲的遗传基因。不过，元帝很会作词作曲，成帝在填词作曲方面就显得差多了。但是，成帝还是为赵合德写了一首《玉足诗》，让乐府中的乐师谱曲。

宫中的《玉足曲》就这样诞生了。

然后，成帝命宫中纤弱漂亮的舞女们编排《玉足舞》的舞蹈动作。成帝自己还亲自下场指导舞女怎样跳才更舒展优美。

整个舞蹈的动作编排不同寻常，一般的舞蹈都是以手、眼、头等上身动作为主；而《玉足舞》是以足为主，处处都要突出足的动作，把原来用手做出的动作，全部用足来完成，这就增加了舞蹈的难度。不过，编排后的舞蹈动作新颖别致，令人拍案叫绝。

足舞是舞中一绝，这也是成帝对舞蹈的一大贡献。据说，这种足舞没有传于后世，甚是可惜。

此后在汉宫中，每每有庆典等大型场面时，成帝都命舞女跳大型的《玉足舞》。

再说赵飞燕与少年在远条馆行云雨之事，被突然驾到的成帝抓到后，胆战心惊，惶惶不安。自己虽然是皇后，但她的皇后位置，还有她的性命，都掌握在皇上手中。在宫廷，没有根基、没有后台势力的皇后，皇上说废也就废了，废掉的皇后有的连一般宫女都不如。

皇后之位被废一切都完了，赵飞燕能不害怕吗？

皇后能享受到一般平民百姓享受不到的某些特权，有时，她的权力如同皇上，被标榜为母仪天下，荣显之极。册封一个皇后，通常要考虑其家庭出身、人品相貌等条件，往往要内宫太后及外廷重臣们反复磋商才能决定。

赵飞燕得到皇后这个位置是多么不容易啊！

赵飞燕一面在等，等皇上对她的处罚，另一面又积极派人把消息报告给妹妹赵合德，希望妹妹在皇上面前求情，保下她的皇后位置。她知道成帝对妹妹有着极"特殊"的感情，妹妹的话，成帝会听的。

赵飞燕给妹妹出了个难题。

赵飞燕对此充满信心，十分有把握，因为她知道妹妹有能力把这件事办得很好。

赵飞燕回想起册封大典时的情景，那天隆重华贵。

宫里宫外扬旗张彩，乐队齐鸣。迎亲仪仗壮观，礼物丰厚。她穿好豪华的冠服，出阁跪听宣册官宣授：

"兹册赵飞燕为皇后，命卿等持节奉册宝，行奉迎礼！"

随后正副使献上很多礼物，还有皇后用的宝车。

她接受册封，与亲人告别，然后上车。队伍浩浩荡荡，彩旗飘扬，乐队吹吹打打，百官着朝服迎候门外。皇后驾入，钟鼓齐鸣，女乐师前导至内殿，她与成帝双双到奉先殿拜谒祖宗，然后还宫行合卺礼。

册封后的第一天早上，她与成帝皆穿礼服拜谒王政君太后；第三日，她遵汉礼，与成帝再同去太后宫行入拜礼；第四日，百官公卿进表为皇后行庆贺礼；第五日行漱馈礼，即向皇太后行进膳礼，她对皇太后很孝顺，太后进膳，她不敢疏忽，亲手捧汤侍食，使皇太后对她十分满意。

赵飞燕回想起这些，怎么也不想丢掉她的荣誉和地位。

几天以后，赵合德来远条馆看望姐姐，把她怎样在皇上面前哭，最后皇上是怎样说的，统统告诉了姐姐。

赵飞燕很感谢妹妹的救命之恩，一时不知说什么好，即令宫女拿来好吃的东西给妹妹吃。合德对姐姐说："此事不得疏忽，要秘密地进行，姐姐再不要弄出乱子了！"

赵飞燕求子心切。听妹妹赵合德这样一说，心里更有底了。她立命太监秘密到宫外搜罗俊男，条件依旧是身体强壮的多子之男。太监们收了皇后给的金子，敢不为皇后办事吗？他们不但要办，还要保守秘密，有谁透露风声，走漏消息，必死无疑。

正常的男人怎样进入后宫，这事赵飞燕管不着，都要太监们自己想办法，办法不周密，半路出了事，太监们要吃不了兜着走，皇后不承担任何责任。

这样一来，怕死的太监们绞尽脑汁也要想出一个万全之策。他们出宫前，带上各种尺寸不同的太监服装，让精壮男性穿上太监服，腰间再挂上一块允许太监随便出入的腰牌，作为入宫的通行证，然后由老太监带入宫中。当然还有一些更高超的办法入宫。

太监们不负所望，终于找到一位壮男，此人身长貌美，阳气甚旺。这人身怀绝技，穿房越脊，似履平地，来无影，去无踪，神出鬼没。他不想让你见到，就谁也别想见到他，他叫燕赤凤。

跟这样的人共赴巫山，一有风吹草动，他便无影无踪，绝对安全可靠。这真是天上难找，地下难寻。

赵飞燕见了，很是兴奋，随即犒劳太监们，给了很多银两，又大加赞赏了一番。

找这样的人入宫，太监不担险，也少了不少麻烦，用不着太监衣服了，也用不上腰牌了，只要给他指点方向，宫里有人接应，准时准点，神不知鬼不觉就来了。

　　燕赤凤这人身体极壮，阳刚气甚浓，壮而不蠢，一表人才，真是难得。

　　赵飞燕梦想着饱满圆润的种子，在春暖花开的季节，在阳光普照的肥沃的热土中，生根、发芽、开花、结果，给她带来生机，给她带来希望和幸福。

　　记得樊姬为赵飞燕出主意，让她"借种"生子时，她很想不通，有一百个担心，一千个担心，一万个担心。现在用不着樊姬为她出谋划策了，她自己便知道该怎样做了。她从冯无方那里拉开"借种"的序幕，一直把她这场闹剧演到现在，不但没有收场，反倒愈演愈烈，越发红火了。

　　赵飞燕的胆量在实践中不断壮大。在冯无方之外又找了许多男人与之私通，她不管外面的风言风语，我行我素，有时旁若无人。她相信功夫不负有心人，只要苦心经营，不会收获不到孩子的。

　　燕赤凤入宫使她非常满意。燕赤凤是多子之男，标准有余，阳刚之气很重。

　　赵飞燕心里有个想法，想把燕赤凤长久留在身边，不管他能不能使她腹中有孕。因为她太喜欢他了，实在不忍心离开他，而失去一份人生难得的快乐。

第十章

害宫女合德施暴
犯龙颜朱云直谏

一

赵飞燕与燕赤凤厮混在一起了。

燕赤凤是宫外干粗活的人，但他身材魁伟，力大过人，且体轻如燕，能跃过几重楼阁。赵飞燕对他这点很欣赏，便将他召入远条馆令他夜夜相伴。

赵飞燕听取妹妹的意见，由几乎公开私通转入秘密私通。她对皇上说欲求子，要虔诚祈祷，只有这样才能早日怀上皇子。因此别开一室，烧香供佛，左右服侍她的人不能进入，就是皇上也不允许进入，以防影响神灵。

其实，赵飞燕别开一室，不是为了烧香磕头，而是为了藏匿从宫外召进来的"轻薄少年"，以供不时之需。

现在，每天有燕赤凤陪着，赵飞燕用不着想得更多了。

她隐隐约约有一种预感，觉得与燕赤凤在一起能让她怀上"皇子"。

赵飞燕有点兴奋，于是，叫樊姬、道房还有其他服侍她的宫女，一起到外面赏花。

自从入宫以来，她就没有机会静下心，到外面看看花呀草呀什么的。

赵飞燕和姑娘们在宫中游玩。每每走到鲜花盛开的地方，樊姬见花朵艳丽，就摘下一朵，替赵飞燕戴在头上。未央宫阳光明媚，春意盎然，千叶桃花朵朵盛开，芳香扑鼻。樊姬折来一枝，送给飞燕，然后对飞燕说："人面桃花，皇后长得真漂亮！"

宫女都笑了，羡慕赵飞燕长得好看。

五月春风送暖，太液池微波荡漾，轻风徐徐，蓝蓝的湖面盛开着朵朵白莲花。宫女们在岸边观赏，无不为之惊叹。突然，樊姬开玩笑说："姐妹们，你们说，那含羞的白莲花有没有我们的皇后漂亮呀？"

"皇后比白莲花漂亮！"

众宫女们嬉闹着，夸赞飞燕美艳。这不是恭维，赵飞燕此时此刻确实面若桃花，眉似柳叶，娇美无比，若仙女下凡，游于湖畔。

"死丫头！"赵飞燕佯装生气。

太液池的水还是那么清，还是那么蓝。赵飞燕突然想起那次太液池上渡云舟，乘风扬袖凌空起舞的情景。因为她体轻，大风一吹，衣裙飞起，带她入水，险些丧命。

从那次以后，皇上命令工匠在太液池边造了一个能为赵飞燕遮风起舞的避风台，称之为七宝避风台。此后每每来了兴致，成帝就带飞燕到七宝避风台起舞娱乐。后来，皇上又为飞燕造水晶盘，令宫人掌之而歌舞。

关于造避风台一事，《杨太真外传》中提道：

> 汉成帝获飞燕，身轻软不胜风，恐其飘蓍，帝为造水晶盘，令宫人掌之而歌舞，又制七宝避风台，间以诸香，安于上，恐其四肢不禁也。

后人唐玄宗与杨贵妃游于太液池上，唐玄宗记起历史上的赵飞燕皇后，就对杨贵妃戏说："尔则风如何吹不飘？"

唐玄宗的意思是说，赵皇后体轻，风一吹便飘起来，为什么风吹你不飘呢？言外之意是戏说杨贵妃肥胖，身体沉重，风吹不动。

赵飞燕与宫女们在太液池边游玩，令赵飞燕想起许多与成帝的往事，她觉得皇上钟情于她、宠爱她、疼爱她，她不该做对不起皇上的事，让皇上蒙受耻辱。然而，为保住皇后地位，是不得已才这样做的，希望皇上能理解她、原谅她。

赵飞燕这几天刚刚轻松一些，就又遇到一件麻烦事。一个小太监前来报告说，皇上临幸了一个叫美娇的宫女。

事情是这样的。美娇是后宫里的姑娘，她见成帝好风流，就想尽法子去引诱他。成帝曾有一次饮酒大醉，到各个宫中游乐，偶然间喜欢上了这个叫美娇的侍女。但这个侍女怕遭到赵飞燕皇后和她的妹妹赵昭仪的嫉妒、迫害，不敢迎合成帝，托辞说自己有病，惧怕接触男人，不能陪侍皇上。美娇深知成帝的怪癖，你越是不想让他得手，他越是要想方设法把你弄到手。

成帝就是这样一个人，美娇已经摸透他的心思了。所以她推托说有病不近男人，以引起成帝的兴趣。想不到一击即中，成帝上钩了。

成帝把美娇带进他的黑色逍遥宫，慢慢享用。

赵飞燕知道此事后，最关心的就是美娇这个姑娘的肚子，是不是一天比一天大起来。

赵飞燕担心美娇这个姑娘怀孕，派人日夜监视，以便有情况及时报告。

别看皇上的龙种撒在赵飞燕的腹中不顶用，可是，与美娇在一起才几次，龙种却在这姑娘的肚子里生根发芽了。

赵飞燕得到贴身侍女的报告："美娇有孕了！"

听到这消息，赵飞燕的脑袋里像打了个雷，"轰隆"了好一阵，才静下来。她找到妹妹赵合德商量怎么办，合德挺痛快："趁皇上还不知道她怀孕，给她堕胎。"

这正合赵飞燕的心意。

于是，赵飞燕命御医配制好了药汤，给美娇秘密地灌了下去。

美娇这姑娘不傻，人长得水水灵灵，肌肤鲜嫩，头脑也灵活，她在巴结皇上之前，就已经意识到了赵飞燕姐妹的嫉妒。她本来不想这样做，然而不这样做，一辈子没有出头之日，只会花落艳殒，最后老死宫中。虽然这样做一脚在地狱，但毕竟另一只脚在天堂啊！万一在天堂的那一只脚站稳了，不就是天堂里的人了吗？

可是，美娇万万没有想到，赵氏姐妹竟这样快就知道了她的事。她不知道后宫里到处都有赵氏姐妹的耳目，鸡毛蒜皮的小事也瞒不过她们。

赵飞燕很生气，她气的是自己的肚子不争气，连普普通通的宫女都能做到的事，她当皇后的却做不到，看来皇后也不是万能的。

赵飞燕是天天盼，月月盼，年年盼，盼着生皇子，快要盼疯了，龙胎也没有光临她的肚皮。美娇姑娘却毫不费力，沃土就深埋了皇上的龙种。美娇要是皇后，这孩子可就值钱了，孩子的母亲也会在一夜间，身价暴涨百倍。

"我很羡慕你，娇美人。你轻易就做到了一个皇后做不到的事情，你很幸运，如果为皇上生个儿子，儿子再立为太子，你就可以当皇后了，那么，站在这里的就不是我而是你了。太可惜了，这些都将在这一壶药汤里成为泡影了。"赵飞燕说着，就对身边的人使个眼色，让他们再给美娇灌一点。

"对不起了，娇美人，我们都是穷苦人出身，我也是不得已而为之。"赵飞燕丢下一句不冷不热的话走了。

美娇被折腾得死去活来，仍不见血色的龙胎被堕掉。

赵合德不知从哪里弄来一根药草，命太监们使用暴力。

美娇，在血的河流里滚动，消耗着自己的生命，在自己修筑的血河中溺死了。

赵合德没杀过人，但她的心不发慌，她沉住气说："把她收拾收拾，丢到山里去！"

赵合德没杀过人，长这么大，杀的最大的动物是一窝待哺的小鸟。那时射鸟人领着她们姐妹，到长安郊外的树林里狩猎，发现了一窝小鸟。姐姐说留下来，她却给弄死了。在这一点上，姐姐既佩服妹妹，又恨妹妹心狠。

此刻，赵合德的表情显得很轻松，和她当年弄死那窝小鸟时的表情一样，很平静。

美娇死了。

她踏上天堂的那只玉足，在美妙的梦境中，没有站稳，颤抖着滑落下来，滑进黑洞洞的无底地狱。

美娇的尸体被太监们七手八脚包裹起来，埋在未央宫外的山林里。

赵合德马上就编出一百多条理由，说美娇是怎样死的。

知道这事的太监和宫女们，不但记住了赵合德编出的一百多条理由，并说还能编出几百条理由。

"算了，算了！"赵合德没工夫和太监们磨嘴皮子，不耐烦地说："什么一百条一千条的，只要不说漏就行了。"

就这样，在金碧辉煌的未央宫后宫里，莫名其妙地少了一个宫女。

美娇死后不久，成帝带着赵飞燕姐妹到上林苑游玩。

上林苑在长安郊外，那里绿树葱葱，繁花似锦，肥鹿食草，飞鸟筑巢，花香不歇，鸟鸣不断，正是游玩的好地方。

上林苑是武帝时建造的，林苑之大无可比拟。秦始皇建阿房宫，刘邦建未央宫，武帝建上林苑，在历史上都是很有名的。汉武帝喜欢女人和野兽，因而修了建章宫和上林苑，建章宫专给美女居住，上林苑用于饲养野生动物。武帝就常在这一宫一苑中游玩。

偏偏汉成帝同他的先祖武帝刘彻一样，也喜欢女人和野兽，因而，在阳朔三年，也就是在大将军王凤死后的那一年，开始和他的男宠张放，还有十多个宫奴，微服出宫，搜罗民间美女，拈花惹草，好不尽兴。赵飞燕姐妹进宫后，成帝倍加宠爱，一刻也不离开，再加上张放被老太后驱除出宫，回到自己的封地，没有人带他微服出宫了，成帝偷偷摸摸出宫的事也就少多了。随后他把兴趣转移到上林苑，玩腻了女人开始玩动物。

成帝把有的地方损坏了的上林苑修缮一新，又弄些家鸡野兔野鹿等乱七八糟的动物，散放于苑中，让它们在苑中自由栖息，使上林苑真正成为名副其实的皇家动物园。

这一天，成帝带着皇后赵飞燕和他最宠爱的赵合德玩得非常开心。

成帝让小太监们捉住飞奔的野鹿。太监是人，哪有动物跑得快呀？但是，皇上发话了，能不能追上都得追。小太监们汗流浃背，在野鹿后面连毛都摸不到，个个累得屁滚尿流。

“追呀，快追呀！”

成帝不让他们休息。小太监们这回分头阻截，有的藏于草中，有的藏于树后，有的轰赶野鹿。野鹿过来后，就突然出来冷不防地抓住它。这招还真灵，没几个回合，小太监们真的抓到一头野鹿。

野鹿受到惊吓，眼珠子瞪得老大，直喘粗气。赵飞燕过来摸摸肌肉颤动不止的野鹿，赵合德和丫头们也都过来抚摸。

刚才小太监们抓鹿时的认真劲儿，把成帝、皇后、昭仪和宫人们都逗乐了。成帝余兴未消，即命小太监骑在野鹿身上戏耍。皇上让骑就得骑，小太监骑在鹿身上，其他的人把鹿放了，鹿受到惊吓后飞奔向树林，小太监坐在上面被鹿颠得左右摇晃，然后从鹿背跌下来，双手还死死地抠着鹿脖子，鹿就拖着他奔跑。

小太监松开鹿以后，满脸是泥，已面目全非。

赵飞燕姐妹、成帝还有宫人们笑得前仰后合，直喊肚子疼，有的笑出了眼泪。

然后，成帝又带她们到草里寻找野兔。野兔没找到，却意外发现一个洞，成帝命太监挖。越挖越深，小太监背朝蓝天面朝坑，累得直吭哧。最后成帝不让他挖了："快，拿水来！"

成帝要水，是要用水来浇洞。大伙都围过来看热闹。

浇了几桶水之后，水面冒出气泡，大伙平心静气地等待奇迹的出现。

过了一会儿，突然蹿出一只浑身湿漉漉的花狐狸，不是什么野兔子。花狐狸还没等看清外面围观的是什么人，撒腿就跑，泥水甩了宫女们一身。

赵飞燕吓了一跳，合德急忙躲闪，狐狸一溜烟似的跑没了。

成帝急忙躲闪的时候，不小心踩了宫女的脚。

这宫女不是别人，正是曹伟能。她经常跟成帝在一起玩耍，成帝那次扮演商人时，她扮演一个专打抱不平的大侠，打跑流氓，救出道房。

曹伟能表情很痛苦，直喊疼。

成帝慌忙命人查看，结果发现曹伟能的脚被成帝踩青了一大块。

要是别的什么地方被碰撞了一下，也许成帝就不会慌张地过问了。然而是脚，是成帝最敏感的部位，纤纤玉足，伤着了心疼。

曹伟能一瘸一拐地走路，那副痛苦的表情被成帝看见了。成帝突然发现曹伟能长得这般漂亮。尤其那痛苦的表情，加上一瘸一拐的动作，真是迷人。在成帝身边服务这么多年了，成帝竟从来没有发现过曹伟能还有这样的动人之处。

成帝上前赔不是说："是朕的过失，朕疏忽了！"

返回未央宫时，成帝让曹伟能也上车，算是对她的补偿。

成帝带她们在上林苑玩了一天，直到日偏西时才打道回府。午间，分管上林苑的上林郎官给皇上备下了盛宴，赵飞燕她们玩得开心，吃得也开心。为此，皇上还赏了上林郎官很多钱。

要离开上林苑时，赵飞燕突然想到被废的许皇后。许皇后就居住在上林苑昭台冷宫。那个冷宫是个什么样子？在上林苑的哪一方？赵飞燕也不知许皇后是个什么样子了。

尽管上林苑像个大花园，但上林苑昭台冷宫也是不可待的地方。那里寂寞无聊，连个人影都见不到，许皇后整天只有花草动物相陪。

冷宫前有一池合欢花。每当许皇后想起她与成帝在一起恩恩爱爱的时候，就折一朵合欢花，放在心窝处，顿觉有一股暖流涌遍全身。这种花的花瓣外边是鲜艳润泽的紫红色，内里细腻粉白，花蕊浅粉，花心深红，人称合欢花。

多少个黎明，多少个黄昏，都是合欢花陪她度过辗转反侧的漫漫长夜。她在冷寂的屋中苦苦徘徊，泪水涟涟地望着明月，思念着皇上，盼望着皇上哪一天能到冷宫来看望她，一个曾经是他妻子的女人。

二

自从那次上林苑游玩回来之后，赵飞燕仍跟燕赤凤两人巫山云雨。赵飞燕很欣赏燕赤凤的"洪壮"，与燕赤凤在一起已远远超出了"借种"的关系，除"借种"以外，还有一种她最需要也最离不开的东西使她恋恋不舍。即使燕赤凤不能使她怀孕，她也不能像对待冯无方、庆安世等人那样，一轰了之。

所以，赵飞燕为稳妥起见，在燕赤凤之外，又从宫外网来几名多子的壮男，藏于她的"祈祷室"。祈祷室香火缭绕，送子娘娘尊像伫立，弯眉细眼，笑眯眯地看着一切造访者，对待恶人善人都是一个态度，就是微笑，永远地微

笑。恐怕送子娘娘除了微笑以外，再也不会别的什么了。赵飞燕第一个看透了
她，所以拿她当挡箭牌，自己当娘娘，自己去求男人，去求皇子，用不着她
了，就燃着香熏着她，把她的笑眯眼熏得昏花不明，让她什么也看不见、看不
清。

　　成帝觉得赵飞燕挺有意思，就想到她的祈祷室看一看、瞧一瞧。赵飞燕说
什么也不让皇上进去，对皇上说："我们结婚多年了，一直没为皇上生个皇子，
臣妾心里十分不安，今臣妾别开一室，立神位，供奉送子娘娘神像，祈求赐臣
妾仙露，使皇上得子嗣，光耀汉室江山大业。请皇上不要踏进她的这块圣地，
不要打扰了送子娘娘，让她安静地为我们酿造仙露，送来白白胖胖的皇子。"

　　成帝被赵飞燕哄骗得不敢越雷池一步，害怕打扰了送子娘娘，使他不能得
到龙子。

　　这些天，成帝越发偏爱赵合德，常待在她那里，这也正合赵飞燕心意。这
样一来，她便有更多的机会和祈祷室里的壮男们鬼混了。

　　现在赵飞燕的祈祷室中有九个男人。她忙得什么都不管不顾了，要不是阿
猫在那儿牢牢地拴着，恐怕连阿猫也忘了。

　　赵飞燕忙中偷闲地扫一眼阿猫，却意外地发现阿猫的肚子大了。她以为拴
住的猫不会与野猫交合了，也不能怀猫崽了，所以一直没留心这只猫。

　　这意外的发现，竟让她气不打一处来，猫能怀孕，皇后却不能怀孕。

　　赵飞燕即令养猫女给阿猫堕胎。

　　给人堕胎不陌生，要给猫堕胎还没听说过。

　　赵飞燕要创造一个先例、一个奇迹，前无古人，后无来者，给猫像人那样
堕胎。

　　宫女仿效给花姓和美娇堕胎的方法，给阿猫灌了堕胎药。

　　赵飞燕在一旁看着，指挥着。

　　给猫灌药可不同给人灌药，它不知道配合，不知道主动，知道的只是龇牙
咧嘴，张牙舞爪。

　　赵飞燕命宫女们抓住阿猫的头，然后用木棍撬开它的嘴。这样，阿猫就任

人摆弄了。

阿猫的头被弄得湿漉漉的，没个猫样，两眼茫然，疑虑重重，它不知道自己犯了什么罪，触犯了哪条法律，得到这样的惩罚。它觉得不公平，于是，它冲它的主人使劲儿高叫几声"喵！喵！"以示反抗。

这还不算什么，更气人的事还在后头。

堕胎药对阿猫不起作用。

第二天，阿猫下了一窝猫崽。

赵飞燕喜欢猫，喜欢这只与她同生死、共患难的阿猫，但在这种时刻，她是不希望看到阿猫生崽的。她希望阿猫能理解她此刻的心情，这时生崽，是对她的侮辱和不尊重。

于是，赵飞燕命宫人把还没睁眼的猫崽丢到外面的水池里。宫人们照办了。水里的猫崽像老鼠一样，凭本能游了两圈就沉入水底了。

赵飞燕够忙了，一面忙人，另一面还要忙猫。人和猫她是都不会放过的。

赵飞燕不生孩子，赵合德也不生孩子，皇上没有子嗣。宫廷上下都在谈论这件事，和当年许皇后一样，她们因为不生孩子，要承担很多来自各个方面的压力。所不同的是，许皇后一个人承担，赵飞燕是姐妹共同承担，而姐姐承担的要比妹妹承担的更重一些。

太后王政君多次埋怨儿子成帝对赵飞燕姐妹专宠过度，使刘家没有子嗣。朝廷中的大臣也都纷纷上书皇上，劝皇上不要专宠赵氏姐妹，后宫有美人无数，不愁没有子嗣。

成帝在众人的劝说中，也曾临幸过后宫美人，但都是蜻蜓点水，只是偶尔一次，怀龙子的可能性很小。他大多数时间都是泡在赵合德的昭阳殿和赵飞燕的远条馆。

而后宫姑娘美娇怀孕，就是成帝背着赵氏姐妹到后宫打野食留下的"杰作"。

赵飞燕的压力很大，她焦头烂额，寝食不安。她越发觉得当了皇后的她没有刚进宫时的她轻松了。

赵飞燕入宫几年了，仍然不怀龙子，按道理讲，她的处境也应该像当年的许皇后了，危机四伏，群起而攻之。她之所以没有陷入许皇后当年的境地，有这样几个原因：一是皇上仍然喜欢她，只是喜欢的程度没有对赵合德那样强烈。二是妹妹赵合德暗中保护，利用各种手段笼络皇上，让皇上起到了"保护伞"的作用。三是朝廷上下百官，不敢直言上奏，不敢说赵氏姐妹的不是，担心惹来杀身之祸，所以都视而不见，缄默不言。

这种情况下，赵飞燕的皇后之位才稳如泰山，牢不可破。当然这些还不是主要原因。更主要的原因是赵飞燕的身世和政治背景，没有对盘踞在朝廷上下的王氏家族构成威胁，才得到现在的处境。

有赵飞燕在此，王氏家族是很安全的。赵氏姐妹不但对王氏家族构不成威胁，反而间接地帮了大忙，对他们十分有利。只要细想想，不难琢磨透。有赵氏姐妹纠缠住皇上，贪恋女色的成帝肯定把精力专注到她们姐妹身上，而不理朝政，大权自然而然地就落入王氏家族的手中。

如果把赵飞燕换了，换成别的什么皇后，一人得道，鸡犬升天，不知道有多少亲属挤进朝廷当官做老爷呢！那时，说不定王氏家族的势力会渐渐缩小的。

宫廷里的政治斗争、权力之争都是十分微妙的。赵飞燕姐妹能在此站住脚，还得感谢她们自己的微贱身世。

赵飞燕姐妹被皇上专宠，引起朝廷上下很多大臣的不满。赵飞燕被册封为皇后时，光禄大夫刘向很支持她，现在由于不能生皇子，且淫乱后宫，也引起刘向对她的不满。再加上王氏家族秉权，一朝之主的成帝不理朝政，斗鸡走狗，酒色淫乐，专宠赵氏姐妹，使朝廷潜伏着一种危机。

很多正直的大臣看到国将不国的景象时，都为汉室江山叹息，对皇上说：

"上天立君主，是为了让民众安乐，并不只是满足君主的私利。现时权贵越来越富，百姓越来越贫，富者田连阡陌，贫者无立锥之地。这实在不均等，乃是日后民反的隐根。"

成帝当时认真听，事后全忘了。

大臣们也拿皇上没办法，常说起武帝时的景象。那时汉朝最为繁荣和强盛，京城的府库装得满满的，钱库里穿钱的绳年久朽断，铜钱散落遍地，无法清点；粮库里的粮食旧的未用完，新的又储进，装不完只好堆放在仓外，以致朽坏；田野布满马群，对外开拓疆土，宣扬国威……

一天，故槐里令朱云实在看不下去，就求见成帝，正好成帝那天临朝，公卿百官站立两旁。朱云上前行跪拜礼，然后直言说："今汉家天下，有郡国一百零三，田亩八百二十七万零五百三十六顷，民户一千二百二十三万三千零六十二，民口五千九百五十九万四千九百七十八。田亩大部分为公卿富侯所占，家资巨万，奴役百姓，贫者越贫，富者越富，贫富差距越来越大。红阳侯王立一次抢占良田数万亩，然后将良田售予皇家，得一万万钱以上；圣朝丞相利用地方绘制地界之机，多占良田四万亩，收取土地谷物上千担；有的私积资财，贪得土地。使得农夫无田耕，百姓陷于水深火热之中，岂能不铤而走险，举兵造反？今圣上酒色犬马，专宠赵氏姐妹，朝政荒废……"

成帝听此，大怒："此人罪在不赦，应即拿下！"

御史奉命，当下将朱云往殿外扯去。

朱云不知哪来的力气，死死搂住一根殿柱不放，御史用力硬拖，一下子将粗壮的殿柱折断了。

朱云大呼道："臣得从龙逢、比干同游地下，心甘情愿！但不知圣朝将成为何朝？"

这时，朱云已被御史硬拖了出去。

左将军辛关忌暗自佩服朱云的勇气，见皇上真要治罪朱云，顿时热血上涌，解印叩头力谏道："小臣朱云，素来狂直，当世著名，所言也极合理，即使大发妄言，也乞望陛下大度包容，臣拼死力保朱云！"

左将军说完，头撞柱流血，淋落御座前。

成帝是不见棺材不落泪，见左将军头破血流，便回心转意了，降诏将朱云赦免。

后来，朱云返回家中．辞职离开朝廷，从此不再做官。

据说，回到家中的朱云，常乘牛车到处闲游，所到之处，百姓都很欢迎他。

赵飞燕知道朱云大闹御殿之后，一面感谢皇上对她的厚爱使她免遭朝臣诛罚，另一面又十分痛恨朱云这个小臣，恨不得让皇上马上下诏杀死他，以解心头之恨。

其实，朱云最恨的是王氏秉权让百姓受尽了疾苦，谴责皇上不理朝政时把皇后赵飞燕也捎带说了几句，想不到竟惹怒了赵飞燕。

朱云的事就算完了，不过，朱云弄断的廊柱还得修复。有人建议换新的，成帝当面嘱令说："不要换新的了，只把坏处修补一下就行了，留下这根损坏的廊柱，纪念直臣朱云，以示百官！"

后人以此说成帝并不是全然糊涂，可惜辅佐乏人。

朱云的精神实在可歌可泣，为直谏皇上，愿与比干、龙逢同游地下。比干是商代贵族，商纣王的叔父，因屡次劝谏纣王少淫乐、多理朝政，被纣王剖腹拿心而死；龙逢是夏代末年大臣，夏桀暴虐荒淫，他多次直谏，被桀囚禁杀死。

赵飞燕有自己的想法，她愿意让成帝淫乐，专宠她们姐妹，朱云的直谏正好违背了她的想法。

赵飞燕就是这样的人，只要不伤着她，怎么都行，要是动摇她个人利益，她会拼死地利用自己的权力与之搏斗。

现在，她说一不二，没人敢动，皇上宠她，宫人怕她。所以，在后宫，赵飞燕想干什么事，都是顺顺当当的，没有不顺心的。但有一件事，她办不到，就是生皇子。为此她整日不得安宁，心神不定，悒郁不乐，怏怏不快。

赵飞燕现在把希望全寄托在祈祷室里那几名壮男身上了，希望能从他们那里获得一线生机，圆满她的人生。

第十一章

乱后宫姐妹胡为
曹伟能得帝甘霖

一

有一天，赵合德去远条馆看望姐姐赵飞燕，姐妹相见，无所不唠，东扯西扯，最后扯到都没有子嗣的问题上了。

一提这事，赵飞燕愁上眉梢，她说："姐姐今生今世没有得子之命，想来真是命苦啊！"

"姐姐哪能这样说呢，事在人为嘛，找人看看，吃些草药，说不定就会有喜！"合德鼓励姐姐。

"药也吃也用了，仍不见效果。"

"还可想想其他办法嘛！"

"你不是不知道，在皇上以外，我又找了那么多的男人，盼望能获得甘露，得一'皇子'，但终究不遂人愿，肚子还是鼓不起来，还有什么好办法可想呢？"

赵合德被问得默不作声。

赵飞燕见合德没有回话，就猜透了妹妹的心思，说道："你我姐妹二人，生死相依，命运相连，姐姐不生子，妹妹当生子，只要我们姐妹中有一人为皇上生儿子，必能根基永固，荣华富贵，一直到死。不然日后我们的地位必为他人所倾。"

"姐姐所言极是，妹妹已侍奉皇上多年，龙胎未结，只怕也是无子之命啊！"妹妹赵合德叹息着应和。

赵飞燕又进言："你我姐妹二人想必不至于那么命苦吧？妹妹不妨也像姐姐一样，'借种'试一试？"

合德听姐姐这样一说，羞得两颊刷一下红了，不好意思地低声说道："皇上宠爱于我，夜夜专房，哪有良机可趁？"

赵飞燕此时此刻也想把妹妹引向"借种"生子之路，只是合德想到与皇上以外的男人私通，就觉得不好意思。赵飞燕劝解说："只要用心，机会多得是，用不着发愁。我这里有一位叫燕赤凤的壮男，此人阳气甚旺，长得一表人才，他还身怀绝技，穿墙越脊如履平地，来去无踪影。姐姐把他推荐给你，与此人共赴巫山，万无一失。"

姐姐这一番话，把合德说得心里痒痒的。她接触的男人只有皇上一人。与别的男人偷情，她也不知道是个什么滋味。不像姐姐，找的男人多，见识也广。

"妹妹占姐姐的心上人，这合适吗？"合德假装不好意思地推辞。

"到这个时候了，得子要紧，我们姐妹有福同享，有难同当，就听姐姐的吧！"

赵合德从来都是听姐姐话的，尤其这样的好事，她就更听姐姐的了。

其实，赵合德本性比姐姐更放荡，听了姐姐的话早已淫心难耐，只是能控制自己，不表现出来罢了。

赵合德十分满意地回到了昭阳殿，剩下的事，就由姐姐一人安排了。

赵飞燕也是办事利索的人，不拖泥带水，立即召来燕赤凤，对他说："我妹妹美艳无比，在她面前，我自愧不如。皇上爱她，死去活来，日夜不离。只是久不怀龙胎，令其愁眉不展，你可为她送去阳光雨露，使其腹中有胎。"

燕赤凤一听大喜过望，又一只娇凤飞来，怎会不使他高兴呢？于是，他满口应允，同意侍候赵合德。

赵飞燕又说："我妹肌肤如雪，通体洁白，生性好洁净，你还是沐浴后再去，免得令她生厌。"

赵飞燕为妹妹赵合德做了"产品推销广告"之后，燕赤凤等不及了。他想，那合德肤如瑞雪，润如凝脂，本是皇上的尤物，我艳福不浅啊！

这燕赤凤心里像打破蜜罐子，甜蜜无比，一下子得到美若天仙似的姐妹俩，心里一直在偷着笑。

于是，赵飞燕找了个皇上夜里住在她这里的机会，命燕赤凤去昭阳殿，幽会妹妹赵合德。

赵合德对燕赤凤非常满意。从那以后，燕赤凤便时常偷偷地来昭阳殿与赵合德在绿熊席里幽会。

自此，燕赤凤与赵飞燕姐妹经常在一起。他钻了成帝的空隙，穿梭于赵氏姐妹二宫。

可怜的成帝，赫赫当今皇上、万民之主，众人景仰，能呼风唤雨，能移山填海，却不能防止自己钟爱的妻妾与人私通，神不知鬼不觉地被人戴上了绿帽子，让一个小小的臣民占了他这么大的便宜。

如果让成帝知道姐妹串通一气让他当"王八"，别说成帝，就是再无能再懦弱的皇上，也会赐她们一死的。

可见，这件事能说明两个问题。

一是赵氏姐妹瞒着成帝安排得秘密，甚至无懈可击；二是赵氏姐妹在后宫势力大，无人敢揭发，连皇上也失去了耳目。

赵氏姐妹在后宫的翅膀硬了，她们姐妹的专断骄横，使得很多人都害怕她们，害怕她们的打击报复，害怕她们的残忍狠毒。

自从燕赤凤跟了赵合德，只要成帝不在，燕赤凤必来。不过因为成帝偏爱赵合德，所以在赵合德这里住得比较多，相对地给她与燕赤凤在一起的机会很少。尽管合德很不满意，她也不能冲皇上发火，只暗暗地盼着皇上能多去找姐姐，把机会留给她。有时，皇上既不住在姐姐那里，也不住在合德这里，而是到别处去鬼混，燕赤凤又不能一分为二同时陪着姐妹两个。谁来决定燕赤凤是陪姐姐赵飞燕，还是陪妹妹赵合德呢？谁也决定不了。姐妹俩的事，只有姐妹俩来办。

爱情本来就是自私的、排他的，不允许有第三者出现，赵飞燕能把燕赤凤推荐给赵合德，首先是因为赵合德是自己的妹妹，不是别的什么女人；其次是因为考虑到了让妹妹生子的问题。要不是因为这些，赵飞燕死也不会把燕赤凤交给别的女人。虽然是自己的妹妹，但从心里讲也不是心甘情愿的。多多少少，她对妹妹产生了一点醋意。

赵合德听姐姐的话，什么事都依顺姐姐，然而，只有这一件事，她与燕赤凤的事，她是决不会听姐姐让姐姐的。

赵合德想独占燕赤凤这个风流男子，这个多情郎。

赵飞燕有些后悔，觉得当初不该把燕赤凤介绍给妹妹赵合德，祈祷室那么多壮男，随便给她哪一个都行。怎奈一时粗心马虎，把燕赤凤递了出去，再说，姐妹相依为命，有福同享，有难同当，有这样英俊的燕赤凤，自己能独吃独占，冷落了妹妹吗？现在可好，要鸡飞蛋打了，燕赤凤迷上妹妹赵合德了。

燕赤凤是个有艳福之人，被这一对倾国倾城的美人抢来抢去，抢去抢来，自是得意非凡。

时间一天一天过去了，有一天，樊姬见梳洗打扮之后的赵飞燕没事，就溜了进来。她没提燕赤凤的事，而是谈起有没有子嗣的问题，她说："怎么样，最近有反应吗？"

樊姬的意思很明白，是问赵飞燕怀上了没有。敢在赵飞燕跟前问怀孕没有的，可能只有成帝、合德和樊姬了，因为这等于揭她的短，在矮子面前说短话，奚落她，有意难为她，给她难堪。

"有个屁反应，那些个窝囊废男人！"赵飞燕倒好，现在不埋怨自己的肚皮了，而把问题转移到男人身上了。她是有些晕头转向了，不知道是谁对谁错了。

樊姬说："现在也不好说毛病出在谁身上。你不怀孕，合德也不怀孕，按理说该是皇上有毛病，皇上没有生育能力。然而事情没有那么简单，你与冯无方、庆安世，还有一些多子之男都在一起过，也没有怀孕，难道是这些男人都有毛病，像你说的那样都是废物？我看不见得。"

"你是说我有毛病，不能生育？"

"也不能过早地下结论。"

"那你说，这究竟是怎么回事？"

"我们不妨试一试！"

"怎么个试法？"

"赵合德妹妹不是只跟过皇上一人吗？她没跟过第二个男人。让合德与皇上以外的正常男人在一起看看，要是不怀孕，那么，这些男人像你说的一样，就是一群废物了。如果怀孕，就证明是你有毛病。到这个时候，就不能总想着自己生孩子了。如果合德怀孕了，不也合了你的心意吗？"

樊姬的意思是让赵合德也与人私通，姐妹一起私通，增加生子的概率。

赵飞燕心想，樊姬虽然机灵，但这个想法显然是落后了，落在她的想法之后了，妹妹赵合德早与燕赤凤在一起了。

赵飞燕假装称赞樊姬的想法高明，说："这倒是个好办法，不妨按你说的试一试。合德生了孩子，我们姐妹的地位就稳固了。"

"此事不能拖，越早进行越好。"樊姬显得十分关心赵飞燕，然后又对赵飞燕说，"我看皇上近日老是往后宫里跑，怕是又被哪个小妖精迷住了。你要与合德缠住他，不让他与更多的女人接触，这样会争取更多的时间。"

争取更多的时间干什么，樊姬不言，赵飞燕的心里清清楚楚。无非是尽快与人私通，与成帝抢时间。

赵飞燕对樊姬说："以后让人多留心皇上的去向，都与后宫里的什么人接触过，更重要的是要注意有没有宫女怀孕。"

"放心吧，皇后，我一定尽心办到！"

樊姬走了。

赵飞燕一个人陷入了沉思。

道房这丫头是赵飞燕的贴身侍女，赵飞燕的生活起居都由她照料，很自然地，赵飞燕的淫乱行为都被她看在眼里。

赵飞燕干这事要瞒很多人，但对道房，她从来都是公开的。因为道房是个使唤丫头，无权无势，说杀就杀，说宰就宰，给她一百个脑袋她也不敢把皇后的事说出去。

道房也在春性难耐的年龄，这些事对她很有吸引力。

怎奈，一个宫女，如得不到皇上的御幸，就永远也得不到一个男人的抚慰。艳丽无比的鲜花惹不来蜂蝶，香消玉殒，慢慢地凋谢，默默无闻地逝去。

道房得不到皇上，就在能接触到的男人身上打主意。那些男人，都是假男人，是太监，是被净了身的人。成帝身边有个太监，叫吕延福，成帝要接赵合德进宫，两次都是派吕延福去的。这个吕延福虽然是净了身的人，但整日见皇上与漂亮的女人在一起，心里也痒痒的，怎奈射月无箭，力不从心。

道房与他眉来眼去，暗送秋波，两人不久就鬼混在一起了。时间久了，赵飞燕从他们的眼神中发现了。然而，赵飞燕没有制止他们的行为。

也许当时的赵飞燕是这样想的：我满山放火还嫌不够劲儿，总得容别人点点小灯吧！宫女，一个正常的女人，见不到男人，够可怜的了，随他们去吧！

赵飞燕是皇后，是后宫之主，她与男人淫乱，日甚一日，不知自制，对后宫宫女、太监淫乱也不加制止，使后宫淫风大盛。宫女和太监之间，宫女和宫女之间，太监和太监之间，很多结成了夫妻关系，有时竟敢公开称妻道夫。

有时两个太监为抢一个宫女，大打出手，有时两个宫女争抢一个太监，撕破衣裙，滚在一起。

成帝这人也怪，每当见到宫人为这事闹翻了脸，不但不劝阻，不制止，反而看热闹，就像看一群发情的动物在一起撕打，在一起争抢，看谁能战胜谁。

道房这姑娘知趣，没巴结皇上，然而樊姬就不一样了。

生活在赵飞燕身边的樊姬，经常来往于皇后与皇上之间，一会儿讨好皇后，一会儿讨好皇上。作为一个女人，她也想得到皇上的爱，然而，皇上看也不看她一眼。这使她很伤心，自知容颜逊色，永远巴结不了皇上。她给皇上献计，最后皇上得了赵合德这样的美人，很感激她，甚至激动得将樊姬抱住，樊姬紧闭双眼，等待皇上的下一步行动，可是，等来等去一场空，皇上的动作再没有进行下去。

那次以后，樊姬也没有死心。樊姬知道皇上喜欢赵合德的妆容，就常常模仿赵合德，把自己的眉毛画得很弯，把头发盘起来打成一个高高的髻，然后在脸上施一些薄粉，往身上喷洒一些香水，使自己更加迷人。樊姬学赵合德，后宫的女人就学樊姬，目的只有一个：以此吸引皇上。

当宫女们都像合德时，她们就再也不能引起皇上的注意了。而往往这时，赵合德早换去了这套陈旧的妆容了。

樊姬跟来跟去，终究也没有跟上，反倒把自己的头发弄得乱七八糟，而失去了自己独有的风格。

樊姬失望了，生活在皇上身边，近水楼台，却不能先得月，看来是没有任何指望了，只好甘当宫女了。

道房这姑娘之所以不能安分守己，与她所处的环境和她的工作有关。

道房想找一个正常的男人，做一次真正的女人。然而，后宫除皇上以外，再没第二个男人了。最后她找到吕延福，是实属无奈，只好用这个假男人欺骗自己了。

道房也曾试图巴结过皇上，施展女人的魅力贴近皇上，但皇上根本不理睬她，像一只瞎了眼的蜜蜂越花而过，气得道房暗中发疯又无可奈何。

二

上次成帝与赵飞燕、赵合德，还有服侍他们的宫女、太监们，到上林苑游玩，曹伟能被成帝踩了一脚，从那以后，成帝发现了曹伟能的魅力。

一天晚上，成帝正忙着看几个奏章，都是自然灾害导致粮食减产和老百姓背井离乡的事。批完这批公文以后，他有点饿了。曹伟能帮他收拾好公文，顺便给皇上弄来晚餐，成帝一边喝酒一边吃菜，喝了几杯之后，不知成帝是醉了酒，还是昏了头，又把曹伟能的脚碰了一下。曹伟能也会演戏，愣说又被皇上碰疼了，痛苦的表情一上脸，成帝就发现曹伟能生得花容月貌、百媚千娇，再看她的满头乌发，色黑如漆，光可照物；脸如朝霞，肤若白雪，目似秋水，眉比远山，顾盼之间，光彩照人。成帝是越看越爱看，不免心里痒痒的，忍不住问道："你几时入宫的？"

"河平四年，陛下。"曹伟能见皇上问她，忙下跪施礼道。

"免了，不需要这样，起来吧！"

"谢皇上！"曹伟能站了起来。

皇上又问曹伟能："家居何郡国？"

"江都。"

"江南水好，能养育出花儿一样的美女，你也是个美人啊！"

"谢皇上夸奖，小女貌丑，不能给皇上带来欢娱，自当有罪！"

"哪里哪里，朕很喜欢你。在朕身边侍奉了这么多年，朕如今才发现你很漂亮。这些年，默默无闻为朕服务，朕委屈你了！"

"有不周到的地方，还望陛下降罪！"曹伟能有些受宠若惊了。

"近日朕的心很烦。国家多灾多难，百姓受尽疾苦，国库亏空。再加上朕到如今仍无子嗣，赵皇后和赵昭仪不怀龙胎，又搅得后宫风言风语，烦恼不断。今见你容颜，朕心大悦！"

"只要皇上高兴就好。"

成帝拖住曹伟能，曹伟能半推半就说："不行啊，我的脚很疼，不能碰啊！"

"朕小心就是了，朕不碰你的脚。"

一提脚，成帝更来精神了。就这样，成帝御幸了曹伟能。

成帝这个人外貌魁伟端庄，举止稳重，看上去威严若神，在男子汉里，算得上美男子，在女人眼里，也极有魅力。

别说成帝是皇上，就算他是普通的老百姓，凭他的男人魅力，曹伟能也会入怀的。美男，又加上是万民之主，曹伟能真是求之不得，喜不自禁。

成帝叹息说："朕没有子嗣，不心甘情愿，若你能为朕生得皇子，朕立即封你为昭仪，倍加疼爱，宠入后宫。"

"陛下休得这样说，小女能在陛下身边服侍陛下，即三生有幸，小女没有更大的奢望，小女也不敢奢望！"曹伟能十分满足地说。

"有什么不敢的？"成帝问。

"小女怕皇后和昭仪，若被她们发现小女与皇上偷情，一定会吃醋的，也许有一天，小女会因此离开陛下的。"

"朕是皇上，是君主，与朕在一起，谁也不敢动你。"

"陛下圣明，乃万民之主，小女有幸得陛下宠爱，死也足矣！"

曹伟能心里很明白，在赵飞燕姐妹眼皮底下，得到皇上的宠爱要冒多大的风险，要是给皇上生个儿子，这一对姐妹会撕破她的肚皮。如今只得依靠皇上保护了，除了皇上，还能依靠谁呢？

是啊，在后宫，曹伟能不靠皇上还靠谁呢？除了皇上，还有一个与她最好的人，就是赵皇后的贴身侍女道房。

但道房与她一样，都是普通宫女，在后宫没有地位，遇到风吹草动，她也是泥菩萨过河，自身难保。连自己都保护不了，还能保护别人吗？

曹伟能与道房常在一起说东扯西，聊天聊地，海阔天空，但作为一个宫女，谈来谈去的，最后还得回到身边的人和事上来。

道房神秘地说："赵皇后在远条馆秘密地开了一个房间，说是祈祷送子娘娘送子，谁也不让进，谁也不许看，怕冲了神灵，送不来皇子。有一天，我偷偷地看见里面私藏那么多体壮漂亮的男人啊！"

"干什么用的？"曹伟能问。

"那还用说吗？明摆着的，供皇后行乐呗！"

"以后不要再提这事了。"

"没人听见，怕什么！"

曹伟能劝她少管闲事。

曹伟能是女官，管皇上与皇后的事，知道的事自然多，知道该说什么不该说什么。曹伟能说，以前有个宫女把皇后与皇上的侍郎私通的事报告给皇上，不料皇上根本不听，反而把这个宫女杀死了。

汉成帝后宫有美女两万人，有幸能被皇上御幸的寥寥无几。然而，天有不测风云，在这种环境里生存的曹伟能，还不知此事是福是祸。

第十二章

争情郎姐妹生隙
游昭台许后获救

赵合德对燕赤凤非常满意，经常偷偷摸摸召他来昭阳殿。燕赤凤便钻了成帝的空隙，穿梭于赵氏姐妹二宫之间。

渐渐地，当成帝住在其他妃嫔处时，赵氏姐妹便争抢燕赤凤陪自己。无奈，燕赤凤没有分身之术，赵氏姐妹为此开始争风吃醋，几近翻脸。

那些天，成帝不在昭阳殿，也不在远条馆，他待在上林苑，在那里斗鸡走狗，纵情欢娱，一住就是十几天不回宫。赵氏姐妹巴不得皇上不回来呢，她们好与燕赤凤尽情云雨。再说成帝去上林苑无非就是玩，又不是去找女人，那些鸡啦狗啦什么的，任他玩一年两年也不会为他生皇子，又不是宫女，任他玩去吧！

这样就给这一对姐妹腾出很多时间与燕赤凤鬼混。爱情是自私的，这话千真万确，赵飞燕就是这样，祈祷室里有那么多"库存"的男人还嫌不够，扯住燕赤凤不放。赵合德这边除燕赤凤以外，没有任何男人，燕赤凤不来，赵合德就像一朵鲜艳美丽的花朵，没人浇水施肥，显得枯干而没有生机，顿失几分姿色。赵合德心里也承受不了这份寂寞、这份孤独、这份欲火燃烧的难耐的心情。

偏偏在这件事上，姐姐又不理解她，跟她争抢燕赤凤。有时，赵合德很恨姐姐，但恨归恨，毕竟是自己的亲姐姐，拿她没有办法。有时，赵合德又想杀了燕赤凤，她得不到，也不想让姐姐得到。就像当年在长安城外的树林里捣毁那窝雏鸟一样，自己得不到就把它毁掉。但赵合德想归想，她实在不愿毁掉燕赤凤这件珍宝。毁掉了还到哪里去找像燕赤凤这样的男人呢？她念念不忘燕赤凤，渴望燕赤凤永远陪在自己身边，老死身边。

永始三年，即公元前14年，十月十五日，汉朝的礼仪规定在这一天遥祭先祖在天之灵。这是宫廷里的事，民间不参与。

这一天，也算是宫廷里的一大节日，节日气息浓烈。据历史文献记载：

　　十月十五日，共入灵女庙，以豚黍乐神，吹笛击筑，歌上灵之曲，既而相与连臂踏地为节，歌赤凤凰来。

　　在这样一个盛大的节日里，成帝与赵飞燕姐妹自然都得来参加祭祖活动。文武百官也得到场，跟着皇上遥祭先祖在天之灵。

　　老百姓不知道是怎么回事，敲锣打鼓，闹闹腾腾，就远远围着看热闹。

　　大臣们表面都挺严肃，可内心都在敲着自己的小鼓。皇上现在祭祖显得极认真，可他都做了些什么呢？他对得起先皇和自己的列祖列宗吗？

　　汉室江山家业被他败空了，他耗巨资修筑陵墓，百姓连年食不果腹。土地多被王氏家族占有，百姓只有高价租种，怨气冲天，私怨日深。

　　光禄大夫刘向此刻心里也在嘀咕，皇上不遵祖训，还在虔诚地遥祭先祖。汉高祖刘邦平定天下之后，曾与众大臣相约立誓："非刘氏封王者，天下共击之。"现在全变了，把祖宗的誓言抛在脑后了。他即位后即封王氏家族的乌龟王八舅舅们为侯，王家在朝廷任二千石以上官秩者多达二十三人，其中十几个人封侯。这引起很多人的不满。

　　王氏家族的人秉事用权，骄奢不法，依太后之尊，借甥舅之亲，以为威重，搞得国将不国，汉室江山每况愈下。

　　遥祭先祖的活动中，有一群漂亮的舞女翩翩起舞。祭舞中有一首《赤凤来》之曲。这支曲子在遥祭先祖这一天是必须唱的，象征汉室江山千秋万代，永远美好下去。

　　《赤凤来》一曲由乐工演奏，宫女伴唱。听着听着，赵飞燕有点不自在了，她把《赤凤来》一曲与燕赤凤联系在一起了。这些天燕赤凤一直在赵合德处，使她饥渴难忍，浑身上下都不舒服。这个燕赤凤时刻都在赵飞燕的心上。

　　不知怎么的，赵飞燕鬼使神差地斜睨一眼妹妹赵合德。赵飞燕难以控制醋意。如果这不是自己的妹妹，非得像搞垮许皇后、班婕妤那样，把她送进昭台冷宫，让她永远不见日月，见不到皇上！

赵飞燕这一眼斜视却百媚顿生，倾国倾城。这一天，赵飞燕去掉高髻，梳个大手髻发型，真是鹤立鸡群，漂亮极了。赵合德不同于姐姐，梳个假通髻，也是漂亮无比。

赵飞燕平时多穿冬暖夏凉的云英紫裙，今天遥祭祖先，换上了入庙的祭服。皇后的谒庙服饰与太后的大致相同。皇太后入庙祭服是绀上皂下，绀即是深青带红的颜色，皂是指黑色；或者是青上缥下，即上青下白。这一天的王政君太后穿的就是绀上皂下，由几个宫女服侍左右。

赵飞燕穿的是青上缥下，隐领袖，缘以条。与王政君太后所不同的是，假结，步摇，簪珥。"步摇以黄金为山题，贯白珠为桂枝相缪，一爵九华，熊、虎、赤罴、天鹿、辟邪、南山丰大特六兽。"上面所列六兽是指以此六兽为步摇的华饰。天鹿即天禄，与辟邪同为狮属，一只角的叫天禄，一对角的叫辟邪。南山丰大特指南山丰水一带所产的大水牛。

这一身打扮要是穿在老态龙钟的王政君太后身上，怎么看怎么不顺眼，然而，穿在漂亮的赵飞燕身上，显出无法形容的美丽、端庄、典雅。

成帝一看赵飞燕和赵合德今天都出奇的漂亮，心里也就别提有多高兴了。此刻他心想，得这一对美人，就是无子也行了，吾不追求长寿，不追求"白云乡"，只求死在"温柔乡"里，连命都不要了，还舍不得皇子吗？

祭舞还在舞着。汉朝郊庙祭祀朝飨的舞蹈活动叫雅舞，比较正规。在宫中酒会宴席的舞蹈活动叫作杂舞，舞姿活泼而优美。赵飞燕不喜欢正规的祭舞，她喜欢舞姿活泼的杂舞，因此，眼前的祭舞她没看几眼。她很喜欢汉高祖戚夫人的翘袖舞还有折腰舞。折腰舞主要是腰下动作，一般与翘袖舞并用，十分美丽潇洒。

这一天的祭祖活动，要不是因为那首《赤凤来》曲，赵飞燕本来很兴奋的。经常憋闷在宫里，出来看看大自然的风光，不是挺好吗？坏就坏在这首气死人的《赤凤来》，搞得赵飞燕醋意浓浓，好不畅快。

赵飞燕没看几眼祭舞，只顾斜视妹妹赵合德了。今天在她眼里，妹妹不管打扮得多么漂亮，看着都不顺眼。

赵氏姐妹自入宫以来,第一次因为争抢一个燕赤凤而开始闹得面和心不和了。

赵飞燕姐妹争抢燕赤凤的风,越刮越大,愈演愈烈。

自从祭先祖回来后,赵飞燕一直没去过昭阳殿看合德,赵合德也没去看姐姐。

成帝到上林苑狩猎去了,又把飞燕与合德留在宫中。

这一天,赵飞燕在远条馆待得不耐烦,就想到昭阳殿,看看妹妹赵合德在干什么。说来也巧,赵飞燕在赵合德的昭阳殿之外,碰到了燕赤凤,正想喊"赤凤",不想燕赤凤一躲闪,不见了。

赵飞燕进入昭阳殿,见妹妹头发散乱,慌慌张张,知道她刚才与燕赤凤在一起。此刻,赵飞燕心里酸溜溜的不好受,她真想伸出手去,打赵合德几下。她气愤地问赵合德:"燕赤凤来过?"

"来过。"赵合德理理头发说。

"为谁而来?"

赵合德看姐姐一眼,回答:"赤凤当然是为姐姐而来了,他是来找姐姐的,他肯为别人来吗?"

赵合德这是往姐姐脸上甩鼻涕,自己刚刚做完见不得人的事,现在却反咬一口赵飞燕。

赵飞燕见妹妹顶撞中深带讥意,恼羞成怒,抓起一只酒杯打向赵合德。赵合德见姐姐挥杯打过来,急忙一闪,酒杯击中她的裙边。赵飞燕见没打中妹妹,便恶狠狠地说:"老鼠想咬人呀?!"

妹妹赵合德毫不示弱,反唇相讥,回敬道:"老鼠不想咬人,只不过想在你的衣裙上咬个洞,看看里面是什么货色。"

赵合德性情柔和,对姐姐赵飞燕从来都是百依百顺,这一次却忽然凶恶反击,赵飞燕立刻嘴唇发青,瞠目结舌地呆愣在那里,说不出一句话来。

跟赵飞燕一起来的樊姬,见姐妹俩为一个男人打了起来,大吃一惊,没想到亲密无间的姐妹会闹到这个程度,继续闹下去,奸情传出,后果不堪设想。

于是，便在中间说好话。好话说了一大堆，她们还是不听。

最后，樊姬给赵氏姐妹跪下了，不住地叩头，说："我的奶奶呀，可别吵了，再闹下去，被皇上知道了，你们姐妹都不会得好的。"

樊姬说得在理，赵飞燕姐妹再继续闹下去，会两败俱伤，谁都占不着便宜，等于姐妹自己找火坑往里跳。

樊姬叩完头，见姐妹俩都不言语了，就强拉着赵合德的手，让她给姐姐赵飞燕道歉。

一阵争吵之后，恢复了原来的平静，姐妹都冷静下来。

赵合德是位极聪明的女子，她很快意识到她们姐妹的命运是不可分的，便后悔自己不该对姐姐恶语攻击。于是，向姐姐哭着说："姐姐呀，我们小的时候，没有一个正经的家，在一起受苦遭罪，没有父爱，也没有母爱。那时我们贫苦不堪，你我共盖一条薄被，天冷夜长，冻得不能入睡，你让我抱着你取暖入睡。如今，我们荣华富贵了，高人一等了，却忘了以前的这些往事。"

赵飞燕也感到自己不对，就抱着痛哭流涕的妹妹，一边梳理着妹妹的秀发，一边哭诉："咱们姐妹，孤家寡门，没有亲人，全靠姐妹之间互相照应，姐姐怎能忍心与你自相残杀呢？是姐姐的不对，妹妹该原谅姐姐。"

"姐姐，是妹妹不对，妹妹更应该体谅姐姐的难处。"

"不要说了，姐姐还记得从阳阿公主家离开的时候，妹妹把自己最心爱的小荷包送给姐姐作纪念。进宫后的第一夜姐姐哭了，姐姐很伤心。其中也有思念妹妹的眼泪，想到和妹妹在一起相依为命十七年，一下子就分开了，姐姐实在受不了这份感情上的打击。那一夜，姐姐是枕着你给的小荷包睡去的，后来，姐姐一直保存着那只小荷包，姐姐想，有朝一日，妹妹离开姐姐的时候，姐姐再把小荷包还给妹妹，以示姐姐的一片心意。"

"姐姐，你真好！"合德哭着说。

赵飞燕为妹妹拭去眼泪，继续对妹妹说："皇宫里有的是金银珠宝，但都不属于姐姐，唯独妹妹的小荷包在姐姐心中，比金子还珍贵。如果有人要拿走我住的远条馆，我会不动声色地交出去，如果有人要拿走你的小荷包，姐姐会用生命保护它。后来，姐姐一看到你的小荷包，就日夜思念你，才把你接进宫中，与姐姐做伴，你是姐姐唯一的亲人。"

看到这一对穷苦姐妹抱头痛哭，樊姬也禁不住跟着哭起来。

这一对姐妹和好如初了，感情似乎比以前更加牢固了，更加稳定了。

世上没有不透风的墙，赵飞燕姐妹这场争吵，终于传到了成帝的耳朵里。成帝从上林苑回来，向赵合德打听说："朕不明白，为何与姐姐争吵？"

赵合德推托说，都是为了姐妹之间的小事。

"不对吧？朕听说你们姐妹在争吵中，说了一个赤凤的名字，这赤凤该作何解释啊？"皇上又问。

赵合德见皇上步步紧逼，知道纸包不住火了，但是又不能直说。于是，赵合德急中生智，信口说道："姐姐嫉妒我罢了。陛下可知，大汉是以火作为标志的，所以我们姐妹暗地里称陛下为'赤凤'，我们姐妹争吵，只是为了争陛下的恩宠啊！"

"原来如此，是你们姐妹为争朕而互相吃醋。"

成帝说完哈哈大笑，几乎笑出了眼泪。可赵合德此刻看着成帝怎么也笑不起来。她觉得成帝是皇上，然而却显得可怜巴巴的，很令人同情，也很需要人同情。

赵合德的一席话，说得成帝心头大悦，心中的疑团也就随着赵合德天衣无缝的解释消失了。

从中可见，赵合德是个很有心计的女子，姐姐赵飞燕与之相比，就显得逊色多了。

成帝现在不微服出宫了，也不去他的黑色逍遥宫了，而是经常泡在上林苑，跟动物在一起玩。

他的逍遥宫被废弃了，不用了，费了很多资财，现在却闲置了。逍遥宫楼阁高大，轩窗掩映，幽房曲室，迂环四合，万户千门，上下金碧，工巧之极，自古无有。这座黑色的逍遥宫，幽房密室串连相通，上下左右都有通道。有陌生人进来，不识路途，走一天也不会走出宫去的。宫中有象牙床、软款枕、锦被绣褥等珍品。

刚建完时，成帝不分日夜，在宫里行乐。

现在成帝觉得待在这个宫里没意思了。于是，他想到了偷情。

成帝虽然有三宫六院、粉黛三千，却觉得没有意思。爱是无止境的，永远也探索不完，永远也没有满足，正因为这样，成帝才决定偷香窃玉，抛弃那些唾手可得的女人，自己去偷。

成帝好微服出宫，自己有一套出宫时要穿的青衣小帽，现在用上了。他穿戴青衣小帽，只身一人像个幽灵，游荡躲藏于花径、小桥、假山、墙影等处，堵截那些偶尔出来的宫女，逮住后，就地御幸。宫女们以为宫里来了采花大盗，一个个吓得心惊肉跳，夜里不敢出门。与惊恐中的宫女作戏，畅快淋漓，皇上要的就是这种效果。

后来，花园里的小路上游荡的宫女多了起来，有的还没等皇上抓到，自己便直愣愣地躺在地上，假装惊恐，全身扭动乱弹，等待皇上御幸。原来，宫女们知道了夜间的采花大盗是皇上，于是，入夜以后，一个个都往外跑，穿梭于花丛之中，盼望让皇上捕到御幸。

一天夜晚，微云淡月，夜静清幽，成帝转过几曲朱栏，绕过一条小径，突然见花荫月影之下有一女子，腰肢袅娜，缓缓走近。成帝忙躲在假山之后，偷偷一看，月下行来，宛若嫦娥下凡，月光下只见她柳腰轻盈，步态款款，魅力无穷。成帝像一只成熟的老猫扑过去，将小女子像逮老鼠那样按了个结结实实。被按倒的小女子突然娇呼："小女子无礼，吓着皇上了！"

成帝奇怪了，问道："噫，你怎么知道我是皇上，难道你长了一双夜眼？"

小女子够直白的了，把这里的一切全告诉皇上了，说宫女们出来游荡，都渴望皇上御幸。

这一说不要紧，成帝欲火大减，直喊扫兴。

宫女们都知道是皇上耍的把戏，皇上也就感觉没意思了。从此，皇上再不到外面夜游了。

成帝仍到上林苑游玩。

有一天，成帝和一群小太监正在用箭射一只鹿，在上林苑偌大的树林里，绕来绕去，结果绕到昭台冷宫，就是被废的许皇后待的地方，这时成帝突然想起他与恩爱的妻子当年到这里游玩的情景。

多少年过去了，今天，成帝见到这里的一草一木和房子，往事历历在目，他仿佛又与当年恩恩爱爱的妻子在这里，手拉手笑声不断地游玩。

不知道是一股什么力量，驱使成帝放弃追逐野鹿，而是一步一步向冷宫走去。

冷宫空荡荡，毫无生气，多少有点阴森恐怖。成帝不禁打个冷战，四下寻觅，却不见美丽端庄的许皇后。奇怪，人哪去了？

成帝步入冷宫的后门，来到小小的后花园，寻找许皇后。

原来许皇后耐不住寂寞，就躲开阴森森的冷宫，到后院与花草为伴，她折一枝红艳艳的合欢花放在心口，闭上眼睛，回忆与皇上在一起时的美好时光。她陶醉在美好的时光里，久久不睁开眼睛，她每天都是以此打发时间。不管有什么风吹草动，都打不断她对以前美好生活的回忆。

许皇后出身名门望族，端庄秀丽，典雅大方，聪明睿智，善于书章；当年以一个弱女子的身份，单枪匹马与刘向、谷永等人作斗争，上疏皇上，慷慨陈词，感人至深；面对着强大的王氏家族，一直在苦苦挣扎。

如今，这个闭目养神的花下女子，竟然就是她，一个曾是万人之上的国母、皇后。

她那白皙的面颊，仍然显出气度不凡，整个脸庞仍然是那样美丽动人。成帝慢慢地走过来，细细地打量许皇后。

一阵轻风吹过来，吹落了许皇后胸前的合欢花，成帝轻轻地拾起来，又轻轻地插在许皇后乌黑的秀发上。这时，成帝才发现许皇后的眼角还留有一滴未干的眼泪。

成帝插花惊醒了许皇后。

许皇后睁开眼睛，见眼前是她朝思暮想的皇上，她不管是不是梦，也不管什么宫廷礼节，一下子扑进成帝的怀里，竟然不顾一切，号啕大哭。

成帝抚摸着她的满头乌发说："爱妃受苦了！"

成帝不说倒好，一句"受苦了"竟使她大放悲声，肩头大幅度抽动，浑身颤抖不止。成帝再不敢说什么了。

等许皇后哭得再没有能力大哭的时候，成帝才说："朕来看爱妃，我们几年没见面了。"

"陛下，我不是在梦里吧？"许皇后抽咽着问。

"不是，这不是梦，你使劲捏捏胳膊，看看疼不疼？"

许皇后按皇上的说法捏捏胳膊，确实疼，这不是梦。

这晚，皇上就住在这里，一直和许皇后在一起，或者说许皇后一直拖住皇上不松手。

一夜欢乐之后，许皇后泪水涟涟，挽留皇上。

成帝这个人在美人面前很心软，尤其许皇后，原来两人感情就很好，更见不得泪水了，他当即决定让许皇后离开昭台冷宫，还居长定宫。

第十三章

久不孕实因麝香
假怀胎阴谋破产

一

许皇后兴奋地流下眼泪，因为她的生活终于有了改变，她更希望皇上回心转意，与她和好如初。

许皇后作为一个善良的女子，产生与皇上和好的想法是正确的，也是合理的。但想恢复皇后位置，是永远也办不到的，因为汉朝皇帝只有一个正配，就是皇后，不允许有第二个皇后。

假设有第二个皇后，许皇后也不能回到原来的位置。因为成帝很爱赵合德，甚至超过了对赵飞燕的宠爱，他常恨祖上为什么不能立两个皇后。他曾说如果可以立两个皇后，一定把赵合德立为第二皇后。没有哪位妃嫔能超过赵合德，包括许皇后，还有赵飞燕。

许皇后到什么地方居住，已经不被人注意了。落魄的凤凰不如鸡，许皇后如今不是皇后了，兴不起风，也搅不起浪。因此，忙于怀子的赵飞燕对许皇后的事连问都不问，她注意的是有没有哪位妃嫔怀皇子，如果怀上了马上采取措施堕胎。

赵飞燕一心想和别的男人生个孩子，但终不如愿。

赵飞燕指望妹妹赵合德生个孩子，可是，赵合德和她一样，白净净的肚皮就是不怀龙子，与燕赤凤鬼混了那么长时间，仍未怀上一胎半崽。

按樊姬的说法，在这种情况下，就怪不得皇上，也怪不得别的男人了。那么究竟问题出在哪里？聪明的樊姬也搞不清楚是怎么回事。

但赵飞燕仍不死心。

赵飞燕又更换了一批男人。她使用皇后的权力，又广为物色健壮的男人，秘密载进她的祈祷室，希望能怀上个孩子。

"借种"生子的事，开始时，赵飞燕还小心谨慎，几经风波和赵合德的保护，她的胆子越来越大。当然这与她本人是当朝的皇后，也有很大的关系。皇后，尤其是骄横的皇后，干这种事，是没人敢声张的。

赵飞燕破釜沉舟了，她想要生儿子的心，促使她发疯了。

赵飞燕心想：我就不相信，这些饱满的种子，不能在我雪白的肚皮里生根、发芽、开花、结果。

赵飞燕这样做，与妹妹赵合德不怀子也不无关系，她不想绝望，也不想失去信心。

尽管赵飞燕整天不停地更换男人，但终究没有怀孕。

成帝因为宠爱合德，很少到她这里来，或者根本不来与赵飞燕同床，才使得赵飞燕有充足的时间，与这些野男人在一起。

面对不怀子的现实，赵飞燕终于怀疑是自己有毛病。于是，她召遍天下名医、神医，为她诊治。

汉伶玄著的《飞燕外传》中说：

> 后无子，浴五蕴七香汤，踞通香沉水坐燎，降神百蕴香，浴荳蔻汤。

这些均无疗效。后来，又从河里抓来河狸，剥皮，制药食之，仍不见疗效。

赵飞燕姐妹不怀孕，在当时成为医疗上的一大疑案，多少神医、名医束手无策，毫无办法使她们姐妹怀孕，尽管她们是皇后、昭仪。

赵飞燕姐妹不怀孕留下的千古之谜，被后人解开了。

《飞燕外传》：

> ……阳华善贲饰，常教飞燕姐妹，九回沉水香，泽雄麝脐内息肌丸，婕妤亦内息肌丸，常试，若为妇者，月事益薄……

赵飞燕姐妹童年时代居住在父亲冯万金家里。李阳华老太太在美容方面造诣颇深，她一生无子，颇好美容，已近老年，面无皱纹，肤色粉白细嫩。她常教赵氏姐妹美容之佳方，取雄麝脐部香肌，做成药丸，不必口服，置于肚脐凹处即可。常敷此丸，有美容之佳效。赵氏姐妹常用此方美容。她们记得滚瓜烂熟，进入皇宫后，麝香之类的名贵中药多得是，赵氏姐妹不会弃之不用，不但敷于脐部，沐浴时还要撒麝香粉，香味扑鼻。久而久之，这一对姐妹为了使自己美艳而使用的药丸中的麝香成分，强烈地损害了她们姐妹的生殖能力。

无数个野男人都没能使她们姐妹怀孕，秘密就在这里。

后来的几个朝代，借鉴赵氏姐妹的经验，用麝香避孕、堕胎，均收到良好的效果。

由于赵氏姐妹使用了这种高超的美容药，虽然数年过去了，她们仍然艳若桃花。尤其赵合德，如少女情思绵绵，风情万种，成帝也因此被迷得神魂颠倒。

赵飞燕不知道不怀孕是因受到麝香的影响，仍然每天与男人私通，一面配以各种疗法。赵飞燕已被生孩子的渴望搞得神志不清，脾气也越来越大，动不动就对人发火。

妹妹赵合德担心姐姐偷情通奸的事被人知道，就通过广为收买宫内太监宫女的方式掩人耳目，同时尽自己的魅力控制住成帝，使他相信自己，也相信姐姐。

现在宫中许多人对赵氏姐妹的得宠充满了嫉妒，巴不得她们出点什么事，都睁大眼睛在寻找她们的毛病，对此，赵合德的心里一清二楚。

赵合德不能让姐姐危机四伏，她要暗地里保护姐姐。

这种情况下，只有赵合德一人能理解姐姐的行为，能暗中保护姐姐不被别人抓住把柄。

可怜的赵飞燕，她是世界上最幸运的人，由一个无家可归的流浪儿变为皇后；然而她又是世界上最不幸的人，连个孩子都生不出来。

作为一个皇后可谓无所不能，而面对不能生孩子的现实，她束手无策。她曾寻遍天下名医为她诊治，结果和没治一样。赵飞燕到死也不知道她不生育是因为麝香作怪，如果当时她知道是麝香与她为敌，她会把麝香砸个稀烂，然后把能生产麝香的雄麝全部杀死，一个不留，解心头之恨。

在成帝眼里，赵合德魅力无穷，赵飞燕花容月貌，倾国倾城。

赵合德不但漂亮，还会卖弄风情，嗲声嗲气哄骗得皇上浑身发软发麻发酥。他已经离不开合德了，不管他到哪里玩一阵子，最后都得乖乖地回到合德的身边。

被冷落的赵飞燕渐渐地失去了皇上的一颗爱心。皇上久不光临，她觉得自己是不是老了，俗话说："色逊则爱弛，爱弛则恩绝。"色逊如同色衰一样，都是悲苦命运的开始。

赵飞燕拿起宝镜照照自己，仍面若三月桃花，明眸如水，乌发如墨，娇嫩可人，花中夺美。

人见人爱的赵飞燕怎么也搞不清楚，皇上为什么对她越来越冷淡。

赵飞燕心想，皇上不来同床，万一真的怀孕了，孩子算谁的呢？那样，一切会大白于天下的。必须争取让皇上到远条馆过夜，这样也好有借口。

不久，赵飞燕在宫中又迎来了一个生日。

皇后是一国之母，生日是一件大事。

这一日，未央宫中的前后殿，都大张旗鼓地庆贺皇后赵飞燕的生日。为姐姐过生日，合德非常高兴，她来得最早，也最能张罗忙活，成帝见赵氏姐妹都来了，自己身边一边一枝花，顿时开怀大笑。

酒席间，成帝总是离不开合德，而对赵飞燕没那么亲，连碰都不碰一下，好像赵飞燕有传染病似的，总保持一段距离，似乎怕传染上。

女人有时天不怕，地不怕，只怕没有男人喜欢她。那种失落感是男人永远也体会不到的，此刻的赵飞燕心里就充满失落感。这种失落感使她黯然神伤，苦闷不堪。

想来宫中生活也并非都花天酒地，似神仙般快乐无比。刚入宫时的新鲜感使她很快乐，但不久她就被一些宫中事缠身。她与许皇后、班婕妤明争暗斗，为皇后的宝座东奔西跑，为保住皇后的宝座"借种"怀子，然后因"借种"引起的风波险些送了性命，现在又要失去皇上。

幸运的赵飞燕又有了这么多的不幸，她越想心里越难受。这时，她猛喝一口酒，借着酒的威力，忽然放声大哭。

赵飞燕一哭，成帝莫名其妙。难道是谁招她惹她了，还是身体不适，有病了？成帝见状，放下酒杯，十分不解地问："皇后怎么了？今天是皇后的生日，大家都很高兴。我们都应该对酒而乐，不该对酒伤悲呀！"

不管皇上怎么说，赵飞燕就是一直哭，而且是越哭越伤心。

在场参加生日宴会的人都愣了。

赵合德多少猜透姐姐的心事，忙扶着姐姐说："姐姐，今天是大喜的日子，人们都为你而来，为你而祝贺。陛下就在你的身边，请姐姐不要哭了！"

皇上马上接过话茬说："还是合德说得对，朕很喜欢你，从来也没有忘记你。你有不如意的事就跟朕说。"

赵飞燕见成帝搂抱着她，一阵温暖传遍全身，她哀哀切切地对皇上说："臣妾蒙皇上厚恩，为万人之国母，荣华富贵，没有皇上的恩赐，就没有臣妾的今天，臣妾永远是属于陛下的，生生死死，永远跟随陛下。"

说着，赵飞燕使劲地在皇上的怀里颤抖，以此引起皇上对她的爱怜。她希望皇上再紧一点地抱着她，就这样永远地抱着她，一直到死。

"皇后没有忘记朕，朕怎么会忘记皇后呢！"皇上用亲切的口吻对她说。

赵飞燕又回忆过去说："臣妾初与陛下同房，陛下深深地疼爱臣妾，拥抱臣妾三日，仍对臣妾爱之绵绵，最后一夜，臣妾落红染了陛下的御衣，急想为陛下洗去，陛下却说留作纪念吧！"

"对对，皇后好记性，好记性啊！"皇上十分高兴地称赞赵飞燕。

很多人听了赵飞燕皇后的话，觉得不该再听了，就偷偷地溜走了。

赵飞燕总算得着与成帝亲近的机会了，就又旁若无人地对皇上说："册封臣妾为皇后那天的夜里，陛下兴奋得在臣妾的脖子上亲了好几口，现在牙痕还留在臣妾的脖子上。今日想来，似乎是一场梦，不免悲从中来。"

赵飞燕把她为什么要在祝贺生日的喜庆日子里放声大哭，申诉得明明白白、清清楚楚，皇上听得十分高兴。

然而，赵合德觉得心里不是滋味。她想，姐姐在酒桌上不加掩饰地说她与皇上的床第之事，让人觉得肉麻；姐姐当着这么多人的面，说话也不注意点，旁若无人，让侍女们听了多么不雅。

其实，妹妹也理解姐姐的苦衷。为了生个皇子，几乎熬尽了心血，仍不如愿，也够心寒的了。有谁能同情姐姐，可怜姐姐呢？姐姐今天讲这些话实在是出于无奈，否则，姐姐不会不顾场合的。

赵合德出于对姐姐的同情，偷偷地溜走了，把时间和皇上留给了可怜的姐姐。

这一夜，成帝拥抱着赵飞燕住在了远条馆。赵飞燕想重温过去与成帝缠绵悱恻的鸳鸯梦，重叙旧情，夺回皇上对她的爱。

现在，赵飞燕的心里平衡多了。

如果现在哪个野男人真的把"龙种"播进她的肚子，在那里生根，长大，她也有理由充分地肯定是皇上这一夜风流撒下的龙种。

赵飞燕的生日没有白过，她自己也觉得很有意义，很不平常。

赵合德的玉体，能散发出一种气味，异香扑鼻。赵飞燕也能散发体香。据史书记载，赵飞燕姐妹的身体都能散发出香味。

《飞燕外传》上说："……后虽有异香，不若婕妤，体自香也。"

赵飞燕姐妹的体香，不是胭脂的香味，而是由细嫩的肌肤中自然散发出来的香气。

春秋时代，越王勾践曾把一名叫西施的美女献给吴王夫差。据说，西施的身上便会散发出一种迷人的香气。她沐浴过后的洗澡水，被称为"香水泉"。宫女们都争先恐后地希望得到这种"香水"。如果把这种水洒在屋里，整间屋子都会弥漫着迷人的芳香。

除此之外，就是汉朝的赵飞燕姐妹了。

后来，唐朝的瑶英还有清朝的香妃等，都是肌肤中带有香味的美女。

成帝很喜欢闻赵氏姐妹身体散发出来的香味，他曾跟飞燕、合德开玩笑说："把你们沐浴后的水，分给后宫的女人们，当作上等的香水用。"

赵合德的玉体在美人中也是少有的，沐浴时出水，身上不挂水珠，也挂不住水珠，因为她肌肤很滑、很细，甚至连小小的水珠也挂不住了。

《飞燕外传》称合德的身体为"出浴不濡"，意思是水浸过身体，连湿都不湿一点，就别说挂水珠了。

赵合德的玉体这般奇异无比，又长得美艳绝伦，叫成帝几千遍几万遍地看也看不够。

有一天晚上，在昭阳殿，赵合德正在微亮的烛光中洗澡。成帝从上林苑突然回到昭阳殿，在殿内寻找合德。

侍女说："赵昭仪正在沐浴。"

成帝一听赵合德在沐浴，来了兴致，就悄悄朝浴房走去。侍女上前阻拦道："赵昭仪吩咐，任何男人不得进入！"

"没事的，朕不声张，朕也不害她，怕什么？朕只看看……"

"不许看，偷看女人沐浴不雅！"侍女伶牙俐齿。

但成帝还是躲过了侍女的纠缠，偷偷摸摸地来到浴房边，又偷偷地推开浴房的门。

这时，那名侍女告诉了赵合德：

"皇上正从门缝里偷看你。"

赵合德一听有人偷看，害起羞，慌忙抓过一条浴巾，盖住身体。

成帝只是看了一眼，足让他神魂飘荡，为之着迷。

几天以后，赵合德又来沐浴，成帝知道后，就去买通侍女，要求她不要报告赵合德。

可是，有个宫女不知此事，把成帝偷看的事告诉了赵合德。赵合德便命令宫女用布幔把浴室围了起来。成帝于是用黄金买通那位拉布幔的宫女，故意将布幔留下一条缝，让他继续偷窥合德沐浴的情景。

然而，好景不长，又有其他宫女把成帝在布幔缝偷看的事告诉了合德。于是，合德又叫来别的宫女把布幔拉好。

此后，成帝身上总是准备着许多黄金，每当他想偷看合德沐浴时，就用这些黄金来买通合德身边的侍女，达到他用目光销魂的目的。

成帝心想，要是能立两个皇后，一定把赵合德也封为皇后。

赵飞燕的耳目遍布后宫的各个角落，几乎无孔不入，什么事都瞒不过她。赵合德沐浴时的情景被成帝多次偷看，她也都知道。

赵飞燕想来想去，觉得成帝渐渐疏远自己，何不也用此法，来吸引皇上呢？于是，赵飞燕也想如法炮制，品尝一下被皇上偷看的滋味。一天晚上，赵飞燕正在沐浴，就派人故意把她沐浴的消息偷偷地转告成帝，也让成帝来悄悄地偷看。

成帝听了偷报后，十分感兴趣，他想，合德沐浴他偷看了，还没偷看过赵飞燕沐浴时的情景。

成帝来到远条馆，偷看赵飞燕沐浴。赵飞燕做了充分准备，等侍女偷偷地报告说成帝已经来了，她开始在水中扭动不止。还往身上的各个部位撩起水珠，以此挑逗成帝。赵飞燕越有意做各种姿势，成帝越不感兴趣，没等赵飞燕洗完，成帝就走得无影无踪了。

赵飞燕哪里知道成帝早已溜走了，还兴致勃勃地在水中做各种优美的动作，她自以为成帝已经看得入迷了，所以做得越发认真起来。忽然有侍女来报："皇上早走了！"

这声报告，让赵飞燕就像泄了气的皮球，一屁股坐在水里，再也没有起来。

赵飞燕委屈得哭了。她的人格，似乎受到了一次无法形容的侮辱。小的时候，受苦遭罪，被人打过，也被人骂过，她都挺过来了，她都没有哭。唯独这次沐浴，使她哭得十分伤心。

赵飞燕经过这次沐浴之后，头脑似乎清醒了。她意识到自己在皇上心中的地位了，她受到冷落了。她自言自语地说："爱在一身，无可奈何。"

这些天，赵飞燕闷闷不乐，她在想，她不能失去皇上的爱，她不能没有皇上，她决心唤回成帝那颗渐渐远去的心。

不久，她就迎来了她的生日，她要借生日之机，大哭一场，以此感动皇上，夺回皇上昔日对她的温暖、对她的宠爱。

这就是赵飞燕要在生日宴会上大哭的真正原因。

二

过完生日的赵飞燕因为得到了成帝的抚慰，心里平静了一些，但她依然惦记着潜在的危机。没有皇子，就等于没根基，没有根基的皇后宝座，总是危在旦夕。

天下的名医请到了，天下的药方用到了，天下的壮男睡过了，依旧腹中空空，不怀孕。

这时，赵飞燕叫来樊姬，把心里的苦楚向樊姬说了一遍。

樊姬沉思了一会儿说："皇后，近日你可与皇上过夜了？"

赵飞燕点点头，心想，这丫头问我床上事干什么？

"那就好办了。你佯装怀孕，卧床不起，日夜让人轮换着看护你。现在，皇上、太后、朝廷文武百官，都在担心皇上的子嗣，你在这紧要关头怀孕，一下子能争取多少人的心，皇上会寸步不离开你。这样，不但缓解了你危机四伏的处境，还能争取到皇上的爱心。"

"那不是终究没有孩子吗？"赵飞燕显然对这个想法不感兴趣。

"要紧的是现在生不出来孩子，只好用此法搪塞一下，缓解一下日益激化的矛盾。孩子的事，再慢慢想办法。高祖刘邦时吕皇后的外孙女没有子嗣，夺过一个宫女生的孩子，充当皇子了。"

"后宫哪有孩子可用？"

"我们可以到宫外讨个刚刚生下来的孩子代替皇子啊！"樊姬的办法实在有点冒险。

赵飞燕不语，不说同意，也不说不同意。樊姬等她回话呢。

过了片刻，赵飞燕才说："这样做恐怕不行吧？"

这时，樊姬把怎样做又细细跟赵飞燕说了一遍。赵飞燕听了，不情愿地说："看来也只好这样办了。"

过了几天，赵飞燕到昭阳殿看妹妹赵合德，正好成帝也在，话语间，赵飞燕不小心吐了口水。

这口水正好吐在赵合德的衣袖上。赵合德非但不生气，反而还微笑说："由于姐姐的口水，我的衣服变得更美了。粉红色的衣服被濡湿了，看起来好像一朵绽放的花朵。这种花色连宫女中最伟大的裁缝衣匠都设计不出来呢，今后，我就把这只袖子称为'石花广袖'，珍藏起来，留作纪念了！"

樊姬见皇后吐口水，慌忙地说："皇后怕是怀上皇子了！"

经樊姬这样一提示，成帝和赵合德都过来扶住赵飞燕。

"皇后有喜，汉室江山有望啊！"成帝激动得颤抖了，好久才说出这一句话来。

"姐姐，怎么不早说呀？"妹妹埋怨姐姐。

赵飞燕怀皇子的消息，就这样在朝廷上下传开了。

三个月后，赵飞燕皇后正式宣称怀孕了，而且写了一封笺奏给皇上，说："我自来到皇宫，蒙陛下宠爱，赐给皇后的尊号，已为时很久。最近因过生日的缘故，陛下念及旧情，再度驾临，御幸于我。数月月经未至，自知陛下的龙种已在我腹，天神已投我怀。彩虹横贯太阳，应该是好的征兆，黄龙盘踞我的胸前，更是一种祥瑞。希望能蕃延后嗣，抱着皇子趋廷晋见。仰望有一天，您高坐堂上，接受天下祝贺，满心欢喜。"

赵飞燕之所以向成帝写一份正式笺奏，一是因为宫廷规矩如此，对于至尊的帝王，虽亲如夫妻，也不能写情书，只能写官样文章；二是赵飞燕故意如此，希望宫廷的人员把她怀孕的日期列入簿册；三是她希望成帝在她十月怀胎期间不接近她，使她有足够的时间施展她的阴谋。

成帝见信大喜，即刻回书说："看皇后笺奏，喜庆交加。夫妻之间感情甚笃。大汉政权最重要的是子嗣。你刚孕龙胎，不宜惊动，要多保重，以求龙子早日降世。"

成帝马上下令对赵飞燕皇后加倍服侍。

赵飞燕说要吃豆腐，成帝命令立即做新鲜豆腐给赵飞燕吃。那时，豆腐作为宫廷膳食，皇宫才有，民间是吃不到的。

据说，豆腐是汉朝淮南王刘安发明的。

刘安是汉高祖刘邦的孙子，曾建都于今安徽寿县。此人崇信道教，迷恋炼丹。有一天，术士们在八公山下用黄豆拌盐炼丹，不意间却炼出了白皑皑、细嫩嫩的豆腐来。后来，传说刘安在八公山上升天，山上就修建了刘安庙，而"八公山豆腐"也就成为后来汉朝宫廷里的名菜。

赵飞燕真的要按樊姬的主意干下去了。她假装怀孕，以欺人耳目，然后待机从宫外民间抱个婴儿冒充皇子。

皇家抱养别人的孩子，涉及政权的转移，是皇家宗室的大事，赵飞燕偷抱宫外婴儿充当皇子，这要比许皇后诅咒宫妃不生皇子还严重千百倍，这不是一般的欺君之罪，一旦暴露，赵飞燕有多少人头都得落地。如果有亲属，不管远的近的，会一个不留，诛灭九族。好在赵飞燕没有什么亲属，可是自己的性命、妹妹的性命，也是命啊！

然而，赵飞燕已利令智昏，迫不及待了，她根本不考虑这些了。

十月怀胎期满，赵飞燕的心腹太监王盛，在长安郊外重金买下一个穷家妇人刚生下的婴儿，但难以带进皇宫。宫廷门禁实在森严，带一点东西都要无数次翻看，还搜遍全身。

无奈，从宫外偷婴儿进宫的事宣告失败了。

最后，赵飞燕也没有实现她的阴谋，只能以流产蒙骗了成帝。

樊姬与赵飞燕共同导演的这场戏，没有告诉赵合德。

然而却没有瞒过聪明的赵合德。赵合德严肃地警告姐姐说："干偷龙换凤的把戏，你想过可怕的后果吗？这不同于你私通几个男人，这是玩命！"

姐姐赵飞燕傻了，一声不吭，现在轮到她做妹妹了。赵合德又教训姐姐说："孩子生不出来，难道是真的流产？三尺童子都骗不过，更何况他是皇帝，不是傻子，不是呆子，一旦被人揭穿骗局，会比许皇后和班婕好惨得多。"

　　经妹妹赵合德一说，赵飞燕这时才冷静下来，回想这场玩命的把戏，实在令人后怕。

　　且说赵飞燕的心腹太监王盛怀抱婴儿，三番五次进不来宫，就把婴儿送了回去。回来的路上拐来拐去，走到成帝给阳阿公主建的殿舍前，王盛心想，何不进去歇歇脚？

　　阳阿公主不是过去的公主了，自从巴结了皇上，成帝给了她很多钱，又建豪华殿舍为她养老。然而，阳阿公主变了，她开始不走正道了，虽然已人老珠黄。

　　她眉来眼去勾搭男人，后来又离婚又结婚，到现在她已经离了三次婚，结了四次婚，越老越风流。最后"娶"的小男人比她小了几十岁，是孙子辈的。这一老一小实在不协调，而阳阿公主没有不协调的感觉，她笑嘻嘻地把她的小男人叫过来，介绍说："这是我的丈夫，很知道疼爱我。"

　　这句话把王盛说得心里酸溜溜的，一个男孩子疼爱一位老奶奶，或者是老妈妈，是很自然的事。

　　阳阿公主与王盛扯来扯去，最后扯到赵飞燕身上。阳阿公主是不会把赵飞燕忘掉的，得了皇上那么多赏钱之后，她就把自己给皇上送去个皇后的事到处传扬、表功。她问王盛："皇后赵飞燕可好？"

　　王盛不是在皇宫里的后宫，说话用不着担心，所以直截了当地说："好什么好，整天闹心！"

　　"闹心？闹什么心？"阳阿公主不解地问。

　　"还不是因为孩子的事。"

　　"孩子怎么了？"

　　"她生不出孩子，就让我……我……"

　　王盛一时心急，差点把赵飞燕让他花钱买孩子进宫的事说漏了。

　　"让你干什么，说呀？"

　　"让我来找公主。"王盛急中生智，来个脑筋急转弯，把话岔打过去了。

"找我干什么？"公主问。

"让公主想想办法，怎么才能生孩子。"王盛见把话说到这种程度，没法再挽回了，只好继续胡说八道了。

"让我想办法，我还不知道去找谁想办法呢。"

阳阿公主无儿无女，一辈子没生育，不过，她不像赵飞燕那么急，不生也就不生了，没儿女也好，自己能开心就心满意足了。所以，阳阿公主这么大年纪了，还找了个小丈夫。据说，她在小丈夫之外，还偷偷与野男人来往。人家不同意与这个满脸皱纹的老太婆在一起，她就大把大把花钱，买男人与她私通。

"皇后相信你，你总得给她个好办法，回去我也有个交代呀！"王盛说得像真事似的。

"不知是她的毛病，还是皇帝的毛病，这毛病不知出在谁身上，你让我怎么想办法。"公主有点为难。

"我只好带着失望回宫了，到时候，皇后娘娘一定会责怪我的。"王盛不高兴了。

"这样吧，你先回去，过几天我进宫去看望皇后，你看怎么样？"公主跟王盛磨嘴皮子说。

王盛心想，这样怎么行？要是公主真的进宫了，问起这事来，皇后还不怪罪我？

"这样不行吧。"王盛说。

阳阿公主很热情，忙说："没问题，我去看她，就这样定了。"

王盛也没什么好说的了，要去就去吧，想不到，自己到这里惹出个小乱子。

王盛在阳阿公主的殿舍吃过饭之后，就回到了未央宫。

王盛向赵飞燕说："那个婴儿我已经送回去了。"

"就是不送回去，带进宫来也不好办，天长日久，一定会漏出风声的，到那时就更不好收场了，你我都得去死。送回也好，心静了，用不着生出那么多担心了。"

王盛只管听赵飞燕说话，却无法搭茬。他发现赵飞燕好像变了，变得成熟了，变得现实了。

王盛退了出去。

王盛刚出赵飞燕卧室，迎面来了一位英俊的太监，是到赵飞燕这里来的。

王盛没见过这位太监，当然更不认识了。他担心这位太监是刺客，是来杀害皇后的，于是，跟在他身后来到赵飞燕卧室外面，看看究竟是什么人。

只见赵飞燕问他："你去昭阳殿了？"

"是的，皇后。"那太监回答。

赵飞燕又说："昭阳殿那么远，来来去去要走很远的路，真是辛苦你了。合德说了，为了让你少走路，准备在远条馆旁建一个新殿，搬过来住，一来我们姐妹相见方便，二来也方便你，省得跑那么远的路，辛辛苦苦的。"

"谢皇后！"那太监机械地回答。

"别那么机械死板，没人的时候，用不着一句一个皇后，可以叫点别的什么。"赵飞燕好像有点不耐烦了。

这一幕对话，把聪明的王盛听糊涂了。皇后怎么对他这样说话？肯定不是一般人，那么此人是谁呢？

其实此人是燕赤凤。

燕赤凤与赵飞燕姐妹私通，一直是偷偷摸摸干的。知道的人没有几个，都是贴身侍女，守口如瓶。

现在，赵飞燕想让燕赤凤公开身份，不躲躲藏藏了。所以，给他穿上太监服，扮一个贴身太监，以便长期"潜伏"下来。

王盛自然不知道这些事了。

赵飞燕又对燕赤凤说："你公开身份了，就得有一个正正当当的名字，取'凤'字，就叫'凤南'吧，有凤从南天飞来，正合我意，就这样了。"

"谢皇后！"燕赤凤把赵飞燕教他的这句话记熟了。

王盛不能再继续往下听了，心里带着一百个疑问离去了。

第二天，赵飞燕叫来王盛，又叫来燕赤凤，对王盛介绍说："他叫凤南，是官外新来的，与你的身世一样，工作一样，希望你们友好相处，我很喜欢他，也很喜欢你。"

"请皇后放心，我们一定像亲兄弟一样。"王盛很诚恳地说。

赵飞燕很满意，但又有点不放心地说："王盛啊，你跟我这么多年，我没拿你当外人，关于凤南的事，你知道该怎样对外讲，不该怎样对外讲。你是个聪明人，我想我不必深说了。"

赵飞燕这一番话，用不着说得过于明白，王盛全听懂了。

赵飞燕的事很少有瞒着王盛的，包括这次燕赤凤化装成太监留在赵飞燕身边。王盛很同情赵飞燕，他的身世与赵飞燕的身世差不多，他也是无父无母，童年没有欢乐，后来经历一次撕心裂肺的疼痛，男人的东西从他身上剔除之后，成了太监，进了皇宫。

赵飞燕一直拿王盛当亲信，什么大事都嘱咐王盛去办。王盛如果背叛她，立刻能置赵飞燕于死地，因为很多有关赵飞燕的秘密掌握在王盛的手里。

从此后，燕赤凤的公开名字就叫凤南，白天在赵飞燕身边干些太监干的杂活，夜里只要成帝不找赵飞燕，燕赤凤必与她在一起。这种安排赵飞燕着实动了一番心思，赵合德对此也很满意。

且说阳阿公主自听了王盛的话以后，真的进宫来看望赵飞燕了。

阳阿公主进宫，不同于一般人进宫，成帝亲自出面接待宴请，嘘寒问暖。皇后赵飞燕和赵合德全都出面接待，热热闹闹，像过节似的。

阳阿公主也非常骄傲和自豪，到皇宫就像到自己家里一样自然，大声说笑，毫不顾忌。皇上皇后都不挑剔她，也不说她没礼貌，对她很热情很尊敬。

回到远条馆之后，阳阿公主亲切地问赵飞燕："为什么还不怀孕？"

赵飞燕一听孩子的事，脸上顿失笑容，说："别提了，为了生个儿子，我的整个身心都为之憔悴了。天天盼，月月盼，年年盼，不争气的肚子最后也没有鼓起来。"

"吃药了没有？"阳阿公主又问。

"天下名医看遍了，天下名药吃遍了，不管用。"赵飞燕勉强回答。

阳阿公主还知趣，见赵飞燕不愿提孩子的事，马上就不问了。

阳阿公主在宫里住了几日之后便准备离去了。临走前，阳阿公主把一包中草药偷偷给了赵飞燕，说："把这包药吃了，偏方治大病，说不定能管用呢！"

赵飞燕接过药包，送走阳阿公主之后，叫来道房姑娘，对她说："把这包破药扔得远远的！"

第十四章

害皇子合德歹毒
建新宫竟为偷欢

一

赵飞燕的偷鸡顶凤勾当没有成功，结果被妹妹赵合德严肃地说了几句。

如果赵飞燕这件事干成了，西汉末年的历史就会被改写了；如果败露了，就会惊天动地。也好，既没有干成也没败露，平平安安，皆大欢喜。

赵飞燕经过要死要活的反复求子之后，有点心灰意冷了。她认定就是一生无子的命，好苦的命。她记得刚进宫时，她曾在宫里使劲儿跺了两脚，也希望日后在宫里能目中无人地吐几口唾沫，现在她不仅仅干了这些事，还险些把后宫的天给捅个窟窿。她想来想去也算满足了，好吃的都吃过了，好玩的都玩过了，终生遗憾的是没有怀上龙的一儿半女。

赵飞燕经过无数次的挣扎之后，对于生子完全绝望了。她的下一步计划是防范成帝私幸其他宫女而产下龙子。如果有人为皇上生了儿子，无疑是母以子贵，也要危及她的皇后地位。

赵飞燕在后宫撒下天罗地网，探听消息，有谁怀孕了要及时报告给她，以便及时堕胎处理，不留后患。

现在赵飞燕不为生子奋斗了，心里反倒觉得空空的，没有着落了。下围棋、观风景、斗鸡斗狗，百无聊赖，吃饱了等死，精神没有寄托，像个断了线的风筝，摇摇晃晃地在空荡的天地间不知去向，没个奔头。

赵飞燕把祈祷室里的臭男人们全部赶走了，只留下燕赤凤一人在身边。皇上不在的时候，她就与燕赤凤在一起，品尝不是为了生子而带来的快慰。

说来奇怪，赵飞燕的头脑似乎有了很多的空隙去想这想那，她忽然想到了射鸟者，她入宫前的好朋友，现在不知是个什么样子了。她命王盛带上银两到长安城寻找那个青年猎人。

八月四日，是汉朝皇宫里的佳节，宫里的人到窗户外下围棋，胜则终年有福，败则终年疾病；取丝缕就北辰星求长命，可免。

赵飞燕与人下得兴致勃勃。她不敢乱下棋，万一输了，终年有病，多不吉利，虽然取丝缕向星辰祈祷可免，但她也不想败在别人手下。

正当赵飞燕聚精会神下围棋的时候，王盛来密报："皇后，青年猎人找到了，我已经把他秘密带进后宫了。"

赵飞燕放下手里的围棋，赶回远条馆。

两人相见，泪水涟涟。射鸟者本想抱住赵飞燕，怎奈眼前的赵飞燕已经不是在长安城穿破衣烂衫的小姑娘了。她是皇后，是至尊无上的国母，满身绫罗绸缎，富贵荣华；头上发髻高耸，金簪玉石，耳珰垂珠；长裙拖地，坠以翡翠白珠，制以文绣，金丝闪烁生辉。看上去，赵飞燕更漂亮了，更成熟了。

赵飞燕看到射鸟者，似乎看到了自己的童年、自己的过去、自己的穷酸，一切都历历在目。天变了，地变了，她的身份也变了，唯独对童年时的那份情，那份纯真的爱没有变。

赵飞燕默默地流着眼泪，为射鸟者拿来好吃的，让射鸟者多吃。

那一夜，赵飞燕与射鸟者重温旧时的梦，咀嚼着过去的甜蜜，相依相偎。似乎又回到了童年的茅草屋，尽管寒冷彻骨，北风呼啸，他们的两颗心却依然温暖如春。

赵飞燕留下射鸟者，让他白天躲藏在祈祷室里，夜里出来与她一起在华贵的鸳鸯被里，轻松愉快地踏春、嬉戏，一起慢慢地度过美好的时光。

现在赵飞燕不求别的，只求与射鸟者重温旧时的梦，以抚慰她不安的心灵。

这天，在后宫的花园里，曹伟能与道房又一起说悄悄话。

道房说："你可知道，最近后宫新来了一个男人，叫射鸟者，整天在密室里与皇后鬼混。"

"我不是与你说过了，不要乱讲话，万一传出去，我们的日子就不好过了。"

"你又不是别人，能出去告我呀？"

"哎呀，我怎么能告你呢，我是让你注意就是了，不要与别人讲。"

道房给她做个鬼脸，不讲了。

道房这丫头，是赵飞燕的贴身侍女，她只因长相漂亮，很会说话，又很乖巧，深得赵飞燕的喜欢，所以与射鸟者鬼混的事赵飞燕也没有瞒着她。

赵飞燕不把这当回事，她认为侍女没有胆量去乱说话，然而她错了，道房这丫头还是把赵飞燕皇后的丑闻讲了出去，不过，道房没有勇气把这事讲给别人听，只讲给自己最亲近的好友曹伟能听。

曹伟能也有许多心事想跟道房说说，可又不敢，怕道房嫉妒。

曹伟能是想跟她说，她与当今的圣上发生了关系。这是一件值得骄傲又值得纪念的事。这么多漂亮的宫女，皇上专拣她吃一口，多荣幸啊！

自己干了这么大的事，却没法说，没法公开，没法让后宫的男男女女都知道。她一个普普通通的宫女却被皇上御幸了，这是多么惊人，又是多么了不起的事啊！

几个月以后，曹伟能发现自己不来例假了，常常恶心想吐、想呕，肚子也微鼓起来，整个身子有点发胖，有点粗壮。她知道自己怀上了龙种。

曹伟能赶紧找道房到花园假山下商议。

曹伟能说："我怀孕了。"

道房听了乐得流出眼泪，笑痴痴地说："你开什么玩笑！"

道房说着就笑嘻嘻地去摸曹伟能的肚皮。曹伟能见道房不信，就又说："真的，我说的是真事，不是开玩笑。两个月之前，我正侍候皇上，帮他整理文件，吃过夜宵之后，皇上就拉住我。现在都两个月没来例假了，肚子也鼓了起来。"

道房一听，满脸的笑容突然不见了，心想，怀上皇上的孩子，必死无疑，因为虎视眈眈的赵飞燕姐妹不会放过她的。道房的脸一变，哭了起来。

她主要是为自己最亲近的好友担心，担心失去她，那样的话自己一人怎么熬日月呀！

她俩可怜巴巴，没有任何主意，多么希望天空突然出现一只大鸟，把她们双双衔走，走得离赵飞燕姐妹越远越好，让她们永远也找不到。

她们俩急中无智，谁也想不出好办法，最后认定还是先想办法躲躲再说。可是要往哪儿躲呢？宫中到处都是赵飞燕姐妹的耳目，哪怕宫廷里的一只苍蝇肥了瘦了她们都知道得一清二楚，更何况是一个大了肚子的活人呢。

曹伟能和她一天比一天大的肚子看来是躲不过去了。

道房给她找来一套宽大的衣衫，穿在身上以便掩盖其腹，又嘱咐说："千万不要与人一起洗澡，免得被人发现。"

最后，她们决定先把孩子生下来，然后再想办法。

这段时间，两人的脸一直是严肃而没有笑容的，因为她们心事重重。心事不允许她们有往日的欢乐、往日的无忧无虑。两个年龄都不大的女孩子，遇上这样的事，肯定不知道怎么处理好。

道房对曹伟能说："这样吧，偏房有几个老妈子，我与她们的关系很好，平时没事我们总在一起唠宫外的事，求她们帮个忙，她们不会不帮的。"

"要是传出去怎么办？"

"让老妈子们保密，暂时先不要往外讲。"

曹伟能此时也没有好办法，只好依计而行。好在曹伟能的行动比较自由，十天半个月不露面也没人过问。

十月怀胎，一朝分娩。曹伟能这丫头生下一男孩，白白胖胖的，人见人爱。人见人爱也不过几个人见，几个人爱，都是秘密进行，不敢公开。

孩子是娘的心头肉，曹伟能整天把孩子抱在怀里，不肯放下。

这孩子看上去很像成帝，也难怪，就是他的后代嘛。

倒霉的是，孩子三天两头就生病，快把人折腾死了。

道房就暗中偷偷把刘御医请来为孩子看病，刘御医为孩子看过病之后，心想，这后宫里除了宫女就是太监，只有皇上是正常的男人，宫廷大院壁垒森严，进出要搜身，如果这孩子不是从天下掉下来的，那不是别人的，一定是皇上的孩子。他这样想了，于是问道："这是谁的孩子？宫里怎么会出现这么个孩子？"

道房心眼转得快，马上回答："是一个宫女与宫中禁卫私通生下来的，我们见他挺可怜，就偷偷地养在这里，求求刘御医，别把这事说出去，否则这小小的生命就完了，我们也会受到牵连的！"

刘御医看了看这孩子的长相，心中便猜出几分。这孩子长得太像汉成帝了，一眼就可以看出是皇上的儿子。刘御医嘴上不便说出真相，心中暗暗为刘家宗室生出几分担忧来。成帝四十多岁了，且体弱多病，还没有子嗣，现在有儿子了，可又不敢相认，偷偷摸摸东躲西藏。

看来，这汉家江山没有希望了。

后来，孩子又频频生病。刘御医又几次为孩子认真诊治，孩子的病很快就好得利利索索了。

走后的刘御医一直为这孩子的安全忧虑，他希望这孩子的消息，能尽快地让皇上和王政君老太后知道，以便及早保护起来。

也该着曹伟能走运，从她怀孕到生孩子，历时十个月，竟躲过了赵飞燕姐妹的众多耳目，当然其中也有曹伟能自身小心谨慎的原因。然而，她们一直不敢麻痹大意，总是提心吊胆，担心哪一天，来一帮人突然把孩子夺走。

俗语说，没有不透风的墙，没有不漏鱼的网，尤其是这事，在众多目光的包围之中，躲得过今天，躲不过明天。曹伟能生了个男孩，这消息起初没有几个人知道。

这事坏就坏在赵飞燕的情人射鸟者身上。这一天，射鸟者觉得外面阳光明媚，屋里闷得慌，就出来透透空气，晒晒阳光。他不敢明目张胆地出来，于是，偷偷摸摸躲在密室的门口外面晒太阳。事也凑巧，正好道房从密室后面经过，突然有个官女对她说："把这件我亲手缝制的小衣服给孩子带去，算是我的一点心意。"

射鸟者在密室门口听得清清楚楚。但是，他不知道是怎么回事，不知道是皇子，也不知道是谁生的。只听到有个孩子，有人给他送了一件小衣服。

想不到，这一句话，却断送了这孩子的性命。

二

曹伟能生下的孩子，没几天就病了好几次，在刘御医的诊治下很快就好了。刘御医担心这孩子被赵氏姐妹害死，就对曹伟能说："不管这孩子是谁生下来的，也不管是谁的孩子，要想保住性命就得马上转移，恐日长走漏风声。"

曹伟能也正担心此事，经刘御医一说，觉得是应该找一个更安全的地方。

刘御医见曹伟能没有主意，就说："成帝的侍从掖庭牛官令舍偏僻，安全可靠。我曾到他舍看过病，交往甚密，何不到那里去？"

经刘御医引导介绍，曹伟能带着刚生下没有几天的孩子，深夜转移到牛官令舍，住了下来。

好心的刘御医已猜到这孩子是成帝的儿子。因为孩子额头毛发浓密，长得很有特点，极像他的爷爷元帝。元帝额头就有浓密的壮发，他总觉得这浓发不雅，不愿意让人看见，因而，他戴皇冠时前额常常压得很低，以掩盖壮发。根据这一特点，刘御医断定这孩子不是别人，肯定是皇子。

刘御医很想把这个消息奏报给皇上，怎奈皇上身边赵飞燕姐妹耳目众多，无法进言。

正在这个时候，皇上的贴身侍从吕延福来找刘御医看病。刘御医素来与吕延福关系甚好，便将此情说与吕延福听，嘱咐他转奏皇上。

皇上闻听大喜，即派六名宫女到掖庭牛官令舍侍候曹伟能母子二人。

两天后的一个晚上，赵飞燕不无遗憾地对射鸟者说："我们两人在一起，如能生个孩子多好。"

赵飞燕虽然知道自己的那块涝洼地长不出苗，但还是抱着一线希望，不死心。

赵飞燕提孩子的事，射鸟者忽然想到那天在密室门口偷听来的对话，就告诉了赵飞燕。

赵飞燕不提孩子，射鸟者还不会想到这事。

赵飞燕听了，怒火一下起来了："那个宫女是谁？孩子在哪里？"

"这些我不知道。"

赵飞燕即派出密探，在后宫各处查找，另外叫来赵合德，研究对策。

赵氏姐妹马上知道了，孩子就在牛官令舍。气得姐妹暴跳如雷，决定不允许这个孩子活下来。

赵合德立刻串通御史中丞，伪造了一份手续完备的皇帝诏书，由宫廷中黄门田客持皇帝诏书，还有封御史中丞印，亲自送给宫廷监狱长籍武。诏书上说，立即逮捕掖庭牛官令舍那个产妇和新生的婴儿，还有侍候母子二人左右的六名宫女，投入宫廷监狱。另外，不可以问新生儿是男是女，也不管是谁的孩子。

籍武接到诏书，即刻行动，到牛官令舍把曹伟能母子，还有另外六名宫女，逮捕入狱。

曹伟能日夜担心的事情终于发生了。进入宫廷监狱的曹伟能自知大事不好，但她琢磨不透，为什么逮捕她的诏书是皇上下的，难道皇上是个负心郎？但这孩子是他的亲骨肉啊！

在这生死关头，必须保住孩子的性命，于是，曹伟能悲愤地对籍武说："请您收藏好我儿的胞衣，我儿非寻常人之子。"

籍武一听就明白了，这是成帝的儿子，故不忍残害母子。他心想，这是赵氏姐妹一手策划的阴谋，但他不敢违背命令，因为那上面盖着皇帝的御玺。最让籍武感到不忍的是，曹伟能直到进监狱时仍然天真地以为皇上只会杀了她本人而不会伤及孩子，所以才嘱咐留下胞衣，以便查对孩子的父亲。

曹伟能母子二人入狱的第三天，中黄门田客奉赵合德之命，拿皇帝诏书来催问籍武："那个孩子死了没有？"

籍武回答："没死，还在。"

于是，籍武在诏书后面写了五个字："儿健在，未死！"

籍武心想：田客把这个诏书拿回去交给皇上，皇上一看就会知道自己的儿子没死，以便采取措施保护孩子。

诏书被田客带回到皇上那里，正与成帝调情的赵合德见了那五个字大怒，她推一把皇上，恶声恶气地对他说："陛下，这个籍武是什么人啊？竟连陛下的命令都敢抗旨不遵！"

赵合德又拿起那份诏书，对田客说："你去问问那个姓籍的，他不将那个孽种除掉是不是想抗旨不遵？"

不一会儿，田客又气喘吁吁地跑回来，对籍武说："皇上和昭仪火冒三丈，问你为什么不杀死这个孩子，是不是抗旨不遵？"

籍武连忙跪下，悲伤不已，流着眼泪，叹息着说："这孩子是皇上的亲骨肉，我杀了皇子，自当死，如果我不杀死这个孩子，我是抗旨不遵，也自当死。反正，我杀和不杀都得死，我宁愿抗旨不遵也要积点阴德！"

于是，他又亲自草拟了一道奏章，说："皇上至今无子嗣，皇位继承无人，不管是谁生的儿子，都是自己的亲骨肉，岂有贵贱之分？恳请皇上三思，留下亲生儿子！"

田客把籍武的这份奏章转交成帝。

成帝看了这份密奏，很受感动，密令籍武为新生婴儿寻找一个乳母，并指定一个名叫王舜的中黄门具体负责安排此事。

田客奉成帝之命，对籍武说："皇上很受感动，就照你说的办，皇上命你今夜漏上五刻，偷偷地将孩子交给中黄门王舜，在东掖门交接。"

籍武很高兴，于是，夜里把孩子偷偷交给了王舜。

王舜把孩子抱回家中，又找来奶娘张弃，吩咐说："你要好好哺育这个孩子，必有重赏，另外，千万不要让别人知道。"

这个叫张弃的奶娘，很是尽心尽责，新生婴儿得到充足的奶水，长得又白又胖。

此事按说也该告一段落了。

然而，赵合德对这种不杀死孩子的做法非常气愤。于是，她在皇上面前又哭又闹。成帝因溺爱赵氏姐妹，尤其是对赵合德，已到了由爱而惧的地步，他经不起赵合德的哭闹。

成帝经不起赵合德的又哭又闹，竟至泯灭天良地答应杀死自己的儿子。

这一夜，成帝销魂了。成帝用杀死自己亲儿子的做法换来赵合德对他的温柔，籍武的话早忘在脑后了。

第二天早上，在赵合德的催促下，成帝下了诏书。

诏书仍由田客送交籍武。他交给籍武的是一份密封的诏书，还有一个蜡封的小绿匣。籍武打开诏书一看，是成帝命他速将匣中书、物交给曹伟能，并让他监督曹伟能执行诏令。

籍武无法，只得奉诏将小绿匣交给曹伟能。

曹伟能时时盼，天天盼，盼着皇上出现在眼前，微笑着把孩子抱走，她也能得到自由。如今，她盼来了这个小绿匣，她双手颤抖着打开小匣，里面有两丸毒药；还有一张字条，上有成帝亲笔字：伟能，饮此药，不可复入宫，汝自知之。

曹伟能泪如雨下，哭道："赵氏姐妹伤天害理，日后不得好死。她们企图独霸天下，操纵皇上，断绝圣上的香火！我儿前额长有壮发，与他的元帝爷爷一样。孩子在哪里？是不是被残酷的姐妹杀害了？求求你们，想办法禀报太后，让她救孩子一命吧！"

官人逼迫曹伟能服下那两丸毒药。

曹伟能猛力地摇头，哭喊着说："我不吃药，我不想死啊！"

官人说："不想死也得死！"

"天啊！我犯了哪条王法了？！"

花容月貌的曹伟能披头散发、满脸泪痕，已面目全非。曹伟能在后宫担任皇宫女教习，还额外兼管皇上的文件。她相貌如花，学识超群，能言诗撰文，是少有的才女。

"你还是自己吃下去吧，免得麻烦我们。"从人动员她说。

"不，我不想死，我要看我的孩子啊！"

"你自己不吃，我们只好强迫你吃了。"官人说着，就七手八脚按住曹伟能，有两人拼死按住她的头，有人撬开她紧闭的嘴，将两丸毒药灌下肚，放开了她。

曹伟能像失去理智，没好声地笑，没好声地哭，哭笑皆非，阴森恐怖，吓得宫人直往外跑。籍武一动不动，眼含热泪。

最后，曹伟能喊了两句"天啊，天啊"，倒地而死。她七窍流血，全身抽动，惨不忍睹。

曹伟能，女教习官，空有才华和丽质，含恨离开人世间，一缕香魂飘往阴间。

曹伟能突然死去了。曹伟能的母亲曹晓听到女儿死去的消息，号哭不止，越哭越悲。

曹伟能怀孕的时候，母亲曾进宫看过女儿，千叮咛万嘱咐，对女儿一万个不放心。现在，母亲担心的事情终于发生了，女儿莫名其妙地死去了，怎能不伤心悲哭？

曹晓哭干眼泪之后，想追查女儿的死因，结果问来问去，回答都是一样的："产后受风死去！"

曹晓找到籍武问："我女儿的死因，想必你是最清楚的，她是怎么死的？"

籍武长一百个脑袋也不敢说是赵合德害死的，不能直说，又不想骗死者的母亲，只好支支吾吾搪塞说："你没听到死因？"

"都说产后受风死去的。"曹晓说。

"他们，他们恐怕不会说谎的。"籍武不直接回答曹晓。

"就算我女儿产后受风死去了，那么她生下的孩子哪去了？难道也死了吗？"曹晓的问题籍武实在没法回答。

籍武说："伟能把孩子生在老妈子的舍下，后又转移到牛官令舍，我怎么知道孩子是死是活？"

曹晓又分析说："她的死因是她生了一个孩子，一个能继承皇位的皇子。伟能说过，皇上御幸过她，腹里有了龙胎，一定是有人嫉妒她。"

籍武心里清楚，曹晓分析得很正确。然而，他只能在心里同情曹家母女，没法用语言来表示。

不久，赵合德听说曹伟能的母亲曹晓要调查女儿的死因，立刻叫人把曹晓轰出皇宫。

后来，曹晓疯疯癫癫，胡言乱语，头发散乱，常常在未央宫的宫墙外面哭笑，像个死去后又返回人间的魔鬼，十分吓人。

曹伟能死了。她那"痛苦百媚生"的姣好面容，最后也没能救了她，反而葬送了她。一个无辜的女子香消玉殒了。

心如蛇蝎般狠毒的赵合德没有就此而罢休。

赵合德为了杀人灭口，又召见成帝派去服侍过曹伟能母子二人的六名宫女，对她们说："我知道你们是无罪的，但也必须死，我允许你们自己选择死的方法，不过，别磨磨蹭蹭！"

六名宫女听赵昭仪赐她们死，如晴天雷鸣，顿时抱头痛哭不止。她们"爹呀，妈呀"地大哭一阵之后，上吊而死。

然而，仍不死心的赵氏姐妹，派出密探，在皇宫的各个角落寻找。很快，赵合德就知道了孩子的下落。

一天，奶娘张弃刚刚给孩子喂完奶，突然听到有皇上诏书到。张弃放下孩子抬头一看，见来了几个太监和一个宫女，其中一个太监喊道："张弃接旨！"

张弃闻传，惊慌地跪下，太监念道："皇上御旨，命张弃将所收养的婴儿转交李南带往宫中，钦此！"

君令如山，不得抗旨。张弃无奈，含着眼泪把孩子包好，交给宫女李南。

张弃悲愤，撞石柱，头破血流而死。

赵合德得到了这个孩子如获至宝，但她不想珍藏，必须立即捣毁。她秘密派太监把孩子按到水池里浸死，然后又秘密地埋了起来。

这个来到世上还不到二十天的孩子，就这样无声无息地离开人世了。

赵合德害死了曹伟能母子二人，又害死了六名宫女，还有奶娘张弃。她现在可以休息一下了。

然而，赵合德没有放松警惕，她在后宫布下很多密探，撒大网捕大鱼。

　　成帝还是燕乐如常，内外无事，尽可安心度日，然而年已四十，皇子又被昭仪害死，便不免忧虑有加。

　　这一日，少嫔馆落成，皇上、赵飞燕姐妹都来看这栋豪华的房舍。少嫔馆装饰得富丽无比，极尽奢华，内里金柱玉壁、明珠翠羽、彩幔丝帘，摆设、珍玩无一不是奇珍异宝。

　　卧室布置得温馨无比，室内有四宝：七宝床、杂宝案、厕宝屏风、列宝帐。

　　外面楼宇飞檐挂以金铃，清风徐来，发出叮当的声响。庭院还有点缀的景观，可供随意游玩。

　　这座耗资巨大的少嫔馆是皇上命工匠建造的，集天下名师绘制蓝图，建筑别具风格。

　　成帝建这座少嫔馆不是为别人，是为赵合德。因为皇上太爱赵合德了，被她迷得到了疯狂的程度，以至于她让他干什么，他就得乖乖地干什么，不敢有一丝一毫的马虎。

　　成帝不仅仅是在朝政上由王家舅说了算，在后宫他也要听从赵氏姐妹的摆弄，尤其是赵合德。

　　建少嫔馆的起因是这样的。

　　赵合德住在昭阳殿，赵飞燕住在远条馆，相距甚远，燕赤凤穿梭于两宫之间，既累又浪费时间。赵合德想，如果我住在远条馆附近就好了，一有时间就可以找燕赤凤了。这样，燕赤凤去哪里都方便，也用不着与姐姐争抢了。

　　赵合德于是产生在远条馆附近再建一座宫的想法。她与成帝在一起时，娇嗔地对成帝说："臣妾有两个人不能离开，一个是陛下，一个是姐姐。陛下常在身边，可是姐姐却远在远条馆，想看姐姐都不方便，要是臣妾在远条馆旁有一座宫，与之相对相接，那该多好哇！"

　　成帝干这事痛快，只要赵合德高兴干什么都行。他立即召集天下名匠，建了这座少嫔馆。两馆相对，用紫房复道相接，不出宫即可通过紫房复道在两宫之间自由出入。

赵合德搬进新居少嫔馆。

搬进新居的赵合德很希望成帝多去上林苑，给她腾出时间，好与燕赤凤鬼混。

偏偏成帝这些天老守着她，就像一个吃奶的婴儿离不开妈妈怀抱一样。合德很生气，又不能因此被成帝看出来。

这样，姐姐赵飞燕就占了更多的便宜，可以与燕赤凤慢慢地咀嚼甜丝丝的黑夜和甜丝丝的梦。

有一天晚上，赵飞燕与燕赤凤在一起的时候，射鸟者悄悄地摸了进来。射鸟者见自己心爱的赵飞燕与别的男人在一起，遂怒火中烧，大吼一声，飞奔过来。

再说燕赤凤与赵飞燕突然听到一声大吼，两个人吓了一跳。赵飞燕睁眼一看，竟然是射鸟者。

射鸟者毁了她的好梦，她生气了："你来做什么？还不快出去！"

"飞燕！"射鸟者喊了一声。

"我不是飞燕，我是皇后，是皇帝的妻子，你出去！"

"飞燕，你怎么能这样呢！"

"我是皇后，我什么样，不用你来管。我知道应该怎样做，我不是孩子。"

射鸟者回到了密室，哭了，哭得很伤心。

赵飞燕赶走了所有的男人，只留燕赤凤，又召来了射鸟者，现在身边只有这两个野男人。她召来射鸟者，纯粹是出于感情的需要，那时她贫困不堪，是射鸟者给了她温暖，给了她爱，给了她生活的力量和勇气，这份情她永远也忘不掉。她留下燕赤凤，纯粹出于生理上的需要，因为她是女人，是皇后，她有权力接纳一个身体强壮的男人，以满足自己生理上的饥渴。

射鸟者是猎人，他怎么会把男人分得那样清呢！他只知道飞燕爱他，他也爱飞燕。所以，当他看到赵飞燕床上的一幕，怎么也承受不了这份感情上的打击。

三

这几天，成帝不在未央宫，远离长安，到各地"祠后土"去了。这下，赵飞燕姐妹算是得着机会了，差点没把燕赤凤撕得粉碎。还好，姐妹有事商量着办，谁都不吃醋，和睦相处。

女人之间没吃醋，男人之间却吃了醋。本来这几天应该是平平静静的，燕赤凤一如既往地来往于姐妹之间，相安无事。燕赤凤不在远条馆时，赵飞燕就召自己的情人射鸟者进来欢续旧情。不知道射鸟者突然抽的什么风，夜半三更起来，鬼使神差地跑进赵飞燕的卧室。

一方背着另一方在外面偷情，见不到也就罢了，见到了心里醋浪滚滚，难忍难消，像吃了苍蝇一样不是滋味，难受无比，困惑异常。女人是这样，男人何尝不是这样呢？射鸟者是男子汉大丈夫，也没能经受得住这份感情上的打击，射鸟者痛苦难忍，怎能不以泪洗面？

事也凑巧，第二天，燕赤凤与射鸟者这对情敌，在远条馆意外相遇了。两个人对视很久，默默无言，心里都不是滋味。射鸟者难以控制自己纯真的感情，随手拿起一件东西，向燕赤凤砸过来。燕赤凤身轻，来无踪去无影，能穿房越脊，见这阵势，他不害怕不担心，只轻轻一躲，就躲了过去。射鸟者是猎人，用箭射鸟百发百中，用东西砸人可不是他的强项。燕赤凤捡了便宜，此刻要是射鸟者手握一把竹弓，他就逃不过躲不了，插翅难飞，射中他要比射中一只小鸟轻松得多。

正在这时，道房姑娘见了，报告了赵飞燕。赵飞燕往他们两个人中间一站，说："砸吧，先砸死我！"

两个大男人愣住了，傻了。

赵飞燕不愧为皇后，还真有两下子，只那么一站，两个男人就乖乖地放弃武斗，老实了。

赵飞燕了解男人的心，对他们用不着说，用不着劝，更用不着解释。如果他们再闹再打不止，她就用死来威胁他们，吓唬他们，不愁他们不住手。

其实，在女人面前，男人的心是最软的，不过，得摸准他们的脉搏。

两个男人不打了，老实巴交地跟赵飞燕进了远条馆。

赵飞燕严厉地说："你们这样胡闹，你们知道这里是什么地方吗？这里不是荒无人烟的野地山林，这里是皇宫，是你们随便大吵大闹的地方？"

赵飞燕气得差点没哭出来，眼泪在眼圈里打转。两个男人吓得屁不敢放，大气不敢出。

赵飞燕又说："你们互相打来打去，受害的不是你们，而是我，你们为我想过吗？后宫人多嘴杂，一旦传出去，两个男人为我大打出手，我怎么向皇上交代，这不明明是害我吗？"

燕赤凤与射鸟者你看看我，我瞅瞅你，都默不作声，心里都觉得此事做得恐怕不太合适。

赵飞燕还没出气，又接着说："你们不是不知道，后宫里除皇上以外，再没有正常男人。你们两个活蹦乱跳的大男人，在那儿打架，把自己的身份暴露出去，不是等于去送死吗？胡闹，简直是胡闹！"

燕赤凤与射鸟者仍旧不说话，自知不懂后宫规矩，险些闹出大乱子，现在，赵飞燕打他们、骂他们，他们也得甘愿受罚。

到了晚上，赵合德来找姐姐，要求让燕赤凤到少嫔馆过夜，赵飞燕痛痛快快地答应了。现在，赵合德懂事了，不跟姐姐争抢燕赤凤了，有了这方面的要求，都与姐姐商量，征求姐姐同意。

赵飞燕趁燕赤凤去合德处过夜，叫来射鸟者。

不管射鸟者怎样对她无礼，赵飞燕都能原谅他。因为赵飞燕不忘恩负义，不忘旧情，不忘困难的时候射鸟者对她的帮助，给她的温暖和爱。

射鸟者受宠若惊，见赵飞燕待他仍像过去那样，信赖他、依恋他，他泪流满面。

"我们分开快十年了吧？"飞燕问他。

射鸟者没有回答，只默默地点点头。

"这十年，让你孤独了，受苦了。回家去，找个好女人，成家吧。"赵飞燕对射鸟者说。

"不，我说过要等你，等你出宫那一天，与你成家。"射鸟者坚决地表示。

赵飞燕见射鸟者有点傻，有点憨，有点痴。名扬天下的赵皇后，能出宫，与一个猎人结婚成家？笑话，简直是笑话，痴情的男人，到这步田地了，还在想着普通人的感情。敢娶皇后为妻，不要脑袋了？

"你等我出宫，不知猴年马月才能等到。汉室规定，妃嫔包括皇后不得出宫。刚进宫时我也在想，有机会出宫过普通人的生活，没有那么多的钩心斗角和担惊受怕，平平安安。穷人有穷人的幸福，富人有富人的烦恼，到今天我才知道这个理儿。"赵飞燕对射鸟者说的全是心里话，没有一点虚情假意。

射鸟者握住赵飞燕的手说："我喜欢你，爱你。你走的那一天，我一直偷偷地跟着你，一直到未央宫外。回家后我寝食不安，大病一场，母亲担心我把身体哭坏了，就劝我尽早找一个女人，结婚成家，忘记这份牵肠挂肚的旧情，忘记过去。"

"你母亲的想法是对的，你该像老人家说的那样，结婚成家，不要再傻等了。"

"我等你快十年了，我不能就此罢休，我不能没有你，我不能失去你，更不能丢下你。"射鸟者越说越激动。

"我在皇宫是皇后，要什么有什么，你用不着担心，外面不论有多大的灾害，宫里仍然花天酒地，不受丝毫影响。你成家立业，缺什么少什么，我让王盛给你偷偷地送去。这么大的男人了，总得有人照顾，不能总靠自己的老母亲。"

赵飞燕喜欢射鸟者，正因为喜欢，才不忍心看着他一个人孤单单的，才让他尽早娶妻生子，成家立业，体验人生的幸福。

射鸟者痴心地爱着她，不想娶别人为妻。

这一夜，赵飞燕像个孩子，像当年在长安城时情窦初开的少女，与年轻的猎人，甜甜蜜蜜在一起私语，仿佛又回到了当年的茅草屋，屋虽寒酸，心里却溢满了富足。一种当年的幸福感流遍赵飞燕的全身，温馨浪漫而富有诗意。

长安城的阳光、长安城的一草一木，还有童年走过的街道、童年玩过的地方，夜里家家户户萤虫一样的灯火，带着温暖和花香的微风，这一切都在赵飞燕眼前显现、展示，似乎在幸福的梦中，咀嚼着过去美好的时光和快乐。

射鸟者希望这不是皇宫，不是远条馆，而是旧时的寒舍，他希望眼前的女人不是皇后，而是当年的赵飞燕。他想让这一夜变得无限长，永远也不天亮，他愿意在这长久的黑暗里与心上人度过幸福的一生。此刻，他喜欢黑夜，不喜欢白昼。

入宫后，赵飞燕从来没有这样轻松地体验过过去。没有这一夜，恐怕要忘记了过去。

赵飞燕与射鸟者紧紧地依偎在一起，害怕谁离开谁，而一去不回。

东方渐出的早霞，像一个恶狠狠的审判官，把这一对美好的情人，从温馨的梦里，从幸福的黑暗中拉出来，拉到微亮的阳光下，把他们无情地分开，失去人性地宣判道："你们这一对情人，以后永远不得在一起生活，切记！"射鸟者与燕赤凤的一场醋海风波，使赵飞燕不得不做出这样的决定：射鸟者不能留在宫中了。一个当朝赫赫有名的皇后，竟敢背着神圣的皇上，在宫中私藏情人。赵飞燕已经受够了，不想再惹麻烦了，不想再让妹妹在皇上面前低三下四地求情了。她不想担私藏情人的罪名，引起不必要的风波了，有燕赤凤在就足够了，人生不可能完满无缺。

赵飞燕对射鸟者说："我也不想这样做，我叫王盛把你接进宫，是想在有可能的情况下，让你长久地住下去。我对生儿子不再抱任何希望之后，就常怀念起过去的时光，有你在这里陪伴我，我这一颗空落落的心得到了慰藉，充满了无限的幸福感。现在，你暴露了身份，如果皇上怪罪下来，你命难保，我也不安全。实在没有办法了，只有你离开未央宫，回家去，才能免去那些麻烦。"

"那你怎么办？"射鸟者担心地问。

"只要你离去，就算走漏了风声，我也会有办法处理的。"赵飞燕很有把握地说。

赵飞燕为射鸟者准备了很多钱，让他随身带回去，以慰老母和成家立业。射鸟者抱住飞燕，泪人一般，像个委屈的孩子。

赵飞燕叫来王盛，拿来一套太监服，穿在射鸟者身上，然后对王盛说："一定要安全地护送他出宫。"

王盛十分有信心地说："放心吧，皇后，您的事我不会有半点失误。"

射鸟者在王盛的护送下出宫了。

射鸟者走了。

赵飞燕的五脏六腑好像都被射鸟者带走了，顿时空落落。

赵飞燕一头扎在床上，嘤嘤地哭起来，哭得很伤心。

现在，赵飞燕身边只有一个燕赤凤了。

货以稀为贵，赵飞燕姐妹把燕赤凤当宝贝了，每天好吃好喝供着他。燕赤凤心里充满了幸福感。

燕赤凤自从扮了太监之后，在太监王盛的指导下干活，还真的像太监了。只是说话的声音没有改变，粗声粗气。王盛让他少说话，有人的时候最好别说话，以防暴露身份。

燕赤凤的出现，曾使王盛吃了一惊，但对道房姑娘来说是很平常的事，因为这一切赵飞燕没有瞒着她。其实也瞒不过她，整天生活在一起，赵飞燕的头发掉了几根，又长出几根，她大概都知道，别说床上多出一个大活人了。

道房这姑娘嘴严，对外什么都不讲，赵飞燕的事她只跟一个人讲过，就是曹伟能。曹伟能警告她，以后不要出去乱说，她始终没有忘记。曹伟能死后，道房沉闷不乐，吕延福好几次找她，说要跟她玩玩，都被她顶了回去："玩个屁，哪有你那份闲心！"

吕延福偷偷地恨自己，怎么不掌握火候，向别人乱提要求？活该，应该挨顶撞。吕延福吓得再不敢向道房提要求了，见到她，就像老鼠见了猫，贴着墙根走还胆怯不止呢！

道房这姑娘挺重感情，她对曹伟能很依恋。曹伟能死了，她哭了好几天。

当然这一切都是偷偷进行的，没让赵飞燕姐妹看出来，否则，赵合德一定抓出这个曹伟能的同党。道房会察言观色，知道曹伟能的死与赵合德有直接的关系，她有逃脱不掉的罪责，所以常常在心里恨赵合德，恨赵合德美丽的外表下暗藏的杀人之心，连一个刚出世的孩子都不肯放过。从那以后，道房再看见赵合德，就像看见一条花花绿绿的毒蛇，那双美丽的眼睛像眼镜蛇的眼睛那样明亮，身姿像蛇一样的软，反正，全身各个部位没有不像蛇的地方，连说话都像蛇那样的"咝咝"声。太可怕了，可怕极了，有时赵合德喊她一声，她竟然吓得毛骨悚然，支支吾吾，语无伦次。

她们在一起玩投壶的时候，道房从来不敢靠近赵合德，担心赵合德的身子一下子变长，变成一条狠毒的大蟒蛇，缠住她的腰和脖子，使她出不来气而窒息死亡。道房觉得她的这种担心不是多余的，而是保护生命的一种本能。

记得刚见到赵合德时，像看见了美丽的仙女，觉得她的身体无一处不是那么动人，美丽的大眼睛，弯弯的眉毛，小巧漂亮的鼻子，微带笑意的嘴角，女人见了都想上去咬一口。

杀过人之后的赵合德，在道房眼里，这些美丽的外表全变了，变得陌生又可怕。人的感觉真是奇怪，怎么变得这样快，说变就变了呢？

现在，道房极力控制自己，装得同平常一样，担心被赵合德看出来惩罚她。

每当燕赤凤去少嫔馆过夜，道房都在想，燕赤凤是在跟一条蛇睡觉，那长蛇似绳子缠遍他的全身，慢慢吸他的血，他还感到舒舒服服。蛇能迷人，看来是毫无疑问了，尤其是赵合德那样美丽的毒蛇。

道房这姑娘与燕赤凤混得很熟。一开始，总觉得他碍眼、烦人，充当不光彩的角色，是个多余的人。现在看得时间长了，觉得顺理成章了，赵飞燕是他妻子，他是赵飞燕的丈夫，天造一对，地配一双，再合适不过了。此刻，皇上挺烦人的，总来偷情，真不光彩，要是被燕赤凤发现，自己的妻子被皇上占了，还不打死他？

事情就是这样，道房总是把赵飞燕和燕赤凤看成是一对夫妻。

　　燕赤凤长得很帅，很漂亮，是个标准的男人，不但赵飞燕看中了，连道房也越看越爱看，越看越想看。

　　燕赤凤对道房也有好感，常说她长得漂亮、秀气，像大财主家的小姐，超凡脱俗，很不一般。道房听了，自然是欣喜若狂，不知天高地厚了，还真的以为自己是高贵人家的小姐了。

　　有那么几天，成帝与赵合德去上林苑游玩去了，一住就是好几天没回来。赵飞燕一人在远条馆，不知道信了什么教，不吃这不吃那，也不找燕赤凤，道房十分不解地问："皇后，你这是干什么呢？"

　　赵飞燕说："没事的，就几天，忍一忍就过去了。"

　　这一忍可不要紧，把燕赤凤忍得似乎无处过夜了，夜里跑到道房的房里。

　　燕赤凤是个多情的男人，见了漂亮女人就好像见了美酒佳肴，不品尝一下，心里就不舒服。

　　道房是赵飞燕的贴身使唤丫头，如果长得不漂亮，没有一点姿色，赵飞燕也不会喜欢她。你想想，赵飞燕能把一个丑八怪放在身边吗？就是道房这一点姿色，使燕赤凤暗地里念念不忘。现在，赵合德去了上林苑，赵飞燕又莫名其妙地不找他，燕赤凤寂寞难耐，就马上想起道房，心想，何不到她那里过夜？

　　于是，燕赤凤黑灯瞎火地摸进道房的房里，吓了她一跳，她差点喊出声。燕赤凤急忙说："是我，别喊！"

　　道房很熟悉这声音，一听就知道是燕赤凤来了。来就来吧，道房也不好推辞，也不想推辞。她曾与吕延福鬼混过，不过，他是太监，终究没有让她体验到真正的快乐。

　　道房曾试图巴结皇上，结果皇上不理睬她，气得她打了自己的耳光。想不到今夜却意外地得到了燕赤凤——一个不缺少任何东西的完整男人。以前她对燕赤凤没抱多大希望，一是因为他是皇后所爱的人，不能与皇后争吃一锅饭；二是燕赤凤不一定能看中她；三是燕赤凤的工作日排得满满的，今夜飞燕，明夜合德，已无暇光顾他人了，也没了那份精力和闲心。所以，道房有意贴近燕赤凤，也没想到能与他在一起，只想给无聊的时光增加一些七彩的颜色。

事情往往就是这样，有意栽花花不开，无心插柳柳成荫。

无意间，道房得到了燕赤凤。

从那夜起，燕赤凤和道房都希望赵飞燕继续"忌男"，不食人间烟火，也希望赵合德长住上林苑，永久别回来。

赵飞燕心想，这些天可苦了燕赤凤了，一个人冷冷清清的，一定很寂寞很无聊，不由得暗中佩服他有控制自己的能力。

赵飞燕哪里知道，她的燕赤凤每天夜里都没闲着，都有事干，已经与她的贴身丫头打得火热了，寂寞无聊的反倒是她自己。

不久，赵合德与皇上从上林苑回到了少嫔馆，赵飞燕也结束了她的"忌男"日。生活照常，与往日无两样，只是燕赤凤、赵飞燕和赵合德这个三角关系，又无声无息地多出一角，成了四角。这第四角关系一直在赵氏姐妹眼皮底下偷偷进行，没有间断。道房尝到甜头，一发不可收拾，从主观上讲，她不想中断这种关系，觉得这样下去挺幸福的，挺开心的。

过了几个月，道房发觉身体有点异样，不来例假了。不好了，她怀孕了。道房有点惊慌失措，没了主意，找到燕赤凤说："怎么办？我有了！"

要是在宫外，燕赤凤会高兴得蹦起来，但此刻他愁上眉梢，毫无办法。

道房经历了曹伟能生子一事后，知道此事严重了，不好办了，一旦让赵合德知道自己必死无疑。不过，好在这不是皇上的孩子，是燕赤凤的。公开事实，说孩子是燕赤凤的，以此保住性命，不是不可以考虑。道房转念一想，也不行，偷了赵飞燕姐妹的情人，还怀了孕，真是胆大包天，她的肚皮得被撕烂了。不公开吧，这孩子无疑是皇上的，她必得死。公开也不行，不公开也不行，进退两难，看来只有上天入地了。

道房突然想到，上次给宫内几个怀孕的宫女堕胎时，还留有一包药，她没扔，一直留着，不妨一用。

道房假装有病卧床，燕赤凤偷偷把药煎好送给她喝。

聪明的赵氏姐妹遇到了灯下黑，没发现道房有病的真正原因。赵飞燕还嘱咐其他人多关照道房姑娘。

　　道房很幸运，胎被堕下来，赵飞燕姐妹没有发现任何破绽。等道房完全康复以后，赵飞燕、赵合德她们又一起开始玩投壶了。

第十五章

考侄弟刘欣聪明　收义子确立储君

一

永始四年孟秋，有日食复出，遂改年号为元延。元旦那天，天阴暗如夜，再次日食。元延元年夏四月的一天，无云有雷，有流星随着日光，向东南行，四面如雨，直到晚上，方才不见。秋七月，星孛东井。天变迭现，成帝不觉惊心，不得不遍咨群臣，详陈得失。

刘向正调任中垒校尉，应诏陈言。刘向说这些奇异的天象与王氏家族秉权有关，应归咎外戚过盛。谷永方调任北地太守，也应诏入对，他始终把这些灾难的来源归咎后宫，说皇上专宠赵氏姐妹过甚，使之无子嗣，皇位无继承人。刘向和谷永提出的两件事，都是大事，成帝非常清楚，但这两件大事都不能照着他们的想法办。看老母的面子，王家不能动，只好维持；另外，他不能没有赵飞燕姐妹，失去别的什么都可以。这样，这两件事成帝只好迁就了。

其实，刘向和谷永说得都对。他们虽然神机妙算，却没有算出这一年的年末，也就是元延元年年底，赵合德杀了曹伟能，又诛杀皇子。

元延二年十一月，后宫传出，赵合德又杀了一个皇子，却不见详情。

所以，民间有童谣流行——"燕飞来，啄皇孙！"

有诗道：

> 燕燕双飞入汉宫，
> 皇孙啄尽血凤红；
> 古今不少危亡祸，
> 半自蛾眉误主聪。

合德连杀二子，断绝了刘家江山的继承人。从那以后成帝再无龙子孕出。一是成帝渐渐体弱，精力耗损，常常"阴缓弱"，难播龙种；二是赵合德姐妹自杀二子后，对成帝看得特紧，不许其临幸姐妹之外的任何女人。

成帝自知子嗣无望，不得不考虑未来皇位的继承人了。

元延四年春，按照汉朝定例，近支宗亲定陶王刘欣、中山孝王刘兴各自从自己的封地赶奔京师，去朝见成帝。

刘欣是定陶王刘康的儿子，刘康是成帝同父异母兄弟。阳朔二年，刘康死，儿子刘欣继承王位。刘康英年早逝，正妻张氏没有留下儿子，唯妾丁姬生子，就是刘欣，刘欣由祖母傅昭仪抚养成人，得袭王位。傅昭仪是元帝的宠妃。当时汉元帝喜好声色，后宫美女如云，他不爱王政君，专宠傅昭仪和冯昭仪。

傅昭仪、冯昭仪两人，都比王政君长得漂亮。傅昭仪妩媚多才，很有交际手腕。她从小就被送进宫，既有美色，又有才干，且善于同人周旋，故上讨得元帝欢心，下得宫人敬重，以至于宫人们饮酒时，常祝她健康长寿。

傅昭仪胸怀大志，一心想当皇后。皇后没当上，却为元帝生了个儿子刘康。为使儿子刘康取代皇太子刘骜（成帝）的地位，傅昭仪投元帝所好，特地培养刘康学音律，使刘康深得元帝的宠爱。后来，傅昭仪几经努力，只因刘骜太子为宣帝所立，才没能让刘康取代皇太子的地位。元帝非常喜欢刘康，遂立刘康为定陶王，元帝死后，傅昭仪跟随儿子来到定陶。

傅昭仪智略过人，闻得成帝无子嗣，赵氏姐妹不孕，遂想把自己的孙子刘欣介绍给成帝，立为太子。她的儿子刘康没当上皇帝，这回说什么也不能让自己的孙子错过这个机会。因此，刘欣入朝拜见成帝，她说什么也要跟着一同入朝。

刘兴，中山王，为冯昭仪所生，是成帝的同父异母兄弟。冯昭仪和傅昭仪一样是元帝的宠妃，长得端庄美丽，聪慧可人。

冯昭仪冷静沉着，娴淑大方，元帝既宠爱她，又敬重她。有一次，元帝带着妃嫔宫人们在后宫的虎笼观看斗兽表演。正看得兴致极佳的时候，一头大熊突然跑了出来，攀殿而上，直向元帝扑去。元帝两旁的妃嫔吓得争先恐后地逃窜，冯昭仪见势不慌，挺身向前，阻拦大熊，保护元帝。这时，武士们赶来，格杀了大熊。事后，元帝很受感动，问她："为何不怕危险，当熊而立？"

她回答说："妾闻猛兽得人而上，恐熊扑至御座，侵犯陛下，故以身挡之。"

元帝听后很是佩服冯昭仪。

在此后相当长的一段时间里，元帝专宠冯昭仪，把王政君、傅昭仪等人都冷落到一边。

公元前 36 年，冯昭仪给元帝生了儿子刘兴。这年六月，元帝下令封新生儿刘兴为信都王，封刘兴母冯氏为冯昭仪。受封昭仪是相当高的荣誉，仅次于皇后。

冯昭仪、傅昭仪这两个人，当时都强于软弱无能又平庸无才的皇后王政君。

两位多才多艺的昭仪，才智不分上下，跟随元帝左右多年。

俗话说，一山容不得二虎，傅昭仪嫉妒冯昭仪，十几年以后，才见分晓。

这次中山王刘兴进朝，有勇欠智的母亲冯昭仪没跟儿子一同进京，刘兴只带了太傅一人。冯昭仪没有傅昭仪的智略和手腕，聪慧朴实在这个时候却吃了大亏。

从血缘关系上看，刘欣是同父异母兄弟刘康的儿子，远了一辈；而中山王刘兴是成帝的同父异母兄弟，比定陶王刘欣近了一辈。

当时，刘兴只带王太傅一人进京朝见，而定陶王刘欣却将手下辅佐他的傅、相、中尉，全部带到京师，成帝见二人举措有如此不同，便让他们各自陈述这样做的理由。

刘欣面对皇上的询问，侃侃而谈。他说："遵汉朝的法令，诸侯王入京朝见，可以带着二千石的官吏同行，而傅、相、中尉正好都是二千石，所以就带着他们来晋见皇上了。"

成帝见皇侄刘欣回答完了，就问刘兴："兴弟如何答？"

刘兴回答为什么带一人来时，吭吭哧哧，半天也说不出个理由。

成帝对中山王刘兴的表现很失望。

紧接着，成帝又问他的这一弟一侄："皇侄皇弟都读过哪些书？"

刘欣抢话说：“侄儿正在研习《诗经》。”

成帝心想，这小子不知天高地厚，文辞深奥的《诗经》是你小小年纪就能研习的吗？大不了能默背两首罢了。

“背一首朕听听。”成帝有意考他。

刘欣很流利地背了两首诗，并对诗句里难懂的词语又作了详细的解释。

成帝暗中佩服这个皇侄。

成帝又问刘兴读过什么书，刘兴想了半天才说读过《尚书》。

“《尚书》也很难懂，背一段给朕听听。”成帝对这位弟弟说。

刘兴背了几句就背不下去了。

成帝见弟弟背不出，也不勉强。

成帝心想，冯昭仪颇有才干，怎么生个如此不争气的儿子？已经是三十有余的人了，为何这般呆笨，还不如十六七岁的孩子。

“退去吧！”成帝挥挥手。

成帝回到宫中，正巧刘欣祖母傅昭仪来拜见皇上，成帝问过路途辛苦之后，就夸赞她孙儿机敏、聪颖、有智慧。傅昭仪谦逊一番后，对成帝说：“臣妾与孙儿一同进京，一是向皇上问安，二是怕刘欣这孩子在皇上面前失礼，总是放心不下。”

成帝谢她厚意，留她住在宫中。

次日，成帝设宴款待二位亲王。

酒菜上桌以后，刘欣吃得很少，刘兴却满口满腮吃了很多，席间还松了几次腰带。

成帝见弟弟中山王刘兴如此不成器，只好放下筷子，长叹一声。

冯昭仪虽然聪明，但跟傅昭仪比，就显得有勇无谋了。她生的儿子似乎继承了母亲的传统，实实在在，但倒也不傻。前面提到刘兴席间还松了几次裤带，这都是写野史的文人用笔墨有意贬损刘兴。也许刘兴饿了吃得很香，也许刘兴吃饭时有不抬头的习惯，但他绝对不是毫无见识、从没吃过饱饭的穷酸人。刘兴的父亲是皇帝，自己又是王爷，什么好东西没吃过，什么好东西没见过？而席间松了几次腰带，这纯粹是贬损人。只因为他进宫的队伍没有刘欣的壮观，实实在在的母亲也没有跟来，身边只带一人，又没有携带贵重礼品，也没有背地里疏通各种渠道，单枪匹马，孤孤单单，自然没人看得起，再加上刘兴本人憨厚无华，这些原因搅在一起，就形成了人们对刘兴的印象。

刘欣进京前，他的祖母傅昭仪已对他进行了长久的专门训练，找人教习《诗经》，下了很大的功夫，目的就是讨好成帝，取悦成帝。在这种情况下，刘欣取胜的希望一定会大于刘兴。

与油嘴滑舌的人在一起，憨厚老实的人永远是吃亏的，永远是被动的角色。

刘兴给成帝的印象实在令人同情，这本身也与成帝的欣赏角度有关。

世俗的人不同情弱者，奉承强者，刘兴和他的母亲冯昭仪就处在弱者的境地。

成帝没有儿子，由谁继承皇位呢？

虽然成帝健在，但子嗣问题也该考虑了。这些天，成帝也在想这个问题。

赵飞燕住远条馆，妹妹住少嫔馆，中间有道相连，姐妹经常在一起谈天说地。后来姐妹迷上投壶游戏。

投壶时所用的壶，高三尺，盘腹修颈，壶外饰金银，纹以雕刻，投壶时，壶与投者相距七尺。

这一天，赵飞燕、赵合德还有樊姬，每人手里都拿着用棘木做的矢，往壶中投。樊姬屡投不中，被罚喝了一肚子凉水，胀鼓鼓的。正在这时，道房来报，说宫中来了很多人，有定陶王刘欣，有中山王刘兴，据说定陶王刘欣的祖母也跟随而来。

“他们来干什么？”赵飞燕问。

“例行公事，每年这时候都来朝拜皇上。”樊姬双手抱着装满凉水的肚子说。

她们正说着，突然有丫头来报：“皇后，傅昭仪来看望皇后姐妹。”

傅昭仪这人腿快，点香佛到，正说她，她就来了。

傅昭仪很会说话，一见赵飞燕姐妹的面就寒暄不止，夸奖她们姐妹聪明伶俐，心地善良，反正恭维话没少说。她说她此次进京，主要是为了看望皇后姐妹，日久不见怪想念的。最后她说："我给你们姐妹带来一点东西，不成敬意，请皇后收下。"

傅昭仪随身给赵氏姐妹带来的都是金帛珍玩，稀世珍宝。

俗话说得好，钱可通神。

赵飞燕姐妹虽然锦衣玉食，什么也不缺，但得了这么多珍宝，也不免心动，对傅昭仪格外有好感。

傅昭仪很聪明，在赵飞燕姐妹面前只字不提成帝的继嗣问题，她知道如果掌握不好时机，会起到相反的作用，所以她是慎之又慎。送上重礼，是提前下毛毛雨，为日后做准备，有好处没坏处。

其次，傅昭仪不说此事，赵飞燕皇后也知道她此次进京的目的。傅昭仪不说，也有让赵飞燕自己去心领神会的意思，这就叫明白人办明白事。

傅昭仪不说明来意自有道理，赵飞燕姐妹能不能生孩子，还没有最后的结论，就像冬腊月母鸡突然下个蛋也是常有的事。现在当着她们的面提子嗣，就等于在和尚面前提秃子，让人难堪。等到她们感觉自己实在是黄牛生不出黑马驹的时候，她们首先就会想到立子嗣的事了。到那时，水到渠自成，春到枝头绿，一切都会顺顺当当。

傅昭仪既聪明又有心计。

傅昭仪在宫中住的几日，拜见了王政君太后、大司马王根还有赵氏姐妹，把多年积蓄的金银财宝分别贿赂给了赵氏姐妹和大司马王根。俗语说得好，明人也有走暗路的时候，王根虽然家财万贯，但也贪得无厌，收了傅昭仪的重金，对此格外开恩，立即到处游说，说刘欣多么多么有才气，可以作为皇位的继承人，等等。

成帝也有此意，但还是希望赵飞燕姐妹能生个男孩，免得旁继。

傅昭仪、刘欣、刘兴要离京返回时，赵飞燕姐妹殷勤设宴饯行，席间傅昭仪一个劲儿在赵飞燕面前对刘欣说："你皇后婶婶很关心你，也很喜欢你，离京后万不能忘记皇后婶婶呀！"

赵飞燕也确实很喜欢刘欣，她说："婶婶也不会忘记你呀！"

随后，赵飞燕又问刘欣冷不冷，用不用再加些衣服，路远风寒，嘱咐千万注意身体。

傅昭仪觉得赵飞燕这人很热情，很和善，对刘欣也好。她想她这次十有八九不会白来。

次日，傅昭仪祖孙二人东返，刘兴也已离京了。

又过一年，枯干的树枝重新发芽，枯草重新放绿，赵飞燕姐妹却年年岁岁花相似，有花无果，仍然不育。

这时，王根上书皇上，要求立定陶王刘欣为太子。王根是大司马，总理朝政事务，王凤死后，王根代理凤职，行使职权，所以，朝中的事，有王根同意了，也就成功了。

不过，成帝子嗣的事，他一个人说了不算，除了成帝以外，还有赵飞燕姐妹。王根同意了，赵飞燕不同意，这事也成不了。

聪明的傅昭仪知道谁重要谁不重要，把毛毛雨全下到他们俩身上了。

一门心思想自己生个儿子给皇上继承香火的赵氏姐妹，见想千方设百计也生不出儿子来，也就接受了傅昭仪的暗中请求，准备收定陶王刘欣为义子，做个好人，成全傅昭仪。

赵飞燕同意了，成帝才决意立刘欣为皇位的继承人，改元绥和。

不久，也就是绥和元年初，成帝派专使持节召定陶王刘欣回长安，为成帝和赵飞燕皇后的义子，并立为太子。

至此，傅昭仪获得了成功。

傅昭仪深谋远虑，她随孙儿一起进京入朝，为的就是这一天。

傅昭仪在元帝时，就曾想执掌未央宫，当皇后，立自己的儿子刘康为太子，结果这些想法都没有实现。这次，她深知若想成功，关键是走两条路，首先是赵飞燕姐妹，其次是皇太后王政君和太后的弟弟大司马王根。所以，入朝以后，她第一个来看赵飞燕姐妹，然后去谒见王政君太后，一张嘴花言巧语，哄得老太后舒舒服服，竟将元帝时昭仪气她的事全忘了。

定陶王刘欣接到他被立为太子的诏书后，在祖母傅昭仪的授意下，上表章一道，假意推辞说：

> 臣幸得继父守藩，为诸侯王，材质不足以假充太子之宫，陛下圣德宽仁，敬承祖宗，奉顺神祇，宜蒙福佑子孙千亿之报。臣愿且得留国邸，旦夕奉问起居，俟有圣嗣，归国守藩。

成帝阅章后不允，于是，刘欣从定陶来京，住进东宫，成为成帝的合法继承人。刘欣入京，祖母傅昭仪、母亲丁姬护送刘欣至京都。入宫后，傅昭仪与丁姬一对婆媳，又到远条馆和少嫔馆，向赵飞燕姐妹谢恩，随身还带来许多礼品给飞燕姐妹。

这个时候，刘兴这边也有行动，但是已经晚了。

御史大夫孔光，独上书请立中山王刘兴为太子，赵飞燕姐妹知道后，直骂孔光多事，找麻烦。成帝也不满意了，后来把孔光降职为廷尉；为安慰刘兴，加封食邑三万户，又封刘兴的舅舅冯参为宜乡侯，以免刘兴心生怨言。

成帝想，将刘欣立为皇太子，入居东宫，算已正式过继。祖母傅昭仪、母丁姬须回定陶官邸，不得随刘欣留居京都，以免多事，带来不必要的麻烦。

傅昭仪遂入后宫求赵飞燕姐妹说情，又到长信宫找王政君太后，要求留在宫中。

赵飞燕想，傅昭仪与她心意相通，感情融洽，留她在宫中，可增强她的宫中势力，万一成帝有个三长两短，刘欣、傅昭仪也是依靠。现在帮她帮到底，做个人情。

王政君太后也劝儿子成帝。成帝说道："太子入承大统，不应再顾私亲。"

王太后说："太子幼时，全靠傅昭仪抱养，好似乳母一般；若让她留居东宫陪太子，想必无妨。"

留傅昭仪居东宫，其实有违汉室礼节。然而王政君太后从来都是违汉室大礼的，汉高祖刘邦定下的"非刘氏不封侯"的规矩，早被践踏得不成样子。

"一日十侯，王氏秉权用事"都是在她的授意下形成的。

软弱的成帝难违母意，也难违皇后意，准令傅昭仪留居。唯刘欣之母丁姬不在此列，回定陶。

<h1 style="text-align:center">二</h1>

立刘欣为太子这事定下来之后，赵飞燕姐妹的心也踏实了。否则，整天担心哪位妖女生了皇子动摇她们的地位。

此后，赵飞燕姐妹轻松多了。

大司马王根在立刘欣为太子时，与赵飞燕立场一致，故很得赵飞燕赏识。赵飞燕心想，与他，还有傅昭仪，形成一股势力，一定会牢不可破。

天公不作美，偏偏这时大司马王根生了病，被免职。这就像一只无情的大脚踏在她的心上，让她难受无比。

王根病免，一时乏人接替。

朝廷中王家老爷们骄奢淫逸，斗鸡走狗，拈花惹草，没有几个人是干正经事的，只有一个人例外，他也是王家的人，他就是王莽。

王莽是王曼的儿子，王曼是大司马大将军王凤的弟弟，王凤是王政君太后的大哥。王曼和王莽的哥哥离世较早，王莽才十二岁就失去父亲，跟着寡母住在太后宫中，与其他的堂兄弟相比，也算孤苦无依，地位低，常遭白眼。然而，王莽似乎并不羡慕堂兄弟们终日声色犬马的奢靡生活，他衣食节俭，谦恭待人，很有礼貌。王政君给他找了一名老师，教他学习"五经"中的《礼》经。他求学刻苦，知识渊博，深得老师的喜爱。在家中，他常侍候寡母和寡嫂，抚养失去父亲的侄儿，品行无可挑剔。在外面，他结交英俊贤能之士，畅谈志向，不同凡响。他对他的伯父叔父孝敬万分。所以，王莽不管在家里还是在家外，都得到一致的称赞，被认为是个有教养有学识有志气的人。

大将军王凤病重时，王莽作为侄儿日夜守护在身边，一时一刻也不离开，以致没有时间洗脸，蓬头垢面；睡时衣不解带，比王凤的亲儿子还孝敬。王凤死后，嘱咐王政君和成帝，要多多关照他。不久，成帝任王莽为黄门郎。黄门郎，即黄门侍郎，是成帝的侍从官，官职不大。后来，王莽又被提升为校尉。校尉是护卫京师的高级官职，与郡守相当。

此后，王莽又封侯加官，被任为光禄大夫、侍中。光禄大夫可参与议论朝政，而侍中可以在皇上身旁参与机密。

这时，王莽的官位只比九卿低一点了。

王根大司马之位被免之后，王政君及成帝都有意让王莽任此重职。

偏偏这时，有个淳于长扬言，说自己有资格当上大司马。王根病时，他就喜形于色，等待时机。

淳于长为什么这样目中无人，口出狂言呢？

原来淳于长是太后王政君姐姐的儿子，王政君是他的姨母，大将军王凤是他的舅舅。他与王莽是姑表兄弟，与成帝是姨表兄弟。开始时他担任黄门郎，并没人喜欢他。大将军王凤死时，曾嘱太后和皇上多照顾，成帝遂升他为校尉，旋迁水衡都尉侍中，直到卫尉九卿，比王莽高一点。后来，成帝失去男宠张放，就越来越宠爱淳于长了，封他为定陵侯，贵倾公卿。淳于长不守本分，蓄养妻妾，沉溺声色，不守国家法度。

成帝的舅舅王根辅政几年，久病不起，多次请求辞官。淳于长以外戚居于九卿高位，按次序应是淳于长接替王根。再加之成帝宠爱他，王政君护着他，所以他才敢扬言，说自己应接任王根的官位。

论职务，淳于长在王莽之上；论人品，王莽在淳于长之上。谁接任王根，很难说。

成帝因为宠爱淳于长，自然同意他接任。赵飞燕知道此事后，极力推荐淳于长任大司马。

赵飞燕是个有良心的人，吃水不忘挖井人。她受封皇后时，王政君太后说她身世微贱，不同意为后，正是淳于长凭三寸不烂之舌，到王政君太后处巧言，又给成帝献计献策，她才得以成为当今的皇后。

现在，淳于长处于关键时刻，赵飞燕说什么都要帮这个忙，让淳于长当大司马。

王莽看不惯淳于长的行为，他想，这样的人怎么能担此重任呢？

于是，王莽暗中查知淳于长与废后姐姐有见不得人的事，就借看视王根病情的机会，对王根说：“淳于长见将军久病，万分欢喜，自以为当代将军辅政，现在已置办衣冠哩！”

王根大怒，说：“既然如此，何不告发？”

王莽说：“不知将军意下如何，所以不敢鲁莽。”

王根让王莽去长信宫，把这一切告知太后王政君。

王政君太后听了王莽的话，很是佩服王莽的大义灭亲、刚直不阿。老太后怒气冲冲，让王莽将详情进奏成帝。成帝听后立即免除淳于长官职，令他回封国。不久，他被逮入洛阳大狱，死于狱中。

在这场争权夺位的斗争中，王莽告发淳于长的不轨行为，目的只有一个，就是不让他当大司马。在王莽眼里，淳于长不是好东西，让这样骄奢淫逸的人担任朝廷要职，正义得不到伸张。在这关键时刻，王莽不当旁观者，决心不论通过什么渠道，采取哪种手段，都要把淳于长干掉。王莽这样做不纯粹是为个人的利益，而是为整个汉室江山着想。

王莽这个人朴素不贪，头脑灵活聪明，有很多改革大政的思想，而得不到机会施展。他很能接受新思想，哪怕是极天真的想法。后来，朝廷里他说了算的时候，西汉岌岌可危了，他带头改革汉制，治理国家。当时，匈奴又开始侵犯汉朝边境了，为了深入敌后，摸清敌情，做到一网打尽，曾有人向他建议，在人身上插遍鸟毛，再做两个大翅膀，一日飞行千里，到匈奴生活地塞北侦察情况。王莽真的采用了这个建议，试飞那天，他亲临现场观看。结果“大鸟人”乘风只飞了不到百米，摔了下来，失败了。他对提出建议的人仍然重赏，以鼓励各种新思想的出现。

攻打匈奴路途遥远，粮草运行很困难，有人向王莽说他发现了一种中草药，可以当粮食充饥，士兵们喝了，与敌军作战百日不饿。还有人向他提出一些稀奇古怪的想法。王莽对这些"拔须变将，撒豆成兵"的想法，都一一接受，然后逐一进行试验，对建议者都给予重赏。

王莽的新思想，如改革地名、重量单位等实施后，一时给百姓带来很多混乱。

王莽当政前，作为大司马免不了陷入宫廷里的政治斗争，使出一些手腕也正应验"明人也走暗路"这句俗语。他曾把十岁左右的女儿嫁给平帝，使女儿成为皇后，然后又害死平帝，使女儿成了历代皇宫里最小的太后，寡居后宫，闷闷不乐，一生未嫁，日夜思念丈夫平帝，最后悒郁疯癫而死，成了政治牺牲品。

王莽是有血有肉的人，吃五谷杂粮，难免有缺点、错误和不足，但他的朴素作风和善于改革创新的思想，确实值得后人提倡和发扬光大。

淳于长究竟有什么罪过，得以下狱致死呢？

淳于长是王政君的外甥，册封赵飞燕为皇后时，他出力疏通，打通各个关节，赵飞燕感念不止，常劝成帝封淳于长侯爵，成帝即封他为定陵侯。因淳于长得宠于成帝和赵飞燕，成帝时有赏赐，再加诸侯馈送，积资亿万，广蓄娇妻美妾，恣行淫乐。当时，有一个漂亮女人，叫许嬷，是许皇后的姐姐，丧夫寡居，姿色未衰，淳于长借吊她丈夫为名，一再勾引她。许嬷本属放浪之女，见有淳于长勾引，便展蕊惹蜂，尽现姿色，见淳于长得宠于当今皇上皇后，尊荣无比，遂半推半就同意委身于淳于长，甘做他的妻外之妻。淳于长竟纳许嬷为妾。

到了元延四年，也就是公元前9年，被废掉的许皇后从上林苑昭台冷宫迁回长定宫已经七八个年头了。她一个人在长定宫中，寂寞又痛苦地咀嚼着过去，希望有一个令人满意的未来，也希望成帝能回心转意，重续旧情，和好如初。

突然有一天，许皇后的姐姐许嬷来看望她，说了一些姐妹之间的想念话之后，许皇后说："我常想，重回皇后之位是不可能了，封个次于皇后的昭仪也行，可惜，我连皇上都见不到。"

姐姐一听妹妹的话，就说："妹妹有心复个昭仪位，成帝念及旧情，再求人说情，我看差不多。"

"我已无所求了，只求平平安安度过后半生。"

许嬛突然想到淳于长与成帝关系甚密，心想何不求他一试。

"有了，妹妹，让淳于长到皇上面前说情，封你为昭仪。"

许皇后听姐姐一说，也很高兴，立即拿出许多积蓄，托姐姐送给淳于长，求他说情，希望回到皇上身边，封不上昭仪，封婕妤也可以。

淳于长见许嬛送来许多珠玉金宝，十分动心，他明知道此事不可能，但只因见财心贪，不忍割舍，就谎称可以说动皇上立她为昭仪。

许嬛不知真假，就将这消息传给许皇后。许后夸说，淳于长这人真办事，就兴致勃勃地在长定宫等待，等来等去也没等来消息，就让姐姐催问淳于长，催问的次数多了，淳于长有些不耐烦了，就故意推托说再等等。

等许嬛再催问时，淳于长就写一封书信，让她转交许皇后。传递的书信很多，内容都是调戏许皇后的，言语轻慢，无所顾忌。

淳于长在信中说许后寂寞思男，求欢太急，难忍难耐，莫不如降其尊严，嫁给他，即可得鱼水之欢。

许后因对淳于长有所求，只好含羞忍气吞声。

不久，消息传出，竟被王莽得知。王莽向王根报明，然后又报告太后、皇上。成帝不想治淳于长的罪，就免了官职，让他回自己的封地。淳于长自知此事无法挽回，不得不收拾行装，准备登程返回故国，忽然想到了王立之子王融。王融是淳于长表兄弟，两人关系甚好。淳于长跟他说不想回故国，想留在京城，想求王融之父王立给说情。淳于长取出很多珍宝交于王融。王融携宝回家，告之其父。王立在朝中时很得成帝赏识，却不能辅政，疑是淳于长在皇上面前说了他坏话。所以王立也经常在皇上面前揭淳于长的短。此次见儿子携回珍宝，竟忘记过去的恩恩怨怨，忙入宫去见成帝，为淳于长说情、诉冤。成帝顿起疑心，知道他们是死对头，对头讲情，令人不解。成帝听了王立的话，默默不答，王立走后，命人彻底查究。经明察暗访，查出王融私受淳于长贿赂，便派吏拿王融。王立这时才悔恨不该收礼，说是儿子惹出来的祸累及全家。王融自知闯了大祸，一人做事一人当，不如自杀，当即服毒毙命。御吏到了王家，见王融已死，便回去报于皇上。成帝越想越疑，索性捕淳于长下狱，一再审讯，他便把奸淫贪诈的详情和盘托出，还有戏侮许后的事也都讲了出来。成帝听了，恼羞成怒，以大逆不道罪将淳于长下了大狱。他最终死在狱中。

且说许皇后在长定宫傻等，等着淳于长为她说情。她心想，由淳于长说情，成帝定会忆起旧情，召她回到身边，封她为昭仪。

许皇后满怀信心地等待有人来接她入中宫，去皇上身边，服侍皇上。

许皇后日思夜想，等呀等，等着成帝一道恩诏将她召回去。这一天终于盼来了，廷尉孔光手持奉节来到长定宫。

"奉皇上之命，许氏听旨！"听有太监喊声，许后慌忙跪下听旨。她想，现在终于盼来了，苦日子有出头之时了，没想到太监念道："许氏与淳于长不洁，有背妇道，赐死！"

许皇后怎么也不会想到与她恩恩爱爱十四年的皇上，竟然赐她死。

可怜的许后听了两位姐姐的话，丢了皇后之位，又丢了性命。

许皇后看看廷尉孔光，然后接过成帝赐给的毒酒，美丽的嘴角一下下抽动，她不哭，也不笑，显得很平静。她要求到外面看一眼湛蓝湛蓝的天和那蓝天上飘着的白云，孔光同意了。许皇后站在玉石阶陛上，手里捧着毒酒，望着远处的天空。

许皇后看着看着，突然喊"皇上"，大哭。

喊声震动了未央宫的楼宇，经久不息。

许皇后挥泪喝下毒酒，含恨倒在玉石台阶上。

慷慨陈词的许皇后不再慷慨了，她告别了这个世界。

许皇后死得实在冤，她小心行事，没犯王法，却招来杀身之祸。

淳于长的死罪有应得。淳于长的胃口太大了，竟敢污言秽语戏弄许皇后。虽然许皇后已被废，但毕竟是皇帝十四年的妻子。

　　许皇后被淳于长戏言挑逗，与她三十出头仍风韵不减当年有关。

　　淳于长死不足惜，却株连了可怜的许皇后。

　　无情无义的成帝不问青红皂白就赐死了许皇后。

第十六章

万寿宴皇后献舞
服丹丸成帝暴崩

眼看着罪恶累累的淳于长下狱，赵飞燕却救不了他，那么，推举他为大司马大将军就更不可能了。他自己胡闹到这步田地，有谁还敢救他呢？

王莽揭发淳于长有功，且由王根荐令代位，遂拜为大司马。王莽担任大司马后，特聘请远近名士作为幕僚，所得赏赐，如数分给左右，自己却格外从俭，衣食与平民相同。王莽的母亲有病，公卿列侯各带夫人前去探视，大都是绮罗蔽体，珠翠盈头。王莽之妻急忙出门相迎，衣不曳地，裙仅蔽膝。这些穿着华丽的夫人还以为她是仆妇，偷偷问左右的人，才知她是大司马王莽的夫人，大伙都十分惊异。待列侯夫人看过病人，陆续归去，都说大司马家朴素过人。

淳于长下狱，没有引起赵飞燕的惊慌，因为他下狱，必定是他自己不走正路的结果，没人诬陷他，没人冤枉他，下不下狱都怨不得别人。然而，许皇后的死，对赵飞燕来说，不仅仅是惊吓，还是一次震动。

听说许皇后喝下成帝赐的毒酒后，即倒地身亡，赵飞燕的内心多少有一点愧疚感。人的感情是说不清的，赵飞燕记得在她刚进宫的时候，对许皇后恨之入骨，恨不得抓把土埋上她，叫她永远也不露面，永远也不得翻身；如果她突然死了，自己会高兴得要命，会且歌且舞，庆祝胜利。

现在，许皇后真的死了，她的心里反而有了一种同情感、愧疚感和生命将逝的危机感。

许皇后死了，不是死在别人之手，而是死在与她恩恩爱爱十四年之久的丈夫手里。她爱他，他却杀了她。

许皇后死了，她是被毒死的。

那么，别的皇后会怎样死呢？

赵飞燕越想越害怕，越想越不敢想。她与侍郎私通，又与官外多子之男私通，如被告发又得不到妹妹赵合德的暗中保护，恐怕有一百个自己也不会有今天，真有点后怕。

金碧辉煌的后宫不是好玩的地方，不都是花天酒地，无忧无虑。在这里生活，就像在悬崖边上走路，时刻都有掉下去的可能，仅仅自己留心还不够，还要防止别人偷偷在你身后向悬崖下推你一把。许皇后就是一个例子。

许皇后死了，赵飞燕心里很难受。她已经连续几天没投壶了，樊姬和赵合德来找她玩，她推托说有点头重脚轻，浑身不舒服。合德以为姐姐病了，让丫头们弄来很多好吃的，加倍护理。赵飞燕也就坡下驴，装病不起了。

成帝吓得两天没上朝，守在赵飞燕身边。他倒不是怕赵飞燕，他怕的是赵合德，飞燕病了，他不去关心，赵合德准找他算账。

姐姐病了，赵合德像失了魂似的。其实，她比姐姐的心理负担更重，曹伟能母子、六名宫女，还有那个美娇，都死在她的手里。这些事一旦传出去，朝廷上下、文武百官，都会不遗余力地谴责她，这是轻的。如果王政君老太后知道她的孙子被人害死了，会发疯地找她拼命。只要她轻轻说一句话，她的皇帝儿子又不敢不听，自己的命恐怕就难保了。老太后想杀一个人，这个人必死无疑，逃是逃不掉的。

赵合德越想越害怕。不过，她手里握着一张王牌，那就是皇上。皇上是保护伞，在朝廷好像没有谁能大过皇上了。只要有这个大保护伞，安全系数大多了，可以享受一下真正的自由，可以杀人，可以放火，畅畅快快，毫无阻挡。

姐姐的"病"好了，好得很快，也很彻底，没几天的工夫，就出来走路了。

这一年是绥和元年，即公元前 8 年，成帝即位的第二十五年。

赵飞燕到花园里转悠，随便折了一朵芳香扑鼻的鲜花，然后把花瓣一片一片弄掉，丢在地上，最后剩下一根光秃秃的茎秆，穷酸而不成样子。

赵飞燕已经入宫十二年了，就像这些鲜花一样，有鲜艳芬芳的时候，也有枯黄凋谢的时候。她在想，自己现在属于哪种时候呢？也许，哪种都不属于，在两者之间。二十九岁，正是人生的黄金季节，正是摆脱幼稚走向成熟的时候。

赵飞燕成熟了，再不去想那些永远也做不到的蠢事了，只想活在现实，就这样平静地生活下去，一直到老，到死。

有各色旗帜在未央宫前殿飘动，气氛显然不同寻常。

夜里，未央宫灯火明亮，前殿后宫喜气洋洋，人们摆酒设万寿宴，祝贺西汉第十代皇帝刘骜的四十五岁生辰。

各国使臣和大汉各郡国长官纷纷从自己的国家和封地来到汉都长安城，献上贵重礼品，为成帝祝寿。成帝兴奋无比，微笑着迎接四面八方来客。文武百官、各国使臣皆同声山呼："大汉皇帝万岁、万万岁！"

然后举杯共饮美酒。

席间舞女如艳蝶翩飞。美女们跳的是巴渝舞，欢快轻松，活泼优美。二百年前，汉高祖刘邦平定关中、巴渝时，百姓为刘邦跳了本族舞，也就是巴渝舞。刘邦很喜欢这种舞蹈，它遂受到皇室的看重，渐渐地被不断加工，慢慢地在宫廷中流行起来。

今天，在刘骜皇帝的寿宴上，首先跳巴渝舞，也是很有象征意义的，意思是不忘祖先遗训，光耀汉室江山。一舞下来，文武百官啧啧称赞皇上没忘记祖先，英明！

第二场舞蹈是七盘舞。七盘舞即盘鼓舞，就是在地上倒覆七盘，放一只鼓，舞女既在鼓上腾踏，又在盘上纵跃。

第三场是长绸舞即巾舞，舞女双手各执着长绸，长绸的末端裹一个短棍，舞时长绸翻卷，有猎猎风声。

鼓乐配合，舞女翩翩。整个宴会厅情绪高涨。成帝喜欢看舞，一看入迷，高临御座，笑脸盈盈。赵飞燕在一旁格外动人，看舞蹈时，嘴角总是带着一丝微笑，迷死人了。赵合德发髻高耸，眉若远山，脸庞秀丽，耳后一绺长发飘落下来，在美丽的脖颈处，潇洒地弯了一下，然后落在诱人的肩上。

两位美人在皇上一左一右，衬托着皇上。

各国使臣见赵飞燕姐妹长得这样漂亮，都时不时地偷看几眼，有的索性不看舞蹈，专门盯着赵飞燕姐妹，贼溜溜的目光在赵飞燕姐妹身上一遍一遍地拂来拂去。

成帝有漂亮的一姐一妹左右相陪，心里像温暖的春天开满鲜花，既芳香又甜蜜。有了这两个天生尤物，死也足矣，无子也就无子了吧！

成帝今天高兴，他命皇后赵飞燕下场舞蹈，给他生日助兴，又命众舞女在侧伴舞。

在宫廷鼓乐的伴奏下，赵飞燕缓缓地起舞了，动作起始舒缓自如，如春天柳絮轻飘于空中，又如飞燕般轻盈灵巧。

赵飞燕很自信，她知道自己天生丽质，也知道自己的歌声清丽、舞姿潇洒，这些就足以迷倒所有的男人，但她自己还觉得不够。于是，出场前她将琥珀做成的佩饰藏在衣裙里，舞蹈时琥珀相互撞击发出美妙悦耳的响声，就好像她那柔骨自鸣，平添了几分仙气。

成帝非常喜欢赵飞燕身轻如燕的舞姿还有她那清新灵丽的歌喉。在阳阿公主家酒宴歌舞那一幕又出现在他的眼前，美人光彩明艳，身材纤细修长，举动翩然，恍若飞燕，歌声甜蜜，柔润滑丽：

> 思怀高远春燕青空
>
> 何如觅郎踪
>
> 双鸳池沼水溶溶
>
> 南北小桥通
>
> 人定黄昏后
>
> 斜月帘栊……

成帝马上想到赵飞燕刚入宫那个夜晚，她见了男人吓得"涕交颐下"娇羞可人的情景。

宴会过后，成帝余兴未消，还在为飞燕的舞姿兴奋。于是他决定，这一夜住在远条馆，与飞燕在一起。

生日过后，成帝对赵飞燕似乎更亲近一些，隔三差五就住在远条馆，缠绵不倦，通宵达旦。这与生日宴会赵飞燕献舞不无关系。男人的心是琢磨不透的，但有一条是不变的，新鲜感永远占据着男人的心，成帝虽是皇上，也不例外。

赵飞燕姐妹深深地了解这一点，在与成帝的情爱上，经常使出一些新奇的小把戏，以吸引皇上的好奇之心，再加上姐妹貌美无比，皇上的心就被她们牢牢地抓住了。

姐妹俩把皇上缠得死死的。后宫、前殿有目共睹，都知道成帝与姐妹的关系。所以，赵合德诛杀皇子，又杀死其他的人，这么大的事让皇上知道了，也没有被处置。后宫那些太监官女、朝中的文武百官，也有知道赵合德杀皇子的，但没有一个人揭发、禀报。他们知道伤害了赵合德，比伤害皇上还可怕，她美丽的外表下暗藏一颗杀人之心。

现在，赵飞燕姐妹可以安安稳稳地靠着皇上，过着平静而幸福的生活了，每天观花、玩鸟、投壶。

赵飞燕喜欢投壶游戏，太监官女们就整天陪着她玩。输的自然都是那些小太监了，有漂亮的宫女输了，小太监们为了讨好，心甘情愿替她们受罚，喝一肚子凉水。

此后，成帝、赵飞燕和赵合德都过着平静的生活。成帝上朝处理几件事之后，就回来与赵飞燕姐妹玩。

有一次，成帝到上林苑练射箭，带着赵飞燕姐妹。

成帝学骑射不奇怪。骑射在和平年代作为宫廷的一种礼仪、修养，历代皇帝都少不了这门必修之课，这也是闲时健身活动的一个组成部分。

那天，成帝骑在马上张弓射箭，射中了，众人为之欢呼；射不中，众人沉默不语。成帝越射情绪越高，越射越想射。

赵飞燕有点耐不住了。她不愿意到上林苑，因为上林苑有昭台冷宫。一想到昭台冷宫，她必想起许皇后，一想起许皇后心里就有些不安，情绪也不稳定。细心的赵合德发现后，马上禀报皇上。成帝停射下马，嘱咐众丫头搀扶飞燕回官。

成帝陪赵飞燕从上林苑回来，赵飞燕无病呻吟，让皇上又在她床边守了两天，正值赵飞燕的阿猫怀孕了，丫头问飞燕："给阿猫堕胎吧，皇后，我去找御医给猫配药！"

赵飞燕叫回丫头说："不必了，能生就让它生吧。"

服侍阿猫的丫头很不理解赵飞燕，不知为什么不给阿猫堕胎。前次见阿猫怀胎，气得她火冒三丈。

现在，赵飞燕抚摸着干干净净的阿猫，显得极其友好和善。以前每天都风风火火，因为生不出孩子闹得神经紧张，而无暇顾及阿猫。阿猫似乎理解赵飞燕的心，用粉嫩的舌头舔着赵飞燕的手心。

成帝因为没有子嗣，更加迷信鬼神。

绥和二年仲春，荧惑守心，灾祸将至，君侯难免当灾，上书丞相，商议趋吉避凶的良策。丞相翟方进览书惶惑，不知所措。果然不到数日，天象大变。成帝立即召翟方进入朝，责备他为相多年，不能变阴阳，致有种种灾异。翟方进免冠叩谢成帝，惶然退出，回到相府，也知不免一死，但希望还有一条生路可寻，所以，没有自杀。谁知过了一夜，又有朝吏携书到相府，严加责备，且赐他上等酒十石，牛一头，叫他自裁。按汉家惯例，酒和牛赐给相臣，就是赐死的意思。翟方进接到牛和酒，无可奈何，硬着头皮，取出毒酒一杯，狠心吞服，须臾毒发，当即倒毙。成帝为掩人耳目，假称丞相暴亡，赐厚葬，并且亲自前去吊丧，真是可笑。

翟方进既死，丞相出缺。廷尉孔光居官恭谨，可为丞相，次日拜孔光为丞相。

这个时候的成帝很迷信各种天象，以致很多人都死在他手里。所以朝廷上下，皆行事谨慎，以免招灾祸人头落地。

绥和二年，也就是公元前7年，三月丙戌日晚，成帝在少嫔馆与合德宴饮。

由于成帝一直忙于"行幸河东，祠后土"，而赵合德的心上人燕赤凤突然患病，一时不能满足她那无休无止的欲望，恰好成帝"祠后土"之后，又做了几天斋戒，几件事赶在一起。成帝毕竟是四十六岁的人了，纵欲无度，经常"阴缓弱"，面色灰暗，精气疲惫，力不从心，很难满足赵合德的需要。

平时，这样的时候，成帝就求助于灵验的春药。成帝的春药是一个有名的方士献给他的，他告诉成帝由于此药药力很猛，用时必须先用大瓮装满水，把丹药置于水中，水沸之后，再换新水，如此反复经过数十天，方可服用。成帝如法炮制，得丹药数粒，每行房事之前，便口服一粒。

这回成帝也不例外，服了一粒春药，即要与合德行事。赵合德浪声细气地对皇上说："不嘛，臣妾多日不近皇上，渴望甚多，今夜，臣妾想在皇上那里，得到数十倍的快乐，要服用十粒丹药才行。"

成帝不解，疑惑地问："服十粒有何道理？"

赵合德解释说："服一粒，我们便有一分的快乐，服两粒，就有两分的快乐，如服用十粒，不就有十分快乐吗？"

成帝一听有趣，便同意按赵合德说的去做。于是，又拿出丹药给合德说："这要爱妃亲自用玉指塞入朕口中才够味啊！"

赵合德含情脉脉地看着成帝，把十粒丹药一粒一粒地置于成帝口中，让成帝咽下。成帝服下后，如同服下十个小火球，火球经过口腔、食道和胃，进入肠道吸收，烧灼着每一根神经，然后，这火一般的力量很快集中到一处，威不可挡。

那天夜里，成帝吃下十丸丹药，丹火攻心，强撑弱体，结果昏迷入睡，直到天明。赵合德先起床，梳理昨夜狂欢弄乱的乌发，成帝因体力不支，勉强起床，坐在床边上，穿好裤子，系好袜带，忽然扑倒在床上，不言不语。

赵合德此时已打好发髻，突然见成帝倒床不言，慌忙奔过去，抱扶皇上。"陛下，陛下，陛下，你怎么了？"

赵合德数呼不应，不知道皇上昏倒的原因，忙用手挡于鼻处，成帝此时已无气息呼出。

赵合德不由得神色慌张，急命内侍宣召御医抢救皇上。等到御医来时，成帝已脉绝身僵了。赵合德抱着皇上痛哭一阵之后，即命人速报姐姐赵飞燕、太后王政君和后宫内外要人。

太后王政君立即赶到少嫔馆，颤抖着双手抚摸着儿子成帝的身体，看肌冷如冰，当然老泪纵横，号啕大哭，直喊："我的儿啊！"

皇后赵飞燕等听到噩耗，急急忙忙来到少嫔馆，见皇上已归西天，大哭不止。

众人哭后，即准备办理殡殓后事。

太后王政君召入三公，命丞相孔光、大司马王莽等人料理皇上大丧。

后宫对赵氏姐妹的怨恨一下子有了发泄之机，都说："是赵昭仪毒死了皇上！"

"这妖女貌美却长个毒蛇心，皇上被她害死了！"

"对，就是她害死的！"

众口一词说是赵合德谋害成帝致死。

成帝死在少嫔馆，死在她的床上，死在她的身边，死在她的眼皮底下，她却说不清楚皇上是怎么死的。人们说她害死皇上，她就是浑身长满嘴也说不清。这口害死皇上的黑锅，赵合德是背定了。

太后王政君下诏，令大司马王莽、丞相孔光，会同掖庭令查明与皇帝起居及暴病等有关的一切原因。

王莽接奉诏旨，即派属吏至少嫔馆调查此情。当然，接受调查的只有赵合德一人。因为只有她最了解此事，最能把皇上的死亡经过说清楚。

太后王政君见儿子暴死，也怀疑是被赵合德所害。

赵合德因为没有害死皇上，所以调查时理直气壮，气焰逼人，令前来审问的人无法审问。

赵合德态度强硬原因有二：一是她没害死皇上，她也没想害死皇上；二是皇上宠她，无人敢对她这样无礼，现在皇上归天了，众人拿她不当人看了，随便地审问，她不堪忍受。

赵合德的态度让恨她的人更加憎恨她了，暗暗下决心非整整赵合德，看她气焰还逼不逼人。

赵合德见状，气得大放悲声，哭诉着说："我一向把皇上视为至高无上的君主，我作为皇上的昭仪，怎么能束手就审于小小的掖庭令，跟他去争辩男女间的床上之事？"

赵合德捶胸顿足，对皇上的遗体哭喊："陛下啊，陛下，你丢下可怜的我不管了，你到哪里去了？"

赵合德虽然没有毒死成帝，但自思从前所做的亏心之事，如阴使堕胎、诛杀皇子等，若一经查问，很难隐藏实情，且要连累姐姐，使其一同坐罪。赵合德用很多积蓄大力收买身边侍从，请他们千万不要对外人讲赵氏姐妹的过失。

第十七章

罪难逃合德自杀
成帝死傅氏乱政

且说赵合德虽未曾毒死成帝，但自思诛杀皇子之事，不免心惊胆战，觉得一旦被人查出，要连累姐姐。沉思多时，觉得除死以外，再也没有什么好办法了。只有一死，所有罪名由她一人承担，才能保住姐姐。

赵合德来到远条馆，找到姐姐赵飞燕，一头扎进姐姐怀里，痛哭不止。

赵飞燕抱着妹妹，抚摸着妹妹的一根根发丝，什么也不说，眼里却噙满盈盈的泪。她想：妹妹没有毒死皇上，她是冤枉的，没人能洗清她的污迹，除了皇上。如今皇上自己走了，不管合德了，她将永远被冤枉。不过，冤枉假使能澄清，诛杀皇子的事也罪责难逃。

皇上这个保护伞没了，赵氏姐妹在劫难逃。赵飞燕十分清楚，成帝的死，将严重地威胁她们姐妹的生命。

赵合德望着姐姐，这个最爱她的人，也是唯一的亲人，问道："我可怎么办啊？姐姐！"

然而，姐姐也想问妹妹这事该怎么办。此刻的赵飞燕心里也没底了。

赵合德对姐姐说："妹妹今生今世只有姐姐一个亲人，妹妹宁愿牺牲一切保住姐姐，让姐姐过上平静幸福的生活。妹妹任性，有伤害姐姐的地方，请姐姐多原谅，妹妹今后永远不会再伤害姐姐了。"

赵合德说着又"呜呜"地哭起来。

姐姐赵飞燕觉得妹妹今天格外懂事，话说得格外明白，心里一惊，猜到了妹妹的心意。

"合德，你想自杀？"飞燕吃惊地问。

"妹妹没说自杀，妹妹不敢！"

"我们姐妹相依整整三十年了，我们苦过也甜过，穷过也富过，受人污辱过也受人仰慕过，痛苦过欢乐过，哭过笑过，我们整过别人，我们也得被人整，如今姐妹有难，妹妹要离姐姐而去，留下姐姐一人可怎么活呀！"

"我最亲的人是姐姐，请姐姐放心，妹妹的心永远不离开姐姐。"

赵合德擦去眼泪，回到少嫔馆，召集贴身侍奴，各给赏赐，自己服药毙命。一缕芳魂，往寻成帝去了。

成帝在位二十六年，改元七次，寿终四十六岁。

西汉自汉高祖刘邦灭秦起始，到孝成皇帝刘骜死去，历经二百零一年。第一代皇帝刘邦，在位十二年。第二代孝惠皇帝，在位七年。第三代高后吕雉，就是历史上有名的吕皇后，篡位八年。第四代孝文皇帝，在位二十三年。第五代孝景皇帝，在位十六年。第六代孝武皇帝，在位五十六年，这段时间是汉朝最兴旺时期。第七代是孝昭皇帝，在位十三年。第八代是孝宣皇帝，在位二十四年。第九代是孝元皇帝，在位十六年。第十代是孝成皇帝，在位二十六年，之后是孝哀、孝平皇帝即位，西汉历经二百一十四年，后被王莽篡位。

成帝身体强壮，相貌魁伟，怎奈从很小的时候起便好酒色，伤及阳气，损及元气，乐极生悲，霎时死在赵合德的床上，实现了不追求"白云乡"，死在"温柔乡"里的愿望。

为成帝丧事，文武百官停止上朝三天。丧钟在未央宫上空鸣响，震天撼地，悲壮无比。孝成皇帝的遗体厚葬在延陵。

赵飞燕知道妹妹服毒自杀后，叫来贴身侍从，喝问道："我叫你们看护好她，一时一刻不能放松，现在她死了，你们……"

赵飞燕没有说完话就大哭起来。

"苦命的妹妹呀，你怎么死了，姐姐没有你可怎么活呀！"

赵飞燕抱着死去的赵合德，哭得发髻散乱，面目全非。死去的合德俊俏的嘴角还留有一丝血迹，脸庞仍然美丽而端庄，楚楚动人。

赵飞燕拿出妹妹最珍爱的小荷包，放在妹妹的怀里。小时候赵合德睡觉时就常把小荷包放在枕边或拿在手里。看着妹妹如此喜爱小荷包，姐姐一直保存到现在。

赵飞燕曾经想过，一旦有机会就把小荷包还给妹妹。但她不知道妹妹死得这么突然，死得这么快。金碧辉煌的宫殿和那些使不完用不尽的财宝，都不属于妹妹，她一无所有，只有这个小小荷包是属于她的，姐姐如今把它还给了妹妹。妹妹九泉之下有知，会感谢姐姐的。

赵合德告别了相依为命的姐姐，自己去了，追随成帝去了。

成帝与赵合德脚跟脚地离开了人世，赵飞燕虽然与皇上之死毫无关系，但妹妹的不清不白，多少对她也有牵连。成帝死后，成帝的侄子刘欣即位，为孝哀皇帝。哀帝不是成帝的儿子，皇权转移到他人之手，赵飞燕皇后的权力也从此消失了，作威作福的日子成为历史了。

不过，赵飞燕很聪明，为刘欣能封为太子，她做了很多工作，知道她不会白帮忙的，只要刘欣的良心还在。正像赵飞燕想的一样，刘欣即位后，对赵飞燕格外厚待，封她为太后，供养后宫。

赵飞燕在哀帝即位后，又得到了皇上的保护，再加上刘欣的祖母傅昭仪常对皇上说："别忘了你婶婶，没有她，就没有你的今天，也没有你的皇位，要好生照顾才是，不可无礼。"

哀帝很听祖母的话，连说是。

哀帝即位后，尊王政君太后为太皇太后。由于立刘欣为太子一事，王政君也出过力，傅昭仪和刘欣的母亲丁姬，常去长信宫侍候太皇太后，竭力趋奉，承欢献媚，孝敬有加。太皇太后同意傅昭仪和丁姬二人十天去一次未央宫，与皇帝相见。太皇太后又传旨询问丞相孔光，定陶太后应居何宫。

孔光听说傅昭仪谋略过人，如若入宫居住，将来必干预朝政大事乱了汉室江山大业，所以建议另择地建宫。大司空何武不知孔光之意，他说："不如去北宫居住，省得劳费。"

太皇太后同意了何武的建议，遂使哀帝诏迎他的祖母定陶太后入居北宫。傅昭仪即日移居，丁姬也一同随去居住。

北宫有紫房走廊与未央宫相通，傅昭仪经常去见哀帝，并向哀帝提出要求，欲称尊号，封傅家亲属为官。哀帝刚刚即位，不敢妄言。

偏偏有个高昌侯董宏，得闻此事，想借此靠近皇上，上书说秦庄王就曾两母并称太后，没有什么不可以的，傅昭仪可为太后。大司马王莽、左将军师丹联名上奏说，太后尊称，有一无二，董宏蛊惑圣明，应加以论罪。哀帝实在没有办法，只好将董宏免为庶人，使其回自己的家乡去。傅昭仪听说后大怒，暴跳如雷，立即到未央宫责备哀帝，要求一定要封她尊号。哀帝无奈，就报告太皇太后。太皇太后应允，尊定陶太后傅昭仪为定陶共太皇太后，丁姬为定陶共皇太后。

傅昭仪早年丧父，母又改嫁，无亲兄弟，只有从弟一人，名晏。哀帝为定陶王时，傅昭仪想亲上加亲，使哀帝娶晏女傅氏为妃，哀帝即位，傅氏为皇后。随后，封傅、丁两家很多亲属为官。成帝在位时，将赵飞燕义父赵临的儿子赵钦封为新城侯，赵钦兄子赵䜣为成阳侯。

这时的汉室宫中，就有王、赵、丁、傅四家外戚子弟称官，个个显贵，杂乱无章。

成帝归天不久，王政君太皇太后想大设酒宴，邀傅昭仪、赵飞燕、丁姬等，一同会宴，欢喜一场。

宴席已备好，太皇太后的座位设在正中，第二位是傅昭仪，另外，赵飞燕辈分较小，自然在旁。众后坐定，王莽巡视，不满意地说："上面如何设有两座？"

安排座位的内者令忙道："正中是太皇太后，旁座是定陶傅太后。"

王莽一听便生气了，叫道："定陶太后怎能与至尊的太皇太后并坐？岂有此理，快移下座来！"

赵飞燕太后、哀帝、丁姬、傅皇后等都来赴宴，唯独傅昭仪闻听座次一事而生气未来。傅昭仪不来，满座不欢，赵飞燕也曾派人多次叫请，也仍未至，饮不多时，随即散席。

傅昭仪憋着一口气来找皇上，要求他赶走王莽。王莽得知风声，自行辞职。哀帝当即诏示批准，赐金五百斤，安车驷马，使其回到自己的田园。

朝廷上下皆称王莽正直不阿，敢做敢当，是雄才。

第十八章

众亲离大势已去

囚暴室樊姬轻生

《汉书》记载：

> 成帝崩于未央宫，四月己卯，葬延陵。延陵在扶风，去长安
> 六十二里。帝年二十即位，即位二十六年，寿四十六。

成帝似乎知道自己要归天了，在他死前的两年里已把他的接班人安排妥当，以他的同父异母兄弟刘康之子刘欣为太子。成帝的同父异母兄弟刘兴由于老实憨厚，略显呆笨，没有被立为太子，当然也不排除其他原因。这样一来，立为太子的自然高兴无比，未被立为太子的扫兴而归。为了平衡关系，成帝封中山王刘兴的舅舅冯参为宜乡侯，扩大刘兴的地域和权力，增加三万户，等于给了刘兴嘉奖又涨了几级工资。

《汉书·成帝纪》中记载：

> 朕承太祖鸿业，奉宗庙二十五年，德不能绥理宇内，百姓怨望者
> 众。不蒙天祐，至今未有继嗣，天下无所系心。观于往古近事之戒，
> 祸乱之萌，皆由斯焉。定陶王欣于朕为子，慈仁孝顺，可以承天序、
> 继祭祀。其立欣为皇太子。封中山王舅谏大夫冯参为宜乡侯，益中山
> 国三万户，以慰其意。

成帝没有儿子，不得不立旁系刘欣为太子。没有子嗣，可以归罪于赵飞燕姐妹不生育，而说"观于往古近事之戒，祸乱之萌，皆由斯焉"，这就不公平了。

成帝为酒色之徒，不理朝政，只顾自己享乐，使宫廷祸乱不断，汉室江山

每况愈下。把"祸乱之萌"一股脑推到后宫，推到皇后赵飞燕身上，是绝对不公平的。

而把一心想着淫乐的成帝说成：

临朝渊嘿，尊严若神，可谓穆穆天子之容者矣！博览古今，容受直辞。公卿称职，奏议可述。遭世承平，上下和睦。

汉室由王氏一家掌权，能不和睦吗？

在百官公卿的眼里，皇上似乎干什么都对，而皇后往往受到无端的谴责。

现在，成帝死了，赵合德也死了，朝廷里的很多人开始琢磨赵飞燕了。有人想趁机巴结哀帝刘欣，想把赵飞燕以其妹妹杀皇子之罪，赶下皇太后的宝座，把傅昭仪拉上台。好在成帝在位时，在立太子一事上赵飞燕留了个心眼，极力推荐刘欣为太子，为自己铺了一条后路。凡是指责赵飞燕的奏章一到哀帝的手里，一律被压下来。

赵飞燕受到了哀帝的保护。

现在，赵飞燕又可以平静地生活了。然而，赵飞燕怎么也平静不了，妹妹赵合德死了，对她的打击很大，她的本来就不胖的身体，现在又瘦一圈，因为吃得少喝得少，又得不到别人的关照，心里郁闷不乐。唯一能给她带来安慰的是燕赤凤，和燕赤凤在一起时，她才能忘记这一切烦恼和不如意的往事。

那些日夜想把赵飞燕拉下宝座的人，一直没有放弃对赵飞燕的盯梢。赵飞燕被供养在后宫，唯一的幸福来源是燕赤凤对她无限的爱。

有人向哀帝告发了，说赵飞燕皇太后私藏宫外男人。

哀帝已告别童年，成为男子汉了，男女之间的事他心里很清楚，他不想管那么多事，只要做得秘密而不被公开就行。尤其这事发生在他的恩人赵飞燕皇太后身上，他不但不想管，还有丝丝缕缕的同情和怜悯。赵飞燕失去成帝，同时又失去妹妹，身边已经没有亲人了，孤单单地深居后宫，苦熬日月，芳华渐逝，偷偷地约会男人，是可以理解的。

不过，有人举报了，还得按汉室规定处理。哀帝不得已，只好命人去后宫搜索。

远条馆里的人都是赵飞燕的亲信，只要搜不出来，谁都不会说的。同时，道房也极力帮忙。揪出燕赤凤，道房也占不着便宜，损失与赵飞燕同样大。

燕赤凤不是一般的人，来无影去无踪，穿房越墙，如履平地。现在有人要来抓他，赵飞燕不但不担心，反而很高兴，她要看看燕赤凤的本领是不是像他自己说的那样神乎其神。道房急得不知说什么好了，让燕赤凤藏起来，最好藏入地下，挖不出来。

燕赤凤没有慌张，和赵飞燕一样，很平静，似乎什么事都不可能发生，像平时那样说笑不止。

赵飞燕的心里有数，他们不会抓到燕赤凤的，她身边仅有的幸福不会失去的，她不能总是倒霉下去，已经失去妹妹和皇上，不会再继续失去了。赵飞燕对燕赤凤充满信心，她对他的了解多于对成帝的了解。

果然来了很多人，以搜查宫内逃犯为名，包围了远条馆。这在成帝时，是绝对不会发生的事，敢包围赵飞燕的宫邸，必得有三头六臂。如真有此事，用不着赵飞燕说什么，赵合德立刻会命令皇上抓捕所有围馆的人，杀头。现在，全都变了，妹妹不在了，成帝不在了，有谁还能听赵飞燕的话？只好任凭侮辱了。

远条馆被翻个遍，连根耗子尾巴都没发现。人们还不甘心，又连续几天夜里突然袭击，结果仍然没有发现什么，搅得赵飞燕睡不好觉。

这回赵飞燕急了，忍无可忍了，她直接找哀帝诉说此事，要求为她恢复名誉，惩治坏人。

哀帝听了，对赵飞燕说："朕知道了，一开始朕就不同意搜查，婶婶受惊了，待朕为婶婶出气解恨。"

哀帝为此十分生气，把坚持要搜查的几个人连同包围远条馆的兵士，全部抓起来砍了脑袋，真的为赵飞燕出了气。

经过"远条馆洗礼"事件之后，朝廷上下大小官员再没有人敢公开说赵飞燕的坏话了，也没人敢告赵飞燕了。也好，坏事变好事，赵飞燕也没想到此事会收到这样理想的效果，真是意外。

赵飞燕经历的事多了，对包围远条馆的事没怎么往心里去。道房反而吓得直哆嗦，她担心的是燕赤凤被搜出来，抓走，自己失去了一个顶好的男人。

夜里，燕赤凤又神出鬼没地钻进了赵飞燕的鸳鸯被里，因为一切都平静了，再不会发生什么事了，燕赤凤也就放心大胆地出来了。

赵飞燕很钦佩燕赤凤，用指头点着燕赤凤的脑门说："你真能啊，怎么不让那些乱兵抓去，投入牢狱，看你还有什么本领！"

燕赤凤说："我被投入牢狱，你不得哭死啊！"

赵飞燕有意反着说："我不哭，我笑，我开心地笑！"

燕赤凤见说不过赵飞燕，就动手在她身上乱抓乱挠，痒痒得赵飞燕在床上滚来滚去，笑得上气不接下气，说："住手，快住手，再不住手，我叫乱兵来抓你！"

燕赤凤不听那一套，继续东抓一把西抓一把，嘴里还不住地说："叫哇，快叫哇，让他们来抓呀，抓呀！"

最后，赵飞燕不得不服，告饶了。趁燕赤凤大意麻痹之机，赵飞燕突然反手把燕赤凤按在床上，用长长的指甲抓挠燕赤凤，痒得他浑身颤动不止，急忙说："我服了，我服了！"

赵飞燕依偎在燕赤凤温暖的怀里，享受美好的时光。赵飞燕说："我老是害怕，害怕失去你，失去咱们俩在一起时的美好时刻。我常想，如果咱俩能双双出宫，在宫外择一处房舍，在一起生活，享受人生的幸福，那该多好啊！"

燕赤凤说："一个堂堂的皇太后，带着一个男人，逃出壁垒森严的皇宫，到民间去生活，这在历代皇室还没发生过，要是咱们两个私奔了，会给我们的后人留下一个大笑话。"

赵飞燕笑着说："后人会历代传颂，歌颂我和你，你和我。"

"别做美梦了，那会遗臭万年的，你以为还真的有人歌颂你啊，又不是什么光彩的事。"燕赤凤当真了。

"跟你说个笑话罢了，就是让我跑也不敢跑，汉室有规定，皇后太后均不得出宫，我这一辈子必老死在远条馆了，只求你能长住下来，陪伴我。"赵飞燕把话拉回来。

燕赤凤表态了："没问题，我奉陪到底，什么一辈子两辈子的，三辈子四辈子都行啊，陪着你这样一个美人，我死也愿意！"

有燕赤凤的话，赵飞燕心里也就满足了。

赵飞燕的势力范围越来越小了，小到只有远条馆那么大了，好在有哀帝照顾，还没有人敢动她。其实这些也挽救不了赵飞燕的命运，她走下坡路是命中注定了。

远条馆以外的地方，是哀帝的祖母傅昭仪的天下了。到这地步，赵飞燕也顾不得面子了，她常有意无意地到永信宫去看望傅昭仪，似乎是相亲相近，不图他意。其实，赵飞燕是有意靠近她，因为傅昭仪就是当年的她和她的妹妹，只能靠近，不能得罪。

赵飞燕心想：当年傅昭仪与孙子刘欣进宫，一趟又一趟到远条馆来看她，长她一辈，仍然低三下四，还带了那么多礼品相送，盼着给她孙子说句话，将她孙子立为太子。如今，她孙子刘欣真的即了位，当上了皇帝，她的身价立刻高了起来，那一脸的笑容没了、不见了，再不来远条馆了，得自己主动去看她了。

有原来赵飞燕对她有恩的面子，每次去永信宫，傅昭仪对赵飞燕都是热情有余。换了别的什么人去看她，她的脸上立刻没了笑容，好像从来没笑过，也从来不会笑。她连太皇太后都没放在眼里，何况其他人了，她还称王政君为"老不死的"。

傅昭仪可不是一般的女人。

赵飞燕来拜访她、靠近她，而不去看望王政君，可见傅家的势力有多大了。

正在这时，发生了一件事，对赵飞燕的震动很大。

一直在她身边服侍她的樊姬要走了，要到永信宫，去傅昭仪身边了。她不能说樊姬是势利眼，谁有权靠谁。为了她，樊姬也曾立下汗马功劳。当年在她最困难的时候，处处都是樊姬站出来为她出谋划策，为她着想，为她担惊受怕，她喜樊姬也喜，她愁樊姬也愁。在她身边，樊姬没图过什么，只求能安静地生活。如今，成帝死了，赵合德死了，形势急转直下，她敢大声说话、大声嚷嚷的时代过去了。

在这个时候樊姬走了，正是缺人的时候。赵飞燕受到的打击一定是很大的。

樊姬也有点恋恋不舍，对赵飞燕说："皇后，我走了，到了新的地方，我不会做对不起你的事，我不会忘记你的。你时刻相信我，疼我爱我，我都记在心里，永生永世难忘。望皇后珍重身体，平平安安地生活！"

樊姬哭了，赵飞燕也哭了。

赵飞燕哭着对樊姬说："去吧，去到一个新地方，在那里你不会吃亏的。我身边的亲人一个接一个离我而去，如今你也走了，都走了，留下我一个人。我到哪去？哪里是我要去的地方，哪里是我的归宿？我时常想到死，死了算了，活着也受折磨。"

樊姬劝赵飞燕说："皇后的心胸是宽广的，从来遇事都想得开，您不会去死的，您还年轻，以后的路还长，多珍重吧！"

樊姬走了。

樊姬对赵飞燕太了解了，否则，樊姬也不会离她而去。事态的发展对赵飞燕越来越不利了，樊姬不想看到结局。如果樊姬想搞垮赵飞燕，再轻松不过了，她只要说出她知道的十分之一秘密，赵飞燕必死无疑。

赵飞燕相信她，就像相信自己一样，她知道无论在什么情况下，樊姬都不会出卖她，都不会背信弃义。

赵飞燕的心又被撕碎一次。

赵飞燕觉得她的远条馆很不结实，摇摇欲坠，要倒塌了。樊姬很聪明，她怕砸着自己，死无葬身之地，所以她走了。她不想骂樊姬，她只想骂自己，骂自己无能，连一个身边的丫头都留不住。

赵飞燕抱起她喜欢的阿猫，对它说："你也去吧，离开我，另寻主人吧！"

樊姬告别赵飞燕，投靠傅太后，在永信宫谨慎小心行事，也常常参与一些政事，为傅太后出一些主意。但樊姬没有忘记赵飞燕，经常回远条馆看她，给赵飞燕带回一些新消息。

有一次，樊姬忙里偷闲跑回来，告诉赵飞燕一个重要消息，她说："皇后，不好了，籍武把您妹妹赵合德害死曹伟能母子，还有那几件用药堕胎的事，全抖搂出来了。"

"有的事籍武很清楚，都是他亲自参与的，有的他还不知道，给宫女堕胎的事他怎么知道的？"赵飞燕很不理解地问樊姬。

樊姬不怕赵飞燕生气，就直说了："皇后，不瞒你说，后宫耳目众多，堕胎的事虽然秘密，但瞒不过远条馆和昭阳殿的人，他们几乎都知道此事。如今，你们姐妹在后宫的势力没了，谁还能替你们保密呢？这事传扬出去不是很自然的吗？"

赵飞燕只是默默地点点头，什么也没说。人都是攀强弃弱的，知道了这一点，也就不奇怪了。现在赵飞燕终于明白，她的天地已经不存在了，连朝廷里有人告发赵合德毒死人的大事，她都一点不知道，她还能知道什么呢？如果不是樊姬给她通风报信，她还蒙在鼓里。

赵飞燕问樊姬："籍武还说什么了？"

樊姬想了想回答："就这些。籍武能把这些事说出去，就等于籍武没有能力去左右这件事，他只能起到传递消息的作用，最重要的是有人通过籍武知道了此事的真相，会煽风点火，对你不利呀！"

樊姬分析得极为正确，籍武的确没有能力解决这件事，所以才把此事宣扬出去，希望借助于其他力量解决这件事。

赵飞燕生气也没用，所以她也不想生气，爱怎么处理就怎么处理吧，随他们去。

成帝不在了，籍武的胆子也大了，竟敢在朝廷宣扬此事，闹得沸沸扬扬，赵飞燕却不知道。

赵飞燕失眠了，妹妹的事如大白于天下，自己也会受到株连的，因为妹妹的事就是她的事，她的事就是妹妹的事。事情越来越严重了，成帝在时，可以找成帝说说，也可以找妹妹商量商量，现在只有找哀帝了。

没过几天，樊姬又来了，带来一个对赵飞燕本人有利、对别人不利的消息。

哀帝下诏，说赵合德惑乱后宫，残杀皇子，应加死罪，收回昭仪封号，赵家在宫廷供职的亲属，一律免职，回故里。

赵飞燕因哀帝袒护，免受株连，仍供养后宫。

赵飞燕正想去见哀帝，现在有了宣判的结果，也就不必找了。

樊姬对赵飞燕说："你也别太乐观了，皇后，皇帝下的诏，有很多人不服，都说妹妹犯下如此大罪，姐姐也该受到惩罚，无供养后宫之理。"

赵飞燕默默地听着，什么也不说，似乎她面对的不是樊姬，而是一个审问她的审判官。

樊姬又说："他们还说赵合德畏罪自杀，不追究了，其姐姐不受任何株连，仍供养后宫，天理何在，国法何在？理应穷追正法，以警后人。"

樊姬说完了，怕有人发现，就急忙回永信宫去了。

樊姬的一番话，像一把重重的榔头，敲打在赵飞燕的头上，使她摇摇晃晃、迷迷糊糊、昏昏沉沉，差点没摔倒在地上。

赵飞燕虽也常想，爱怎么着就怎么着吧，随他们怎么处理。但想归想，回到现实中，免不了有大祸临头的感觉。

正在这个节骨眼上，赵飞燕发现燕赤凤有些异常，夜里常鬼鬼祟祟的，不知搞的什么鬼。

后来，赵飞燕终于发现燕赤凤与她贴身使唤丫头道房有不轨行为了。赵飞燕想揪住道房的头发，到外面亮亮相，然后再往她脸上吐几口唾沫，扬一把土，让她的小脸面目全非，最后把她赶走，再也不见她。

然而赵飞燕没有那样做，只想忍一忍算了，不想再生气了。赵飞燕变了，不再是过去争强好胜的赵飞燕了，有人与她同吃一锅饭，同点一灯油，她也不生气了。

时间是最神圣的，它能磨炼一个人，改变一个人，使事物改变它原来的面貌，使不可能的变为可能的，从而得到预想不到的结果。

赵飞燕想，道房这姑娘也够苦的，风华正茂，见不到个男人，她是实在没有办法，忍无可忍了，才冒此危险这样干的。况且，道房一直与她相处甚好，像自己的妹妹一样，都是穷人家的孩子，都是穷苦姐妹，又都同样是女人，与燕赤凤偷欢情有可原，只要不大张旗鼓声张出去，就随他们去吧。

赵飞燕对此睁只眼闭只眼，只当什么都没看见。赵飞燕还不知道道房姑娘怀孕的事，如果知道了估计也会原谅她的。

现在赵飞燕似乎是四大皆空的道人，不想过问人间烦恼事，只想自己修身成仙，得道升天。

樊姬又来了，这回不是为了报告消息，而是专门来看望赵飞燕的，亲热一番之后，樊姬又说了很多朝廷里的事，这些对她来说不算什么消息，可对赵飞燕来说，都是重要的新闻。

樊姬说，刘欣即位后，他的奶奶傅太后说了算，说什么是什么，刘欣得听她的摆布，让刘欣给她封太皇太后，给傅家亲属封侯，刘欣屁都不敢放就得给封。大司马王莽因为安排座次伤了她，她立即让刘欣皇帝免王莽的职，令其挂印归田。孔光因为在立太子时极力推荐中山王刘兴而没有推荐她的孙子刘欣，她便怀恨在心，多次要求刘欣皇帝以各种理由免了孔光的职务，让他回家务农。中山王刘兴的母亲冯昭仪当年在元帝当政时，曾勇挡猛熊保护元帝，被元帝封为昭仪，宠在身边，当时傅昭仪嫉妒异常，只碍于元帝的面子没与冯昭仪闹翻，但怀恨在心，这回她利用手中大权对可怜的冯昭仪进行猛烈的报复，结果冯昭仪服毒自杀。

樊姬说的事，赵飞燕都认真听，觉得很有趣，就像当年刚入宫时听别人讲宫内事那样，既新鲜又陌生。这些事离她越来越远了，只能当故事听听罢了。听过了，赵飞燕又觉得真没劲，不如赏赏花、投投壶、下盘棋有意思，整日地吵吵闹闹，无尽无休，都是为了什么呢？真是莫名其妙！

现在赵飞燕每天都是玩，以此打发那些烦心的乱事儿。

不久，道房的一个小姐妹说，刘欣皇帝的奶奶傅太后有病死了，刘欣皇帝的母亲丁氏也死了。赵飞燕听了有些不相信，傅太后活蹦乱跳地在朝廷里整这个整那个，怎么现在自己反倒突然死了，死得这样快，连有病的消息都没传出来？

赵飞燕恨自己在傅太后有病时没去看看，有失礼节。现在要去看，人却死了，莫不如不去，省得看了那场面心里不好受，还是不去为好，反正人已经死了。

这个时候，赵飞燕突然想起樊姬。樊姬已经很长时间没来了，不是有今天这件事，差点把她给忘了。赵飞燕让道房姑娘打探樊姬的消息。

赵飞燕心里合计，傅太后死了，这么大的事，她总该来一次，通报消息呀，怎么连人影都见不到呢？

傅太后死了，樊姬没了主人，还去投靠谁呢？

没过两天，道房把打听到的消息告诉了赵飞燕。

道房说，傅太后死了，樊姬没有去处，想再回到远条馆，服侍您，她有点后悔，觉得不应该离开这里。当她正要来远条馆时，被人告发，说她一个普通宫女与傅太后一起参政，史无前例，与宫女身份不符，因此将她投入暴室，终生不得出来。进暴室前，她曾流着泪求别人给您捎口信，希望您能疏通关系，救她出暴室，再回您身边来。

赵飞燕听了樊姬的事，心里很不是滋味。她想樊姬到傅太后那里，必能站住脚，想不到下场这么惨。暴室是宫廷里的监狱，在那里织布染布，劳累终生，最后死在那里，活和死没有区别了。

赵飞燕通过各种渠道要求见籍武。籍武见了赵飞燕，即行跪拜礼，然后说道："向太后请安！"

赵飞燕心想，你少来这一套，不是你在朝廷宣扬妹妹的事，我能这样惨，差点让那些虎狼吃了吗？还有脸请安。成帝在位时，给你一百个脑袋也不敢宣扬。赵飞燕想到这，就对籍武说："免了吧，不必请安了，别背地里说我的坏话就行了。"

籍武是个聪明人，知道赵飞燕话里有话，也知道事情的严重性。赵飞燕虽然走了下坡路，但毕竟还是太后啊，如果到哀帝那里穷追不舍，皇帝怪罪下来，他吃不了兜着走。

籍武忙说："籍武自知有罪，请太后宽宏，高抬贵手，面对错综复杂的关系，我也是被逼无奈啊！请太后开恩，不记前仇。"

赵飞燕的确变得宽宏了，没有怪罪他，她对籍武说："今天找你不是为这事，是我身边的一个侍女，叫樊姬，跟了傅太后，又进了暴室狱。这丫头怪可怜的，暴室狱归你统管，我想求求你把这姑娘放了，你看怎么样？"

籍武忙说："太后的事我一定照办，不过，此事必须偷偷地做一些手脚才行，我愿担此罪救出樊姬姑娘，为太后效劳！"

籍武走后，赵飞燕心里的一块石头落地了。樊姬有救了，籍武不会骗她。

不久，籍武来报："樊姬姑娘已自投染缸溺死，籍武没有起死回生之力，望太后见谅。"

这不幸的消息使赵飞燕觉得天在往下塌往下沉，天地变小了，压得她喘不过气来，危在旦夕。樊姬这姑娘不想看到那一天，她去了，她走了，走得远远的，再也不回来了。

樊姬是个聪明姑娘，自赵飞燕一进宫就服侍左右，对后宫了如指掌，以她的聪明才智，全力帮助赵飞燕走过一个又一个难关险滩，立下了汗马功劳。

现在，赵飞燕如西日渐落，樊姬不忍心看在眼里，即到傅太后身边干活。不了解内情的人，都以为樊姬背叛了赵飞燕，投靠了傅太后，唯一能理解她的，恐怕只有赵飞燕了。

樊姬进入暴室狱，与宫廷里的囚犯整天在一起拼死拼活地织布、染布、晒布。樊姬知道她的下一步就是死，死在狱中，生的念头在她的脑子里越来越小了，小到使她不愿再继续地活下去了。她发现偌大的染缸里蓝天白云在那里飘动，于是，她突发奇想，把生命投入蓝天白云中去，那里的天地多广阔多宽敞多自由，生命会在那自由的天地里得到延续。

第十九章

哀帝死失去靠山

遭废黜飞燕自尽

一

哀帝即位后，觉得王氏家族太盛，所以想加以控制，怎奈有王政君太皇太后情面，无从下手，只赶走王莽，又免王根为庶人，再不敢继续免王家的人了。

到九月，地大震，凡郡国三十余处，城郭多被震塌，压死四百余人。哀帝想借机取信于民，务朝政，兴国家，造福于人民。偏傅太后从中干政，称尊号，植私亲，闹个不停，反使哀帝胸无主见，渐渐不理朝政。傅、丁二人分裂大臣，亲者用，远者除，闹得哀帝说了不算，就装着耳聋眼瞎，不问政事。

正在这个时候，掖庭狱丞籍武揭露宫中赵氏姐妹秘情，辗转流传。

其实，早在元延三年的时候，掖庭令吾丘遵就曾向掖庭狱丞籍武揭发过赵氏姐妹的罪行。

据史料记载，吾丘遵对籍武说："有一件事想对狱丞言，不知狱丞可知道赵合德害了皇子一事？"

籍武在心里暗想：我怎么会不知道？还是经我手埋的呢！

但籍武表面仍装出一副全然不知的样子说："我不知此事。"

吾丘遵直白地说："算了吧，狱丞不要跟我玩心眼了，我是把你当成自己人才与你探讨这件事的。据我看，整个宫中，自狱丞以下的人差不多都让赵合德收买了。只有狱丞是个能辨是非的人。狱丞你有儿子，而我这个老夫无儿无女。我说了，想必狱丞不会出卖我的！"

说完，一五一十地将他知道的赵氏姐妹违宫法违汉礼之事讲给籍武听，主要是赵氏姐妹如何与人私通，又如何杀皇子的事。

籍武说："为什么不去奏报骠骑将军？"

"此人只认钱，不认人，找他无用，万一被他告发，将人头落地。"

又过了一些天，吾丘遵得病死了，临终前他叫来籍武说："要想办法将赵合德害死皇子一事报告给王政君太后，要小心行事，不要打草惊蛇！"

吾丘遵这一提醒，反倒使籍武一直没敢轻举妄动，直到成帝突然归天，哀帝即位，才稍稍将赵合德所犯罪行揭露一些。

除杀害曹伟能母子二人之外，还杀害许美人和许美人所生下的皇子。

许美人是一位美貌娇艳的姑娘，她与许皇后都是成帝祖母许平君娘家侄孙女，出身高贵，而且娘家有很多人在宫中担任高级官员。这一点，也使赵氏姐妹嫉妒自卑，对许美人也有一种本能的仇恨。

成帝不微服出宫，就常到上林苑玩兽。赵氏姐妹以为皇上去上林苑，无非是消遣罢了，最多与废掉的许皇后偷偷见见面，也乱不了大事。况且，赵氏姐妹那时也希望成帝多去上林苑，留有更多的时间，给她们姐妹与燕赤凤鬼混。

自以为精明过人的赵氏姐妹，聪明一世，糊涂一时，她们做梦也不会想到皇上借去上林苑游玩的机会另找女人。

许美人就住在上林苑的涿沐馆。成帝一行去上林苑射鹿，杀死之后，就饮鹿血，以此强壮身体。饮鹿血之后的成帝将住在涿沐馆的这位许美人唤出，就地御幸了她。自此以后，成帝常来上林苑，"一岁再三召"，而且与许美人一住就是数月半载。

当时，许皇后被贬未死，成帝每次前往许美人处就假说去许氏那里，赵氏姐妹忙于与燕赤凤行乐，一听是去许氏那里，就以为是去许皇后那里了，也就顾不得细究了。

元延二年，也就是公元前11年，害死曹伟能母子的那一年，许美人觉得身子有些不对，恶心想吐不说，已接连几个月不来例假了，她知道自己是怀上皇上的龙种了。

十个月后生下了一个白白胖胖的儿子，许美人还真争气。

许美人分娩时，成帝窃喜，因为他已年过四十，仍无子嗣，因此，也正希望许美人能给他生个儿子，延续香火。成帝受制于赵氏姐妹，不敢公开表示什么，只暗中派宫廷侍卫陪同御医前去探望，又给许美人送去几粒保养身体的名贵丸药。

许美人生皇子的事，赵飞燕姐妹也有耳闻，但不知真假。于是，姐妹一商量，决定由赵合德出面，去诈皇上，让他自己说出来。

这晚，成帝的老毛病又犯了。他来到少嫔馆找合德。赵合德趁机讽刺皇上说："最近陛下很忙吧？"

"是啊，是很忙！"

"每天都忙什么？"

"处理朝政大事！"

"那么，朝政大事以外还忙些什么？"

"到上林苑玩野兽啊！"

"恐怕不光是野兽吧？有没有野女人啊？"

皇上觉得事态不对，赵昭仪今天怎么问起这个？莫非她已经知道了事情的真相？

开始，成帝打算把许美人生子之事隐瞒下去，但一想赵氏姐妹的暗探遍布宫廷，恐怕也瞒不了多久，就想在一个合适时机，趁合德高兴，把此事告诉她。没想到，赵合德抢到他的前面，主动问起了。

见事已至此，不能再继续隐瞒下去了，成帝决定"从实招来"，以诚实换得赵合德的同情。

谁知赵合德一听，脑袋立即像炸开了瓢，一波未平，一波又起，按下个葫芦，浮起一个瓢，刚刚费尽心机断送了曹伟能母子，现在又突然冒出个许美人。赵合德立刻柳眉倒竖，杏眼圆睁，问成帝："你曾多次说，只爱我姐妹二人，可你竟偷偷地爱许美人，难道你要立这个美人为皇后吗？"她一边说，一边哭，还用力捶打自己的头，又用头撞击壁柱，又从床上滚到地下，发誓不再活了，哭闹不止，还逼着皇上马上送她回家。

成帝慌得手足无措，讷讷地说："这事我本来也不想瞒你，所以告诉了你，想不到反惹你这样生气！"两人就这样，你哭我劝，你闹我止，直搞得天翻地覆。

赵合德这样还觉得不够，又开始绝食，不吃不喝，成帝这下慌了手脚，央求说："你不吃不喝，好端端的美人不是饿死了吗？你不想活了，我也只好陪你一死了！"

于是，成帝也拒绝吃饭，二人双双绝食。

这下，赵合德有点担心了，这么僵持下去，只要一顿饭不吃，皇太后怪罪下来，她可担当不起呀。这时，赵合德却反过来劝成帝："我是舞女，是个一文不值的舞女，我饿死了，也无所谓。而你是皇上，千秋大业的主宰，是君主，你不能饿着不吃。"

"朕决定不吃了。"

赵合德又劝说："我不吃饭是有原因的，因为你常向我发誓，说永远不会辜负我，现在许美人生了儿子，这不是辜负我是什么？所以我才决定绝食。"

"朕绝食，是因为朕爱你，朕不能没有你。你死了，朕活在世上还有什么意思？"成帝见合德态度好转，就又说，"朕发誓，永远不让许家女儿当皇后，天下任何人家的女儿，都不能超过赵家姐妹！"

最后，成帝又百般哄劝，竭尽温柔，才使赵合德消了气。

随后赵合德就吹开了枕头风，让皇上故技重演，将许美人母子全部杀死。

成帝已被赵合德迷惑到了伤害心智的程度。只要有美人赵合德在侧，他就满足了，什么都不需要了。并且他完全听从赵合德的指使，让干什么就得干什么。

起床后，成帝唤来中黄门靳严，让他送给许美人一封诏书，吩咐说："许美人奉诏后，会有一件东西交给你，你将东西带回，放在梳妆房，快去快回，不得有误！"

那封由靳严带给许美人的诏书，原来是成帝一纸骗人的手令，诏书中说，孩子在那里不安全，请把孩子交于朕秘密抚养。你因产后过于疲劳，不宜再日夜劳累喂养孩子，请把皇儿交于靳严带回，由朕安排乳母代为哺育。

许美人见皇上诏书，连想都没想，就把孩子包好，放在一个苇草编成的小箱里，交给靳严带回。

"苦命人心实"，许美人就这样把孩子交了出去。她知道皇上无子，会好好待孩子的，没有任何怀疑。但她不知道把皇上迷惑得失去理智的赵合德是多么心狠手毒，什么事都会干出来。

过了很长时间，靳严才把许美人交给的小箱子带回来，放在赵合德的梳妆房里。成帝和赵合德赏了他几千钱，然后命他退出。这时，留在成帝和赵合德身边的还有于客子，合德的亲信。

成帝命于客子将箱子拿过来，打开。

赵合德不耐烦地说："算了，算了，客子，把东西给我，你也下去吧！"

于客子退了下去。

梳妆房里只剩下成帝与赵合德。赵合德又慌忙地关紧门窗，房里一片寂静。

走后的于客子隐约听见屋内传来一声婴儿的尖叫声，接着一切又归于死寂。

赵合德命皇上掐死他的亲生儿子，皇上不敢不从，就杀死了自己的亲骨肉。这一切都是他们两个人在屋中秘密进行的。

片刻之后，房门打开，赵合德走了出来，叫于客子、王偏、臧兼。三个赵合德的亲信应命到来。赵飞燕把一个包裹好的箱子交给他们说："你们把这个小包裹和诏书一起交给籍武。"

送给籍武的诏书上写：小箱里有婴儿尸体，秘密把他埋葬，不可让任何人知道。

于客子、王偏、臧兼三人连声应是，携包裹走了出去。

籍武看了诏书之后，心想：真倒霉，怎么伤天害理的事全让我摊上了！

接过于、王、臧三人送来的小包裹后，籍武叹息着，只好在狱墙下挖个小洞，把婴儿埋在里面。籍武多了个心眼，在埋孩子的地方做了个记号，将来有人问起，好有个交代。

婴儿死了，赵合德还不满足，又让皇上逼许美人死。

没过几天，成帝让靳严给许美人送去一封诏书，赐许美人死。

为皇上生了个儿子的许美人，又糊里糊涂地死在皇上手里。

如今，掖庭狱丞籍武见赵合德已死，哀帝即位，就把赵合德这一事件透露出来。校尉解光听到这个消息后，就想借机扳倒赵飞燕太后，当即奏于皇上，说道："赵合德心狠手毒，害死成帝子嗣二人，不但曹伟能、许美人等人莫名冤死，此外后宫有孕者，都被赵昭仪用药堕胎。赵合德畏罪自尽，并无追究，其姐姐赵飞燕等赵家人，却没有受到丝毫的损失，天理何在，国法何在？理应穷追正法，以警后人。"

如照此奏议，连赵飞燕太后也不能幸免，赵钦等人更不消说了。

哀帝见奏左想右想，觉得不该对赵飞燕无礼。自己能得太子位，又当了皇上，没赵飞燕厚待，就没有今天，绝对不能干这样无情无义的事。

哀帝最后只好下诏将赵钦、赵䜣夺爵，免为庶人，充放辽西。太后赵飞燕不受株连，算是万幸。

二

这年朝廷已经改元，号为建平元年，此时，傅氏威权渐盛。有两个黄门郎为巴结傅氏，上言共太皇太后与共皇太后，不宜再加定陶二字，所有车马衣服，皆应称皇。

此奏遭到大司空师丹的抗议，丞相孔光也极力反对。傅氏遂对孔光和师丹恨之入骨，后来利用皇权除去了师丹，下一个目标就是孔光。还因为孔光曾在立太子时极力推荐中山王刘兴，而不同意她的孙子刘欣为太子。这回，不但要内除丞相孔光，还要外除中山王刘兴之母冯昭仪。

中山王刘兴被成帝增封食邑后，得病身亡。刘兴死后只留下一子，承袭王位。他年幼丧父，且多病体弱，不时病发，手足拘挛，指甲皆青，嘴唇变黑。冯昭仪只此一孙，当然怜爱。

哀帝知道后，派中郎张由带着御医前去诊治。数日后不见病情好转，惹动张由烦恼，匆匆回京，入朝复命。哀帝怪罪、责备，张由见势不妙，就假词作答，说冯昭仪诅咒皇上及傅太皇太后，因事关机密，所以匆匆回京禀报。哀帝听了没说什么，傅太皇太后已怒不可遏，正想报仇却找不到理由呢！遂命亲信速往中山，拘冯氏子弟百余人。然后，挨个严刑拷问，打死数人，余者齐声呼冤。后来又打死冯昭仪的妹妹，也得不到供词。有个叫史立的人，唤出冯昭仪，严加责问，冯昭仪无此事，怎会屈招？遂与史立对辩。史立冷笑道："以前挺身挡熊，自甘拼死，勇敢有余，今日这般小事，却没有承认的勇气？"

冯昭仪听了，方才省悟，不与史立争辩，愤然回宫，对大伙说："挡熊乃前朝元帝时的事，史立如何知晓？这定是内廷有人陷害我，我知道了，一死便罢！"冯昭仪当即饮药自尽。

傅昭仪实现了她对冯昭仪的报复，又命冯氏宗族徙归故郡。

后来，傅氏又阴使斥丞相孔光为庶人。有仇之人，一一相报。

傅氏削弱王、赵二外家，独揽国权，自然快慰，在后宫横行霸道，有时说起王政君，竟直呼为老妪。王政君看在眼里，恨在心上，但因傅氏权力渐盛，也只有勉强容忍，听她摆布。

赵飞燕也不敢小瞧傅太皇太后，如今傅氏人多势大，说啥是啥，没人敢惹，没人敢动。

不久，哀帝的母亲丁姬去世。

又过不久，哀帝的祖母傅太皇太后病逝。真是善有善报，恶有恶报。

哀帝的母亲丁氏、祖母傅氏命尽归西后，哀帝又禁不住地忆起孔光，特派公车征召孔光入朝。那几天，正有日食，哀帝得不到众臣直言，不知日食天象所指。不明朝廷过失的哀帝，现在只有求助于心正言直的孔光了。孔光直言不讳，说日食是官内阴盛阳衰所致，哀帝点头默认。这时，董贤也乘势进言，将日食之象，归咎傅氏。

那么，董贤是谁呢？他竟敢大胆地在哀帝面前，指责哀帝的祖母傅氏。

一日，宫里表演节目，赵飞燕太后、太皇太后、傅皇后等人都前来观看。这个宫廷活动项目是踩绳索。其形式是把绳索吊高，绳索两头系在两根高高的木柱顶端，相距数丈，两位舞女在绳上对行而舞，相逢时巧妙而过，毫不倾斜。

哀帝也在兴致勃勃地看，身边坐着的不是傅皇后，而是董贤。哀帝一会儿搂搂董贤的腰，一会儿给董贤递一点好吃的，倍加关照。

赵飞燕偷偷地看着哀帝，心里好笑。漂亮的女人玩腻了，开始玩男人了，这些个无拘无束的皇帝啊，竟在大庭广众之下，不顾帝王的面子和身份，热情地招待一个男宠。

赵飞燕只看在眼里不便说，其实，她说也无用，没人听她的了，搞不好惹一身不是，还是沉默为好。

董贤，云阳人，此时年纪还不过十六七岁，父为太子官舍人。开始时，董贤在官中传报漏刻，就是负责报时间。他常立在殿下，哀帝每每经过这里，一直以为是美貌的官女扮了男儿模样。哀帝对他的美貌很感兴趣，即召入殿中，问及姓氏，而心中却想入非非。男儿有此姿色，真是绝世无双，六官粉黛，三千佳丽，也相形见绌。于是，哀帝命董贤入侍左右，陪伴他。

董贤虽是男儿，却生得一副女性模样，柔声柔气，搔首弄姿，惹得哀帝欲火中烧，不能自持，居然与董贤相居一床，似新婚夫妻，缠绵柔情，浪声嗲气。

董贤常陪哀帝一起睡觉，白天也不例外。有一次午睡，他头枕着哀帝的衣袖睡着了，哀帝想起身，却起不来。哀帝见董贤还睡着，不忍惊动。衣价有限，好梦难寻，于是，从床头拔出佩刀，将衣袖割断，悄然起身离去。后人称同性恋为"断袖之癖"，就是源于此事。

董贤受宠日甚一日，不久升为驸马都尉，赏赐巨万，震惊朝野。董贤得道，全家升天，亲属们都跟着升官晋爵。其妹妹嫁给哀帝，其妻可居后官，与皇后同出入。于是，董贤的家与哀帝的家合二为一了。这下子，却苦了一个傅皇后，她被丢在长秋官，独自一人孤寂度日。董贤把哀帝迷得灵魂出窍，生则同床，死亦同穴。哀帝下令在为自己修筑的陵墓旁另替董贤建一座墓，内设许多房室，坟墙达数里，坟中筑一通道，两墓在地下相通，以便死后来往。至于哀帝为董贤修筑的宅邸，更为富丽堂皇，奢华奇巧，重重门阙，座座华殿，室内壁上都裹以锦绣。哀帝还不满足，又将皇家武库禁兵、四方进贡的珍宝，拣最好的都送给董贤。

后来，哀帝干脆把董贤升为大司马，位列三公。

这一年，董贤只有二十二岁。升官送宝，哀帝还觉不过瘾，想把皇位让给他。一次，哀帝在麒麟阁宴请董贤及其亲属，侍中、中常侍都陪宴左右。哀帝有点醉意，对董贤说："朕把皇位给你吧！"说着就起身拉董贤。可见哀帝已经荒唐到了极点。

元寿二年，即公元前1年，二十六岁的哀帝突然病死，在位仅六年。哀帝一去，董贤倒了大霉，太皇太后王政君出面，让大司马董贤为哀帝调度丧事。董贤只会陪皇帝睡觉，其他任何才能都没有，连料理丧事都不会，支支吾吾，弄不出一二三来。

王政君不耐烦了，问董贤："前大司马王莽曾为成帝料理过丧事，头头是道，有条不紊，请他出来协助，可否？"

董贤不懂政事，竟连连叩头称谢说："幸甚！"

王莽重新入朝。太皇太后和王莽一合计，罢去董贤大司马之职，不准其入宫。董贤自知大祸临头，就在府中与妻子双双自杀。

董贤死后，王莽疑心他是假死，命人开棺验尸，随后抄没董贤的财产，竟得钱达四十三亿，超过了当时整个朝廷的库藏。

处置了董贤，王莽与王政君一起，清算哀帝在位时得势的外戚，哀帝祖母傅氏和母亲丁氏家族的人，一律免官放回故里。可怜的傅皇后，守了六年活寡，受了六年罪，最后被逼迁居冷宫，算是对她的照顾。傅皇后在这个世界上孤独寂寞，活着如同死，便饮药自杀了。

三

哀帝归天了，赵飞燕失去了保护。在哀帝当政的六年中，赵飞燕得到了皇上的庇护，使她免遭缉拿。可是，六年后，短命的哀帝死了，赵飞燕失去了最后一个保护人。赵飞燕昔日的仇人们乘机一个个从幕后向孤单的她扑过来。

朝中文武百官推荐王莽为大司马，领尚书事，统管朝政。王莽大权在握，大刀阔斧，处理后宫乱事。

正在这时，有人向王莽告发赵飞燕姐妹杀皇子，私通男人，惑乱后宫之事。这些事，在成帝死后，王莽也有所闻，只是没来得及处理，就被哀帝祖母贬了官，回到家中。这六年，赵飞燕又得哀帝庇护，不时有人提出杀皇子之事，都被哀帝压下，而没有处理。

这回，借清理傅、丁两家外戚的机会，也得把赵飞燕的账清算一下。王政君太皇太后也同意，因为有傅太皇太后在时，赵飞燕从来不拜访她，没把她放在眼里，伙同傅太皇太后一同气她。

王莽随后把赵飞燕太后贬为孝成皇后，从太后降为皇后，可谓奇耻大辱。但赵飞燕已无回天之力，只有任人摆弄了。

当时，赵飞燕的罪状是与妹妹赵昭仪，专宠横行，残灭继嗣。

元寿二年六月，哀帝驾崩后，即由九岁的中山王即位，为平帝。平帝即中山王刘兴的儿子，体弱多病。

九岁的平帝因为年纪尚小，不能理政，由太皇太后王政君临朝主政。其实，她年纪已大，已无此精力，遂将朝政大权交给她最喜爱的王莽。

此刻的赵飞燕预感前景不妙。果然不出她所料，王政君与王莽临朝伊始，立即颁布诏书：

> 今查皇太后赵飞燕与其妹昭仪赵合德，操纵后宫，专宠于皇上，乱杀无辜，残灭皇子，断绝刘氏家族烟火，悖天犯祖，无为天下母之仪，今其妹赵合德已死，追回昭仪封号；将赵飞燕皇太后，贬为孝成皇后。钦此。

赵飞燕听了无动于衷，像什么事都没发生那样平静。道房这姑娘替她出了一口气，骂了几句，当然是在那些人走了以后才有此胆量的。燕赤凤也咬牙切齿，想把那些人全杀了。

赵飞燕被贬为皇后了。皇后就皇后吧，反正也得被他们欺辱一次，以后安安稳稳活着，不惹是生非就是了。

没过几天，燕赤凤病了，躺在道房的屋里，由道房姑娘喂水喂药，赵飞燕也为他跑前跑后，命道房好好关照，弄些好吃的东西。

房漏赶上连夜雨，船破遇上顶头风，倒霉事全让赵飞燕遇上了。远条馆突然来了一伙人，说要搜查后宫逃犯，来头与上次一样，赵飞燕知道这是冲她来的，想整她、害她，上次的火还没烧完。

赵飞燕想叫人通报燕赤凤躲起来，不料，远条馆已被死死包围，寸步难行了。赵飞燕自知大事不好了。

还在病中的燕赤凤被抓了起来，同时被抓的还有道房姑娘。私藏宫外男人，虽然没在赵飞燕卧室揪出，赵飞燕也有推卸不掉的责任，毕竟此事是发生在赵飞燕的远条馆。

燕赤凤叫了一句"皇后"就被拖了出去。道房哭喊着不想离开远条馆，不想离开赵飞燕皇后，但她离开了，留给赵飞燕的是一串串眼泪。

赵飞燕知道这火是冲她烧来的，半路上被燕赤凤和道房挡了一下，下一步就烧到她身上了。

第二天，燕赤凤与道房姑娘被双双砍头。

道房姑娘的出色容貌和迷人的微笑，随着她的尸首，一同被葬入荒山野林，葬入另一个世界。汉室不允许宫女出宫，然而道房却出去了，她是躺着出去的。

燕赤凤去了，对赵飞燕打击十分沉重，感情上出现难以弥补的失落。

现在，只有赵飞燕孤零零的一个人了，她两眼直愣愣地望着窗外，望着窗外一片片枯黄的柳叶，从婀娜摇曳的柳枝上，快速地旋转着落在寒冷冰凉的灰色砖块上。柳叶不住地从美丽的柳树掉下来，露出光秃枯干的柳枝，使郁郁葱葱的美柳不再美丽、不再婀娜，失去原有的姿色。用不着为这枯干的柳枝伤感，明年春季，它又会蓬勃葱绿，恢复原来的美丽和生机。

赵飞燕没有柳枝的幸运，任柳叶不住地脱落，却再也没有恢复生机的机会了。

王盛进来报告说，又有人向远条馆走来。

赵飞燕有气无力地说："来就让他们来吧！"

来人大声嚷嚷，让赵飞燕听诏，让赵飞燕离开远条馆，迁入北宫居住。

赵飞燕自己收拾东西，准备离开远条馆。这时，赵飞燕喜欢的阿猫不知闲忙地跳进她的怀里，用头上软茸茸的毛贴近主人美丽的脸颊。赵飞燕还记得刚进宫时，成帝说"胖胖"这名不雅，还它本名叫"阿猫"。这只猫跟赵飞燕一起生活二十年了，居然没有老死，毛色仍光滑油亮，目光仍然有神。赵飞燕也奇怪，这只猫怎么这样长寿，竟然活了二十年不死。

赵飞燕紧紧地抱住阿猫，现在对她最亲的就是这只猫了。除了猫，她一无所有，从长安城进宫时，她也只带了这只猫，现在还是这只猫。赵飞燕觉得有些对不起它，它怀孕时，她正处在疯狂的状态，给它灌药，堕胎，折磨它，让它遭了不少罪。

赵飞燕收拾东西，准备离开。

蓦然间，赵飞燕泪流满面。

姐妹两个从江都流浪到长安城，无依无靠，亏得好心的赵临收养。什么罪都受过，什么苦都吃过。酸、苦、辣，唯独没有甜，尝遍了其他的几样。

赵飞燕曾试图寻找自己的生母，然后把肚子里的话说给母亲听，和母亲在一起生活，永远也不分开。然而终究没有找到母亲，她想母亲一定不在人世了。

姑苏郡主的男人赵曼死后，就剩下她一人了。姑苏郡主的一生是在没有正常男人的陪伴下，痛苦地度过的。到了晚年，孤单寂寞的姑苏郡主常到外面找人唠嗑，以此排遣孤独。

有一天，她正在跟邻居女人谈天说地，有一帮光屁股孩子在面前跑过，嘴里一遍一遍说着一个顺口溜：

> 燕燕尾涎涎，张公子，时相见。木门仓琅根，燕飞来，啄皇孙。皇孙死，燕啄矢。

这首民间童谣，姑苏郡主听过多次，却从来未细究是什么意思。

姑苏郡主无意间随便地问邻女："孩子们喊的是什么？"

邻女告诉她说："这是一首民间流行的童谣，是从长安城传出来的，越传越好听，越传越顺口，孩子们觉得好听有意思，就常挂嘴边，我只知道那'燕燕'二字是什么意思。当朝的皇上娶了一个皇后，这女子长得漂亮妖艳，像个狐狸精似的，能迷倒任何男人。听说这女子就叫'燕燕'。不对，叫赵飞燕，是个无父又无母的孩子。就是这个穷孩子成了天下最幸运的人，被当今皇上娶进宫，还当上了皇后。"

姑苏郡主听了说："这个孩子可真有好命。"

邻女又神秘地说："还有呢。她幸运还不够，她还有一个妹妹，比她更漂亮，也被皇上娶进了宫，当了皇上的'二皇后'，姐妹俩入宫侍奉皇上，多光彩！"

姑苏郡主听了，十分羡慕，随口说："这两个苦命的姐妹，是上天修来的，有福命。"

邻女又说："可不是嘛，民间都羡慕这对姐妹，她们要是有父有母，她们的父亲母亲满口牙会笑得掉下来，一个不剩，光秃秃的，只留下牙床。"

姑苏郡主笑了，说："看你说的，怪有意思的，还能把牙掉光？"邻女越说越神气："可不是嘛，有了两个女儿当皇后，还要牙有什么用？你还不知，这对小妖精原来是一对双胞胎。"

这句话不要紧，把姑苏郡主说愣了，半天没搭话。姑苏郡主马上又想起前面那句"无父又无母"了。姑苏郡主马上问道："这对姐妹叫什么名字？'

"姐姐叫赵飞燕，妹妹嘛，我就不知道了。"

说者无心，听者有意。姑苏郡主回到家，再也安静不下来了。她马上回到娘家王府，打探赵飞燕姐妹的真实姓名。

从王府得知，姐姐叫赵飞燕，妹妹叫赵合德。姑苏郡主清楚地记得，有一次赵曼不在家，冯万金又偷偷来到她的舍下，他告诉她，两个孩子都很健康，他给孩子起了名字：大的叫赵宜主，小的叫赵合德。

现在姐妹俩的名字对上一个，赵飞燕的名字一定是后改的。姑苏郡主认定这对姐妹就是她的女儿。

姑苏郡主回到家，心里有说不出的感受，不禁悲哭不止。

此刻，姑苏郡主心里是怎么想的、想的是什么，谁都不清楚。她只是哭，她对孩子的思念全在流出的眼泪里。她的喜悦、她的悲伤、她一生的辛酸，都深藏在心里，对谁都不能说，因为私生孩子是不光彩的。现在女儿是皇后了，她也没敢声张。

过了很久以后，她决定去长安，进京城，去看女儿，在老死之前必须看一眼女儿。当时，姑苏郡主已经是五十多岁的老太太了，由于这些年过度思念女儿，已显得苍老不堪。

姑苏郡主收拾好东西，一人上路了。几个月后才到达京城。在气势恢宏的未央宫前，她显得那样渺小、瘦弱和寒酸。她要进宫门，却被满身盔甲的士兵挡住了。她说她是赵飞燕皇后的母亲，士兵一听不敢马虎，遂报至宫内。

不一会儿，士兵出宫门说："据查，赵飞燕皇后没有母亲，请回！"

姑苏郡主拼死地与士兵解释，但士兵不管那一套，不耐烦地说："去去去，别妨碍公务，皇上怪罪下来，拿你是问！"

姑苏郡主无可奈何，在未央宫高大的宫墙外徘徊。突然，她遇见一个女人，自称知道宫内事，姑苏郡主对她说要进宫看女儿，这女人一听女儿，马上大笑不止说："女儿，女儿，我也要进宫去看女儿！"

这女人刚才还好好的，一听"女儿"就开始大笑说疯话了。

姑苏郡主吓得后退两步，她哪里知道这女人叫曹晓，是宫女曹伟能的母亲呀。曹晓因为女儿死在宫内，莫名其妙，不清不白，因思念女儿而精神失常，整天围着未央宫转，病情时好时坏。

姑苏郡主躲开曹晓的纠缠，站在一边看着她疯笑。

一连几天，姑苏郡主都在宫门前苦苦哀求，要求见女儿赵飞燕。士兵无可奈何，又入宫通报，回来对她说："赵飞燕皇后不认你这个母亲，她说她母亲早死了。"

士兵的一番话说得姑苏郡主半信半疑。的确，这些话是有意胡编乱造的。

姑苏郡主失望了，她来长安一心想见女儿却见不到，但她不死心，仍在宫门前等，盼望着有一天能突然见到女儿。

一个雨雾蒙蒙的早晨，宫外巡逻的士兵发现了姑苏郡主的尸体，便命人拖进山里扔了。

宫外有人自称是赵飞燕母亲的事，在宫内传来传去，只有赵飞燕不知道，王盛正想把此事告诉她，不料，那女人已经死在宫外了。

赵飞燕被贬为皇后，她心爱的情人燕赤凤突然被抓处死，现在又让她迁出远条馆，从感情上讲，她已经经受不住任何打击了。王盛很同情她，将此事压下了，没有告诉她。如果赵飞燕知道宫外有自称她母亲的人找她，她一定会前去相认的，因为她一直希望自己有一个能疼她爱她的母亲。

四

赵飞燕移居北宫，那里比起许皇后的昭台冷宫要好得多，至少还有紫房复道通向未央宫，但赵飞燕不能利用，也不敢利用，成帝不在未央宫，去也没有必要了。所以那个紫房复道更让赵飞燕想起许多不快，怎么看都不顺眼。她想立即唤人来，把通向未央宫的紫房复道拆除，又一想，自己已经不是当年的自己了，唤谁呢？人都躲着她，另攀高枝去了，身边只有阿猫跟随她，一心一意，不离主人半步。

赵飞燕今天对阿猫显得格外亲近，紧紧地抱在怀里，抚摸不止。她记得刚入宫时，成帝说她："宫里有的是好玩的，带个猫有什么用？"但成帝喜欢赵飞燕，也就喜欢跟随赵飞燕而来的阿猫了。

在长安的茅草屋里，夜冷难忍，赵飞燕姐妹在被窝里争相搂抱阿猫取暖。现在，这一幕幕情景都浮现在赵飞燕的眼前。如今，妹妹走了，妹妹的小荷包也不在了，只有阿猫，一个不会说话的生灵陪伴她，苦熬着孤独苦闷的岁月。

赵飞燕什么也不去想了，紧闭着眼睛，抱着打着呼噜睡觉的阿猫。走过辉煌旅程的她，似乎看透了一切，也看惯了一切，她不盼望有任何回天之力突然降临在孤寂的北宫，来拯救她，使她恢复原来的辉煌。她喜欢孤独，她喜欢冷漠，她对这些并不陌生，小时候什么罪都遭过，什么苦都吃过。

此刻的赵飞燕只想，要在北宫待多长时间，是不是一直住到死？那样，她也满足了。

然而，事情没有像她想象的那样美好。不久，王莽又颁布了第二道诏书：

> 赵飞燕皇后自知罪大恶极，朝请稀阔，有失妇道，无供养之礼，而有虎狼之心，皇家宗室所怨，海内之仇视也，而今仍居皇后之高位，有违上天之意，今废为庶人。

庶人即为普通的老百姓。赵飞燕从皇太后、皇后变为普通老百姓，感情上很难接受如此重大的打击。

赵飞燕不敢相信，昔日的皇后，今天却变为庶人。然而诏书上是这样写的，念诏书的人也是这样念的，她不会听错，她听得很真切，她不是众星捧月的皇后了，她是普普通通的百姓了。

一个普通老百姓，哪有住在北宫之理？

不久，又来人宣布，把废为庶人的赵飞燕，发送郊外去看守成帝的陵园。因为汉高祖刘邦规定，宫内妃嫔不得出宫，需老死宫中，像赵飞燕这样的人，无供养之礼，最好的办法是发送山里，看守陵园，也不算出宫，毕竟是为宫内事服务。

离开北宫的时候，赵飞燕看那金碧辉煌的未央宫，还是那样宏大，还是那样壮观，还是那样气势宏伟，不因为失去一个皇后而显得灰暗失色。有二百多年历史的未央宫，迎接了很多人，又送走很多人，赵飞燕就是其中的一个。值得庆幸的是，赵飞燕是站着走出来的，而许皇后、赵合德、曹伟能以及千千万万的宫女，有几个能像赵飞燕这样幸运？

未央宫像一台机器，很多活蹦乱跳的人进去，经过它的加工之后，被一个个装进木盒里，送往孤寂的深山，到了赵飞燕这里却意外地少了一道工序，竟自己走了出去。

未央宫周匝二十八里，以龙首山的地势为台殿，高出长安城其他建筑前殿东西五十丈，周围台殿四十三座，宫十三座，太液池一个。丞相萧何指挥营建未央宫时，刘邦还京，见工程浩大的未央宫正在施工，质问萧何："天下汹汹，苦战了几年，胜败还未可知，如何这样建造宫室？"

萧何理直气壮地回答："天下方未定，故可因遂就宫室，天子以四海为家，非壮丽无以重威，且无令后世有以加也。"

刘邦觉得说得有理，便点点头，没再说什么。不久，未央宫就辉煌壮丽地建造起来。

萧何的一句"非壮丽无以重威"，今天，赵飞燕是深深地体会到了。

未央宫的"壮丽"显示出了它的"重威"，赵飞燕被贬为庶人。

未央宫仍然气魄不凡地屹立在龙首山上。赵飞燕不想看了，她的下一个目标是往前看，看看成帝的陵园在哪里，那里有多少荒山，有多少野岭，有多少荒无人烟的蒿草和远离人世间的寂寞。

在成帝的陵园，赵飞燕意外地发现一个人。她背对着赵飞燕，在成帝陵墓旁清扫陵园，身影是那样熟悉，等她转过身来，赵飞燕的目光与她的目光紧紧地撞在了一起。赵飞燕定睛一看，不是别人，是班婕妤。赵飞燕心里翻江倒海，不是滋味，也不知说什么好，随后转身想走。

"站住，飞燕妹妹！"班婕妤叫住赵飞燕，"我早知道你会有这一天的。"

成帝命归西天后，班婕妤厌烦了辉煌的深宫生活，想到外面透透新鲜空气，见见明媚的阳光，遂上奏请示皇上和王政君太皇太后同意，到深山荒野看守成帝陵园。活时不能在一起，有人争风吃醋，现在成帝死了，没人争了，一个人可以安安静静地和成帝的亡灵在一起了。没有了世上的吵吵闹闹，没有了那些钩心斗角，没有了那些无尽无休的担惊受怕，好一个世外桃源。

班婕妤已经在这里待了六年了，秋风萧瑟，落叶飘零，几分伤感。她常以诗为伴，打发时光。今天出来扫墓，却意外见到了赵飞燕。平时，班婕妤是不说话的，几个看守陵墓的太监，一直以为班婕妤是个哑巴，不会说话。

赵飞燕走到这步田地了，没有什么尊严和高低之分了，见班婕妤不记前仇，主动与她搭讪，也就停下来，似笑非笑地回说："是班婕妤，你在这里？"

"是呀，不奇怪，你不是也到这里来了吗？"

一语双关，说得赵飞燕无地自容。这话要是在成帝宠她时说，她会命人撕烂班婕妤的嘴。现在，有人骂她也不敢还嘴了。

"你刚入宫时，我们都年轻气盛，像一群争抢食物的毛孩子，转眼十九年了，现在想来多么可笑！"

班婕妤说着却笑了起来，笑得十分开心。笑过之后，班婕妤又说："我这个当姐姐的，以前有伤着你的地方，请你多原谅。其实，我很欣赏你，长得大方文雅，又怀有身轻如燕的舞技，有时我倒觉得自愧不如！"

赵飞燕没想到一个文弱女子竟有这般胸怀，向她道歉赔礼。自己觉得很不好意思，于是说："其实，我很喜欢你的诗，你的诗就和你的人一样，优美、朴实无华，我曾偷偷地背熟了你的几段诗，现在也没有忘记。"

赵飞燕说着，眼望茫茫山野，背咏道：

> 历年岁而悼惧兮，悯蕃华之不滋。
> 痛阳禄与柘馆兮，仍袥裸而离灾。
> 岂妾人之殃咎兮，将天命之不可求。
> 白日忽已移光兮，逐晻莫而昧幽。
> 犹被覆载之厚德兮，不废捐于罪邮。
> 奉供养于东宫兮，托长信之末流。
> 共洒扫于帷幄兮，永终死以为期。
> 愿归骨于山足兮，依松柏之余休。

赵飞燕背完这段诗，班婕妤已涕泪交加。此刻，赵飞燕却十分同情班婕妤，觉得自己对不住她，自己做得有失体统。

赵飞燕是个有脸有皮的人，她的所作所为让她没脸再见班婕妤。自己曾是一人之下、万人之上的国母，众人景仰，荣华富贵，现在却落得这步田地，真是没脸见人了。

秋风瑟瑟，树叶凋零。赵飞燕望着一行南飞的大雁，伤怀往事，平添了一段辛酸，美丽的两颊不知不觉滚落下一颗颗孤独晶莹的泪。

那晚，赵飞燕做了一个梦。她梦见她坐在金碧辉煌的殿上，外面特设了一层"武帐"。她端坐在"帐"中，头戴九凤冠，身穿珠绣官裙，年轻、端丽而庄重。两旁侍立着数百名黄门郎，个个手持刀剑，寒光闪闪，百官公卿按大小名位，依次排列两侧。突然，有太监尖叫着宣皇帝诏书："赐赵飞燕皇后死！"

结果，文武百官上殿，拉扯赵飞燕下来，九凤冠摔落在地，绣裙被乱官撕破……

赵飞燕吓出一身冷汗，醒来四下看看，一个人都没有，漆黑一片，只有她和她正在熟睡的阿猫。

第二天早晨，没见赵飞燕起床，班婕妤前去探视，赵飞燕已自杀身死，那只猫"喵喵"地围着它的主人在凄凄惨惨地叫着。

班婕妤拿出洁白的绢巾盖住赵飞燕美丽的面庞。

当年，轰轰烈烈的赵氏姐妹，到如今，却"落了片白茫茫大地真干净"。

这一年，是公元前1年，赵飞燕走完了人生的三十六个春秋。

赵飞燕自杀后，有关赵飞燕姐妹的出身、发迹以及宫中隐私，在宫廷内外到处传扬，成为西汉末年家喻户晓的大新闻。

赵皇后生平大事年表

元帝建昭三年（公元前36年），赵飞燕生于江都（今扬州），母系江都王孙女，父系冯大力之子冯万金。

成帝河平四年（公元前25年），赵飞燕十一岁，姐妹流落长安（今西安），被赵临收养为义女。阳朔元年，到阳阿公主家干活兼学歌舞。

成帝鸿嘉元年（公元前20年），孝成皇帝微服出宫到阳阿公主家行乐，被赵飞燕的姿色和身轻如燕的舞姿所迷，遂带赵飞燕入宫。

成帝鸿嘉元年，赵飞燕被成帝封为婕好。

成帝鸿嘉二年（公元前19年），赵飞燕的妹妹赵合德入宫受宠。

成帝鸿嘉三年（公元前18年），赵飞燕姐妹双双被成帝封为昭仪，仅次于皇后。

成帝永始元年（公元前16年）四月，封赵飞燕义父赵临为成阳侯。五月，封舅曼子为侍中骑都尉。六月，册封赵飞燕为皇后。

成帝元延元年（公元前12年），赵飞燕姐妹杀死曹伟能母子二人。

成帝元延二年（公元前11年），赵飞燕姐妹杀死许美人所生皇子。

成帝绥和二年（公元前7年），孝成皇帝驾崩。同年，赵飞燕的妹妹赵合德自杀。哀帝即位，改元为建平。

哀帝建平元年（公元前6年），哀帝封赵飞燕为皇太后。

哀帝元寿二年（公元前1年），赵飞燕被贬为孝成皇后，后又被贬为庶人，发送看守成帝陵园，是岁自杀身亡，终年三十六岁。

后 记

　　《末世轻舞：赵皇后》一书完稿了，我和宫长为老师都长长地出了一口气，轻松了，解脱了。只因在《末世轻舞：赵皇后》的写作过程中，遇到的困难太多。最大的困难是有关赵飞燕皇后的材料少得可怜，粗略得可怕，有的史料在提到赵飞燕皇后时，只用"诛杀皇子，淫乱后宫"八个字一笔带过。对怎样杀的皇子、杀多少皇子、怎样淫乱后宫等详细内容只字不提，惜墨如金。我们到处细心搜寻、查找有关记载赵飞燕的蛛丝马迹，终于得知有一本关于赵飞燕的传记。付出九牛二虎的力气找来一看，令人啼笑皆非，只有千字的薄薄几页，字字千金。我们如获至宝，细细咀嚼，亦难读懂。这就是伶玄著的《飞燕外传》。

　　后来，我们又找到一本阙名的《飞燕遗事》，也不过三四页，一页斗大的字没有几个，且艰涩难懂。班固的《汉书·外戚传》中，有《孝成赵皇后》，对赵飞燕姐妹两次诛杀皇子有简略的记载，但对淫乱后宫又缄口不言。

　　写作过程中还参考和选用了班固《汉书·外戚传》中《孝成许皇后》《孝成班婕妤》《孝元王皇后》《傅皇后》《冯昭仪》，还有《孝成皇帝》《孝元皇帝》《孝武皇帝》《孝哀皇帝》《王莽传》《匈奴传》等篇中的许多章节，还参考了《皇后全书》《后宫秘史》《上下五千年》和其他一些历史书籍等。

　　《末世轻舞：赵皇后》一书所用事迹情节，均来自正史资料，属真人实事，但为故事的连贯性，也有一些虚构。

　　《末世轻舞：赵皇后》一书起笔时，出现了第二个难处，把赵飞燕写成什么样的人，这一点难度更大。我们一直默念不忘"一代妖后"这几个字，时刻想着把赵飞燕写成像吕皇后、慈禧太后那样阴险，那样没有人性的人。然而，赵飞燕的穷苦出身以及她的美艳智慧、聪而好学，使我不忍心下手，只好笔下留情。然而，赵飞燕姐妹诛杀皇子，滥杀无辜，穷苦姐妹惨死在她们的手下那悲惨的情景，又使我不能不产生丝丝缕缕的憎恨之情。这种矛盾的心理，使我想到古罗马森森的格斗场，两个奴隶血腥的惨无人道的厮杀场面。让我诅咒、辱骂和诬陷胜利者，说他是杀人不眨眼的刽子手，是禽兽，是毫无人性的人，我无论如何也是不忍心的。在那种场合下，他们是不得已而为之。该诅咒的，该谩骂的，不是杀死另一个奴隶的奴隶，而是看台上兴致勃勃、喜笑颜开的君主和他所缔造的那个封建时代。他们是禽兽不如的导演，导演出一幕幕的历史悲剧，迷迷糊糊的观众凭个人的好恶，攻击悲剧中的可恶人物，却不细究其原因，我觉得这是不公正的，至少在赵飞燕皇后身上是不公正的。

如果不是酒色无度的皇帝把赵飞燕带进宫，如果不是在那种封建君主制度的挤压下，赵飞燕姐妹不会对无辜的穷苦姐妹下毒手的。

我们不妨把赵飞燕皇后当作一面镜子，会立刻反映出封建社会制度的残忍、不公，从而让我们憎恨过去封建的东西，更加珍惜现在民主和谐的氛围。

这就是我们写作本书的宗旨和愿望。

由于时间紧迫，资料来源有限，错误一定很多，敬请专家读者批评指正。

作者

1994 年 11 月 12 日初稿

2024 年 11 月修改